杨杜管理思想精粹

文化的逻辑

THE LOGICS OF CULTURE

杨杜　著

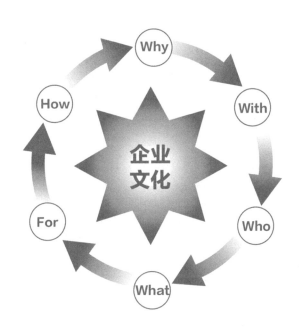

经济管理出版社
ECONOMY & MANAGEMENT PUBLISHING HOUSE

图书在版编目（CIP）数据

文化的逻辑/杨杜著. —北京：经济管理出版社，（2023.11重印）
ISBN 978-7-5096-4165-1

Ⅰ.①文…　Ⅱ.①杨…　Ⅲ.①企业文化—研究　Ⅳ.①F270

中国版本图书馆 CIP 数据核字（2015）第 312238 号

组稿编辑：张永美
责任编辑：高　娅
责任印制：黄章平
责任校对：赵天宇

出版发行：经济管理出版社
　　　　（北京市海淀区北蜂窝 8 号中雅大厦 A 座 11 层　100038）
网　　址：www. E-mp. com. cn
电　　话：（010）51915602
印　　刷：北京厚诚则铭印刷科技有限公司
经　　销：新华书店
开　　本：720mm×1000mm/16
印　　张：18.75
字　　数：274 千字
版　　次：2016 年 2 月第 1 版　2023 年 11 月第 4 次印刷
书　　号：ISBN 978-7-5096-4165-1
定　　价：58.00 元

1996~1998 年，我与后来成为一生铁杆朋友的六位人大教授参加了《华为公司基本法》起草，从那时算起的话，我从事企业文化的咨询、研究和讲课近 20年了，虽对文化有些感悟，但一直为其难以把握、难以描述所困扰。直到后来讲完课，有听众走上来感慨：企业文化真不好讲，听过好几个老师的课，一直有隔靴搔痒的感觉，这次终于听出些味道来了！这时的我才算把心放了下来。写文章要自己喜欢看！讲课要别人喜欢听！

一、似是而非的文化！

为什么文化不好讲？是因为文化中有很多不容易说清楚的东西。如果问员工是企业的什么，很多企业会回答："员工是企业最大的财富。"但这个说法可能太笼统。《华为公司基本法》是怎么说的？它写的是——认真负责和管理有效的员工是华为最大的财富。

如果问员工应该发扬什么精神，一般企业会回答："发扬主人翁精神！"《华为公司基本法》第六十三条写的是："我们鼓励员工对公司目标和本职工作的主人翁意识和行为"。正是这些定语，使空洞的文化口号变为了实在的政策导向。

一般企业提倡雷锋的奉献精神！而华为公司提出："我们决不让雷锋吃亏，奉献者定当得到合理的回报。"从而用悖论的方法，解决了"雷锋精神没户口，三月来五月走"的尴尬。

社会上提倡以人为本，很多企业都把"以人为本"作为自己的文化理念。记得一次大会上，华为公司总裁任正非讲到以人为本时环视一下会场问大家："谁是人？"大家大眼瞪小眼不知如何作答。任总自问自答："我们不是人，客户才是人！"听众大笑。这就是华为公司"为客户服务是华为存在的唯一理由"的最经典描述。

你若没有一定的思想深度，你若没有相当的语言功底，还真就摸不到文化的脉搏。

二、学习美国好榜样！

我们一直认为企业文化是个实际操作的领域，不应该有什么企业文化学！但是专家学者们研究起来却乐此不疲，出了不少企业文化研究成果，还搞出来不少的文化模型。20 世纪 80 年代，日本企业竞争力十足，美国人研究日本企业的管理特色，总结出来几条与美国式管理不一样的东西，名曰企业文化，于是企业文化就热起来了。但美国人可不是为了学问，而是为了和日本企业竞争。美国采取了三个战略：一是"山寨战略"，美国人采用"美体日用"，即"美学为体，日学为用"，用日式管理风格改善了自己的管理体系。二是"捧杀战略"，美国人通过哈佛教授傅高义写的《日本第一》等书籍，还真把日本人给"忽悠瘸了"。三是"创新战略"，美国人通过在 IT、ICT、MICT 等信息领域的技术创新和在全球规则制定方面的霸权，又把日本企业甩到了后面。美国企业占据了互联网、信息、太空科技等领域的制高点，把日本企业留在了以物理学为基础的材料学、机械学、光学领域。

看来，美国确实是这个世界上善学习、能创新、又懂战略的国家。学习、创新、定规则，再加上让世界人民争做"美国梦"，把世界上最聪明的大脑吸引到美国去——这和日本人只允许外国研修生和护工到日本工作有巨大区别——应该算是美国人的文化特色吧！我们不佩服不行，不仿效不行。纵观美国经济发展史，除了在2008年遭受金融危机的几年有过较大挫折外，近几十年基本保持了平稳、健康、持续和高速的发展，这不正是我们中国经济所拼命追求的东西吗？再看美国大公司的集体性超常实力，和总是如雨后春笋般地冒出来的创新公司，我们不反思不行，不追赶不行！

当欧洲国家企业强调社会福利、强调传统观念、强调员工利益等而陷入经济长期低增长时，经过金融危机沉重打击的美国企业似乎又复苏了。强调致富梦想、天职观念、创新奋斗的美国企业，虽然不像欧日企业那样平等自由、悠闲安逸、安全和谐、不担心解雇，但依然是有志青年最向往的地方。

中国企业成长到现在，无论是在产品上、技术上还是管理上，都有了长足的进步。中国人也是善于学习的！过去我们学苏联，后来学东欧，再后来学日韩，最后一股脑儿学美国。不过那还是以学技术、学规则为主，到了学文化这个领域，我们遇到了新难题：美国人认同唯一性，中国人认同多样性；美国人坚持逻辑思维，中国人坚持辩证思维；美国人认为有普世价值观，中国人认为有多样价值观；美国人强调个人权利，中国人强调集体利益。技术好学，规则好学，但文化看来不好学！确实，由于文化很多是约定俗成的，背后没有明确的道理，在不同文化国度长期生活过的人可能有感觉，文化不是学会的，而是由较长时间生活体验后习惯的。

三、普企价值观！

其实，这也并非是不可解决的难题！因为按照国家来区分文化未免太笼统，美国企业中也有偏向中国文化的，中国企业中也有偏向美国文化的。企业文化和企业的领导人尤其是创始人的价值观有着密切联系，因此，在同一国家，有着多种不同的企业文化类型，在企业的不同发展阶段，企业文化又可以体现为不同特色。

优秀企业家都很重视企业文化管理。原 GE 公司号称全球第一 CEO 的杰克·韦尔奇关于企业文化有如下几个观点：第一，一开始就确定企业文化的基调，对企业未来的长久发展是很有用的。第二，如果是一个真正想做到智能最大化的公司，就不能允许多种文化并存。第三，在一些个人的个性和待遇面前企业可以做一些让步，但是绝不能允许这样的人破坏企业文化。中国最知名企业家之一的任正非认为，资源是会枯竭的，唯有文化生生不息。一个企业能长治久安的关键，是它的核心价值观被接班人确认，接班人又具有自我批判的能力。

在知识型、高科技企业中，文化建设可能更重要一些，聪明人的特色就是想法多，而且有个性，谁也说服不了谁。心往一处想，劲才能往一处使。因此必须形成核心价值观的一致认同。普世价值观不存在，"普企价值观"是必须有的。

不认同企业价值观并不是个人的问题，如果个人和组织不适合，走人就好了！世界上有那么多企业，总有一款适合您！

四、文化有逻辑吗？

本书起名《文化的逻辑》，但最基本的问题是：文化有逻辑吗？这是否是站在美式思维模式看待企业文化呢？

这又要回到什么是逻辑的定义上去了。在《成长的逻辑》一书，我们已经讲过，逻辑有三种含义：一是表示客观事物发展的规律，比如说你的想法不符合生活逻辑；二是表示思维的规则，比如说话或写文章不符合逻辑就讲不通；三是指研究思维形式及其规律的科学，比如逻辑学。王祥伍、黄健江写过一本《企业文化的逻辑》，讲的是企业文化与经营业绩之间存在着一种简明的逻辑，即"文化—分工和协作—绩效"。文化作为一种思维和行为习惯，通过作用于"分工"和"协作"，对组织绩效产生积极或消极的影响。这种看法类似于某些学者的统计变量模型，即作为自变量的文化，通过分工和协作的中介变量，影响到组织绩效这一因变量。

本书不采取这种简洁的因果逻辑。本书依然是希望通过比较符合思维规则的文字结构（第二层含义），来探讨企业文化建设的规律（第一层含义）。不过和《成长的逻辑》一书不同，这里的逻辑，不仅要符合"思维规则"，也要符合"实践规则"的文字结构，因为企业文化与其说是思维世界的产物，不如说是实践世界的产物——企业文化是拿来应用的，不是拿来论证的。

在写书过程中，虽然反复推敲，却无论如何也形不成所谓的理论框架，偶然想到德鲁克的观点，管理有效的证明不在逻辑，而在实践，用这一观点来看企业文化，不也一样吗！企业文化有效的证明不在逻辑，而在实践。既然如此，本来我也不认为企业文化可以成为学问，那么，按照企业文化建设实践体系，来构建企业文化的操作逻辑，不就解决问题了吗？

于是，就有了按照"4W For 4H"法而不是变量模型构成的本书章节，这种更接近企业文化建设实践的写法，也算一种逻辑吧。所谓"4W For 4H"法是：为什么（Why）、与什么（With）、何人的（Who）、是什么（What）、为了什么（For）、如何（How），其中的如何（How），用了四章的篇幅，称为"4H"，这符合企业文化就是实践的本书立场。

在本书封面，使用一个圆形来描述文化建设的逻辑。第一章思考为什么要重视文化，第二章确定企业与文化的关系定位，第三章分析文化是谁的，第四章说明文化的内容是什么，第五章考虑文化建设的目标，第六至第九章考虑具体怎样建设文化。这个逻辑实际是一个想事做事的流程，是一个周而复始的流程，这个流程会有反复，还会有短路连接，如 Why 会跳到 Who 或者跳到 For。

人们的思考和表述可能是混乱的，但作为客观事物的企业文化建设活动本身是有逻辑的，我们力图把三个世界：现实世界、思维世界和知识世界联系起来，因此，现实实践中的逻辑反映到我们的思考和写作中来，就是本书的各章节结构。

为了证明企业文化就是实践，我在本书最后，附上了华为公司、华侨城集团和山东鲁能泰山足球俱乐部三个企业的文化大纲，这些大纲是我亲身参与起草的。衷心感谢这些优秀企业给予我合作的机会，衷心感谢允许我在本书使用这些文件。感谢在我的企业文化讲座上听课的各位同学和朋友，和你们的交流激发了我的更深思考。感谢知本咨询公司的企业文化项目提供的案例。几部书稿是我的博士生张筝、李思琦、朱丽、任峰、田耕耘等帮忙录音整理的，辛苦他们了！这本书的写作拖了很长时间，最后靠快刀斩乱麻的舍弃方法才得以完成，看来有舍才有得的方法到处适用。

特别感谢毛基业院长对我的教学科研工作的大力支持！衷心感谢人大商学院的同事们！和你们一起工作很快乐！

衷心感谢父母和哥哥、姐姐！父母的健康高寿使我能够长期安心工作，孝顺的哥哥、姐姐对父母的精心照料省去了我很多精力。没有妻子陈杰对我生活工作的照顾，就不可能有这本书，言谢就见外了！

谨将此书献给热爱文化的所有人。

杨　杜

2015 年 10 月 11 日于上河村

| 第一章 |
Why：为什么是企业文化?

第一节　为什么重视企业文化

令很多管理者苦恼的是，尽管掌握了足够的信息，听取了多方面的意见，但还是难以拍板决策。公说公有理，婆说婆有理，所有选择都有风险，都会损害一方利益，甚至会违背自己做人的原则，于是患得患失，优柔寡断。其实，决策的难度多半来自自己没有明确的价值导向。

一、基于文化的决策

案例一：选择需要智慧，放弃需要文化！

某公司华北地区子公司投标一个项目，有设备，有土建。如果同时拿下土建，就是一个大单。做还是不做？负责客户的人说："拿下土建，我们业绩就会翻番，订货合同额和营收多了，奖金就会大幅提升，机会难得……"交付部门的

A 同意："如果拿下土建，设备的交付进度就完全由我们控制，不用总是等待客户的土建进度，这样收入的确认速度就会加快……""我们目前的土建能力和资源储备不足，特别是客户要求指定供应商，如果做土建，就要以亏损为代价，直接吃掉我们其他项目的全部利润……"交付部门的 B 说。领导最后说："大家说的都有道理，我也很想做大业绩拿奖金，但总公司提倡在保证一定利润率水平下的做大，我看土建就算了吧。"该子公司放弃了这个快速做大的机会，只拿设备，不拿土建。

这个决策取舍中，文化在起作用。①你是要快速做大，还是要保住利润活着？②订货、收入的增加和加快，有利于员工的报酬奖金和考核。你是站在部分员工立场，还是站在企业立场？③从竞争的角度讲，拿下土建能全面占领这个市场，但土建不赚钱你也不见得能做到让客户满意。你是站在企业立场，还是站在客户立场？

案例二：考核总有漏洞，利益总是诱惑，自律需要文化！

又到了公司评定年终奖励的时候，公司采取的是按全年销售及回款额分段等级评定的方式。眼看着最后一周了，A 部门已经基本完成本年度销售和回款任务，只是如果能再有 50 几万元销售合同额就能提升一个奖金等级，算下来也是好几万元的奖金！可是短短几天里，又能从哪儿弄出一笔 50 几万元的合同呢？大家正在惆怅，没想到，就在最后关头，部门的业务骨干真的拿回了这样一份合同。A 部门立刻向公司呈报，登记入账。全体人员都感到欢欣鼓舞，称赞业务骨干，也暗自为自己有了丰厚奖金而庆幸。

接下来的一个月，公司业务继续正常开展，然而那最后关头签署的 50 几万元的合同却似乎进展不顺利。几经催促，客户都含糊其词，既没有着急要求发货，也没有及时付款。过了一阵子，客户干脆变卦，声称项目条件不成熟，要求取消合同。事情在双方反复的拉锯战中僵持了一段时间，最后因为合同中没有严格规定单方取消合同的违约责任，客户没付款，公司也没有下单生产，看起来双方都没有任何损失，而且与该客户还有其他多项合作，着眼长期利益，这项合同争执也就不了了之，办理了撤销。

这明显是一份为了获取奖金的虚假合同。如果你是领导者你会怎么处理？如果你是员工你会这么干吗？

案例三：文化是行为守则，不仅员工要有，老板更要有！

小王的朋友张工是某公司的顶级设计师，几乎公司所有的新产品都是他设计的。老板答应他，如果他这次设计的产品可以推向市场，将付给他 15 万元的提成。但是当产品正式推向市场后，老板竟然没有完全兑现承诺，只给他 10 万元，理由是他的新产品虽然卖得很好，但是还存在一些不足，有待提高。张工对老板的这种做法一直耿耿于怀。在一次野餐时，小王无意中听到张工和女友的对话，说要带着他的设计悄悄离开公司，去广东发展。小王听后以为他随便说说，也没当真。张工虽然才华横溢，但是人一点都不孤傲，平时跟大家相处得也很好。可没想到，过了几天，他真的走了。老板非常生气，并决定要起诉他。这时，小王感到有几分不安，他明明知道此事，但却没有及时向老板汇报，使公司蒙受损失。但是如果他向老板汇报了此事，又觉得对不住张工，毕竟老板做得也过分，没信守承诺。

老板要说到做到吗？员工如何处理公司利益和个人利益的关系？你又如何处理友情和企业利益的关系？

二、假如企业没文化

● 没文化会短命

● 没文化则心散

● 没文化不留人

● 没文化易出事

做企业还要讲文化，要那么奢侈吗？企业是个生产组织，只要产品好，服务好就行了，讲文化是否太虚了？员工是给钱干活，有必要非得认同企业文化吗？企业本质上是一个功利组织，只要有钱赚，不就可以了吗？确实有很多人持如此观点。但是，正如上述案例所展示的，在由人组成的现实企业中，事情并非如此简单，现代企业发生的诸多问题，就是由于没有重视企业文化而引起的。

（一）没文化会短命

做企业不是摆摊做买卖，企业创立者经过繁杂的工商税务等手续，辛辛苦苦营造市场，甚至投入巨资研发产品，就是希望企业成为一个事业平台，长久发展。民营企业家还希望能把企业传给自己的儿子、孙子，实现家业永继，基业长青。但我们发现，有很多企业创业伊始还可以，但三五年就出问题；或者虽然经营了一二十年的时间，但一出名就出事。比如国内有秦池公司、德隆集团、南德集团、三鹿集团等，国外有美国安然、雷曼兄弟、巴林银行等。"成功是失败之母"，企业一旦有些业绩就把握不住自己，失去方向，迷失道路。我认为，出现短命企业的重要原因之一，是缺少了企业文化这一灵魂。魂不守舍，自然活不长久。

当然，这里的没文化，不是指企业有没有文化大纲。我们来看一下无锡尚德公司的案例。2013 年 3 月 20 日宣告进入破产程序的尚德公司，从设立到破产，经过了 12 年时间。它有尚德精神：尚仁厚德、力求至善；它有尚德使命：为地球为未来充电、让绿色永绕人间；它也有尚德价值观：放眼未来、齐心协力、永不放弃、承担责任、表现卓越、持续创新和始终诚信；它还有社会责任感：一年捐出 6000 万元；它有财富：施正荣曾是中国首富（尽管他是澳大利亚籍华人）。但是，尚德缺少文化。

首先，没有认同核心价值观的核心管理团队：创业元老和后来的核心高管除一人外都相继离开，取而代之的是一批企业认为背景体面、擅长英语的职业经理人空降到公司，一家本部在中国的公司网站，官方语言有美式英语、英式英语、德语，还有日语，竟然没有中文。

其次，不知道自己应该干什么：尚德采取了四面出击的"章鱼式"战略，以电池组件为中心，不断往上游延伸（参股硅料硅片公司），往下游试探（拓展系统业务和电站投资），往横向扩张（尝试薄膜电池和光伏设备制造）。

再次，不知道自己是企业家不是科学家：尚德是各种新设备和新技术的最先使用者，是去美国投资建厂的第一个吃螃蟹者，是亚太、中东、非洲等新兴市场的第一个深耕者，是清洁化生产的最先倡导者。

最后，不知道自己到底要什么：领导人花 20 万美元包一架公务机去参加达沃斯论坛，给自己买了 8 辆高级轿车，与美国副总统戈尔共进晚餐，与英国查尔斯王子谈合作，雇了 6 名保镖。什么都想要，刚开始要很多的钱，后来又要很多的名，但还是觉得缺什么。或许欠缺的，是从来不知道自己真正想要什么，又该放弃什么。

（二）没文化则心散

一个企业要发展，总要不断地通过分权建立阶层组织，总要不断地提高员工收入以吸引更好的人才。可企业经常遇到的问题是，一分权分利，就分心分家。各路诸侯各恃其能，各仗其功，或者内耗内斗，或者分家单干，这又涉及企业文化问题。如果一个企业没有文化纽带相联系，仅靠利益分配或者情感义气联结起来，发展到一定阶段就可能出问题——靠利益和情感，可以共患难，难以同甘甜。艰苦创业时大家谁也离不开谁，不得不团结一致，共同奋斗。亲朋好友、同学等感情上的情投意合，也掩盖了核心价值观上并不志同道合的问题。一旦有钱了，有功了，核心价值观上的不一致就会逐渐暴露，摧毁患难时期形成的脆弱的情感凝聚力，不再能持续奋斗。

企业文化建设就是使创业团队在更高层面找到共同追求，做到分权、分利，但不分心、分家，使企业由创业阶段顺利转入成长阶段，在牢固的文化和机制平台上继续合作，持续奋斗。

（三）没文化不留人

企业经常讲要待遇留人、感情留人、事业留人等，但我们强调"人留人"。

物以类聚，人以群分，人一般都希望与同自己价值观一致的人在一起，结婚讲究"门当户对"，过去甚至有"士为知己者死"的说法。企业的骨干，该留的留不下，答应提高工资、奖金甚至给予股权，还留不下，这又是为什么？文化型、知识型员工具有不同于利益型员工的特质，从"85后"、"90后"所谓新人类、新生代追求兴趣、自由等需求出发，从员工家庭已经比较富裕的背景考虑，从员工"闪辞"、"不告而辞"现象的流行考虑，我们可能更需要文化手段才能留住人，用好人，而不仅仅是靠情感义气、道德说教或者多发钱等手段。

（四）没文化易出事

近20多年来，随着经济的发展，企业的壮大，企业领导者出问题的也越来越多，不仅民企老板，国企领导者也是如此。这些领导者非但是有能之人，而且是有功之臣。为何会屡屡出事呢？有些人的人生轨迹堪比悲剧：一个贫苦的童年，一个奋斗的青年，一个辉煌的中年，一个监狱里的老年。为什么"59岁现象"①层出不穷、前赴后继？在现有社会阶段和经济体制下，是否必然会有一部分人像战争年代一样要牺牲掉呢？这是一种悲观的看法。但想一想人的"食色，性也"的本性弱点，这个问题就比较容易理解了。现今社会处于以经济建设为中心的发展阶段，人们的主要成功标准是发财致富，对员工的激励也主要靠金钱手段，而金钱给人以诱惑，金钱的"一般等价物"——可以交换其他所有物品甚至地位和良心——的特征，会让人感到"金钱万能"，会强有力地刺激人们的本性弱点，诱惑人走向歧途：其实人本身并不需要那么多金钱。另外，信奉亲情、友情、爱情的"情圣"领导者们还往往为情所困，为了家人，为了孩子，有时也因为家人、因为孩子而违规违法。还有的陷入异性诱惑之中，意乱情迷，花天酒地，最终身陷囹圄，身败名裂。

据近几年中国企业家犯罪媒体案例分析，国有企业领导人犯罪的平均年龄为

---

① 20世纪90年代以来，许多企业高管常在59岁左右时落马，于是人们把临近退休之前"最后捞一把"的犯罪现象称为"59岁现象"。

51.82 岁，民营企业领导人的犯罪平均年龄为 44.10 岁，国有企业领导人犯罪的平均年龄显著高于民营企业，最年轻的国有企业领导人犯罪年龄为 35 岁，最年轻的民营企业领导犯罪年龄为 27 岁。过去常说的"59 岁现象"正在呈现年轻化倾向，更值得我们警惕！

看看《惠普之道》，看看强生公司《我们的信条》，看看《华为公司基本法》，我们就知道，世界级优秀企业都非常重视企业文化的建设，我们应该用企业文化手段去辅助制度管理、利益刺激和股权期权等管理手段，使企业具有灵魂，使组织富有生命力，使企业更长寿，使自己更安全。

第二节　文化和制度的作用

一、文化给人以自律

仔细想来，随着企业的发展，财富、权力、影响力的膨胀，对领导者的挑战也相应提高，他必须有更大的理性力量来应对这些挑战，结合多年来研究企业并与企业合作的经验和思考，我认为有四句话，值得企业领导者深入反思："三年发展靠运气，十年发展靠亲情，卅年发展靠文化，百年发展靠制度。"没有文化和制度，就没人能够真正抵御金钱的诱惑，没人能够避免在情感上的迷茫。

文化给人以自律。文化的核心就是对欲望和权力产生内在约束力。和一般员工不同，对有权、有势、有能力的领导者而言，约束的关键是自律而不是他律，也就是说，文化自律比制度他律更重要。在我们国家，立法和执法分得不清，领导是制度的制定者、修改者，领导位高权重，在组织中也最有自由度，还掌握企业的秘密，自律、自觉、自省能力成为领导者最基本的素质要求。

如何使我们在有功、有能的情况下，保持心理平衡？在分配制度没有根本变化的情况下，强化文化自律成为次优选择，企业领导者不仅要思考办企业到底追求什么，领导者努力奋斗到底为了什么，更要思考为了这些必须放弃什么，这就需要靠"文化理性"来帮助我们觉悟和做到。

做领导者应该明白以下的道理：

三流领导者管下级；

二流领导者管同级；

一流领导者管上级；

超一流领导者管自己。

但是，管理和控制自己，又是最难的事情。管不好下级，一般会犯一些小错，管不好同级，会犯一些中等错误，管不好上级会犯大错误，但如果管不好自己，那就是致命的错误了。管下级靠权力即可，管同级则要靠影响力，管上级需要高超的艺术力——正所谓管理就是艺术，但管理自己则需要定力。

看着那些腐败的官员是怎么变得没定力的："看着那些老板住豪宅开好车，穿名牌出入高档会所，灯红酒绿纸醉金迷，过得何其潇洒自如！比比自己，没日没夜地加班，有时招商引资还要赔笑脸，每个月就拿这点工资，觉得太亏了！我自感层次比他们高，文化水平比他们高，凭什么不如他们？想想心里就失衡。"手握实权的党员领导干部，却去羡慕富豪的奢华生活，内心岂能平衡？他忘记了"当官不发财，发财不当官"的古训，他的比较方法就有问题：他忘记了大权在握的威风，忘记了可以运用国家资源干成事业的成就感，他不理解那些老板求他时赔笑脸的痛苦，他也不知道那些老板处于"士农工商"社会底层的不易。隔行如隔山，不同行不能比！

二、领导者的天生定力

定力多由天生！

无论是强化"定力"还是实现"心理平衡"，我们从事管理学研究的学者所能做的其实很少，我们很难培养"定力"，很难培养"意志"，很难培养"视野"，很难教育人们如何保持心理平衡，也很难在犯错误之前预感到问题的发生。我们认为，领导者的定力，在很大程度上是天生的！我们只能奉劝人们在成为领导，在不断升职时，多做一些自省——你有足够的准备，去应对这个位置上可能的诱惑和挑战吗？你感受到了升职不仅是获得权力和地位，而是肩上有了更大的责任和压力吗？你对这个岗位有敬畏感吗？你准备为这个岗位放弃什么吗？借用一句股票投资的格言：当官有风险，入座需谨慎！

《雍正王朝》中有这么一段文字描述刚当了皇帝的胤禛。

胤禛突然升起一种寂寞感，觉得和周围的人之间有了一堵看不见的高墙。想了想，正要说话，周用诚进来道："万岁爷，十七阿哥请见。""唔！"胤禛看了看怀表，已到子时，略一沉思道："叫他进来。"

"万岁。"邬思道欠身说道："今非昔比，您不宜善听善见。"

胤禛不禁一笑，说道："话虽如此，十七弟是我心腹兄弟，怎么好给他闭门羹吃？怎么措辞呢？"邬思道轻声叹息一声，对周用诚道："你回十七爷话。万岁稍息片刻就进宫。有公事请他转告张廷玉处置，要是关防的事，请十三爷处置。要是私事，你就说天子没有私事。万岁，这么回话可成？"

胤禛站起身来点点头，他已经明白那堵墙是什么了。思量半日，无话可说，只叹了一口气，抬脚去了。

定力从何而来？我认为主要来自领导者的性格。做事小心谨慎，甚至惶恐，做人低调坚韧，甚至自卑。这些多来自幼时家境或成长环境的影响。当然，我们也不能如此悲观和无所作为，后天养成虽然起辅助作用，但也是可以有所作为的。

我认为后天的定力有三个来源：

一是坚定的组织立场："天子没有私事"，知道公私分明的界限在哪里；

二是明确的价值观念："万事皆有排序"，知道自己的核心价值追求到底是什么；

三是虔诚的职业信仰："人生皆有使命"，知道自己不得不履行的天职是什么。

任何一个方面的模糊和迟疑都会影响你的定力，让你突破底线，混淆界限。一个有文化的优秀领导者首先应该是一个有定力的领导者，这样的领导者能够为了组织，也为了个人安全，而做到控得住欲，抵得住诱，压得住火，低得下头，弯得下腰，闭得住嘴，听得进话，藏得住身。像皇帝的军师邬思道一样的身边人对你的提醒也是极其重要的，因为很多领导出事就是因为身边人不聪明，帮倒忙，比如秘书、司机、家人、情人等惹的祸。

哲人苏格拉底认为，美德就是抑制自己欲望的知识和智慧，具有此智慧即为善，不能自制或不具备自制的智慧就是恶。从这个意义讲，付诸实践的文化就不仅是一种理念和精神，也是一种知识、方法和行动。有道，无术，则道不行。

同样道理，用佛学的语言逻辑来说，"戒、定、慧"三学中的"戒生定，定生慧"，强调的是一个"戒"字。以三学"戒、定、慧"对三毒"贪、嗔、痴"。即以思言行的戒律守则，应对人对欲望的执着——贪；以对职业和使命的专注和聚焦，应对人对喜怒情感的分别——嗔；以实事求是的体悟，应对人对迷思的妄想——痴。

培养后天定力，需要人有敬畏之心，有敬畏之心才会戒思、戒言和戒行，从而产生定力。有种提法说，做领导要有"三心"、"三怕"，有些道理。所谓三心是指：在工作中有害怕工作失误给组织和社会带来损失的惧怕之心；在生活中有担心自己的行为影响组织形象的谨慎之心；在人情来往中有不忍自己行为使员工下属受委屈的怜悯之心。所谓三怕是指：怕自己没有事业心连累同事，怕自己没有责任心损害员工，怕自己没有原则性损企害民。

如何训练自己的定力，有两种方法。一是想想自己信什么。比如有信仰，信佛、信基督、信共产主义一定能实现，相信付出总有回报，相信诚信做人等。有的人可能没有想过这个问题，有的人可能什么都不信！我认为人总要想一想这个基本问题，做事要回到原点想好了再出发。二是想想自己怕什么。有的人可能怕生病，有的人可能怕丢脸，有的人可能怕没钱，有的人可能是天不怕、地不怕，他可能坚信人定胜天，连大自然的力量和规律都不怕。作为常人来讲，无论如何总会怕些什么吧。至少应该理性地想一想这个问题。我认为，信什么或怕什么的思维方式，就是训练自己文化自律意识的思维方式。

极端地讲，不信些什么，人就难有精神生活，不怕些什么，人就难有文化意识。人们平时习惯于思考得到，较少思考放弃。什么叫成功？成功就是得到了你想要的东西。无论是钱、名、利、权等，得到了就是成功。但人生也有很多不如意之处，心想事成是一种愿望，越是想得多，得到的概率越小。所以，人生真正追求的是成道。什么叫成道？成道就是失去了你必须失去的东西。你可以思前想后，但你只能选择一个方向；你可以兼多个职业，但你只能有一种生活模式……诸如此类。善于成道的人有天职观念，有敬业精神，不胡思乱想，不痴心妄想。

最后一个提升定力的方法就是制度化，企业的一把手不是"人"，而是制度，所有的人都要在明示的制度框架下行事，要把权力关进制度的"笼子"里，使权力程序化、细分化、公开化。制定严格和公开的制度的目的，不是用来惩罚人，而是给人以警示！

做企业如做人，我们怎样在企业做大的过程中让自己的言行有所约束呢？这就要形成定力的边界，比如遵循五合原则：

下须合法；

上求合德；

事要合算；

人要合心；

行要合规。

找到法律底线、道德上限、做事边界、用人原则和行为守则，就会形成以核心价值观为中心的言行范围，使我们在个人和组织、感性和理性、利益和文化、生活和事业之间找到平衡点，就可能避免自身的迷失。

第三节　联结企业的四条纽带

● 利益：诱之以利

● 情感：动之以情

● 文化：晓之以理

● 制度：绳之以法

　　为什么企业做大了，人就容易分心、分家呢？西方发达国家跟我国的国情有着本质的不同，比如宗教礼仪、核心价值、法规制度等，因此，很多按照西方国情得出的企业人力资源管理研究成果在中国往往行不通。放下伊斯兰世界不谈，西方发达国家基本是一个以基督教为主的宗教型社会，而我国虽然有儒、道、释的各种影响，但基本是一个伦理型社会；西方崇尚严密的法律体系和判例，而我国是人情关系社会。西方以神为本，讲究唯一、宗法、普世价值和逻辑，我国以人为本，讲究多样、伦理、合而不同和辩证。人是多变的，是需要经常联系接触的，企业做大了，人的关系和人情就会疏远，因此我国文化适合建立"圈子"，不适合建立"组织"——这也就是微信会在我国发展壮大的原因之一——但现代企业是一个法人组织，不是一个圈子，这个组织大了，如果靠圈子而不是靠组织，就只能是各个"山大王"拉山头，可以靠分利、聚义的利益和情感纽带，形成山头、派别，但做不到一切缴获要归公，更做不到一切行动听指挥。因此，如果想把企业做大，就必须思考企业文化建设和组织制度建设的新纽带。

　　联结企业成规模后依然不分心、不分家的纽带是什么呢？我们认为有四条纽带，即利益、情感、文化和制度。

一、利益：诱之以利

金钱不是万能的，但没有金钱万万不能！企业是以追求盈利为目的的经济组织，持"经济人"价值观的员工是主流。经济报酬不仅使员工养家糊口，也是证明自己能力和地位的标准。因而，利益是联结企业组织的首要纽带。利益有经济利益，如工资、奖金、福利、分红等，也有非经济利益，如地位、荣誉、权力等。企业有实力的情况下，保持高于行业平均水平的工资是吸引人的基本条件，除了"分钱"之外还要有其他利益手段来诱导人，如分红利、分期权、分资产等。

利益会产生诱惑。俗话说，亏本的买卖没人做，杀头的生意有人敢。索马里海盗的战斗力就是来自巨大的利益诱惑：一次成功，就一辈子不愁吃穿了！

但光靠利益纽带又是不行的。另一家企业承诺给员工比现在高50%甚至是几倍的工资，哪怕是短期的，一受诱惑他就可能走人。同行企业互相挖墙脚，过度抬高了人才的市场价格的现象就证明了这一点：靠待遇难留能人。另外，众所周知，金钱待遇是保健因素，具有刚性，只能增加，不能减少。如果企业效益是弹性的，遇到经营不景气时，靠待遇留人的企业资金压力会很大。

因此，随着企业的扩张，纽带要不断增加才能维持企业的吸引力和向心力。我们经常看到，除了同行挖人，企业遇到暂时低谷时，还没说要降工资共渡难关，马上就有人对企业失去信心，一走了之。甚至同事或上下级之间意见不合，冲动之下拂袖而去，靠待遇会营造企业的打工文化，给多少钱干多少活儿，对企业没有多大留恋。只是对可替代性强的一般员工还可以。

二、情感：动之以情

情感会使人动心，情感会使人奉献。情感有时会使人忘掉了利益的交换，少给钱甚至不给钱也心甘情愿去干活儿！一个人长期在一个组织里工作，就会因为这个组织成为自己生命的一部分而倾情于组织，心情会随着组织的起落而喜怒哀乐。情感纽带有时会非常强韧！

情感还会使人牺牲！很多领导者出事就是为身边人情迷心窍牺牲自己：为了不争气的孩子，为了多年跟在自己身边的秘书、司机，甚至为了情人等。

我们来看看一个企业扩张过程中情感纽带发生了什么变化：刚开始创业，1个老板8个员工，很小规模的企业，不分部门，不分层次，老板和大家一起装车卸货，大家可能同吃同住同劳动，非常熟悉，老板不像老板，员工不像员工，大家一起打拼，有将来一定成功的共同企业梦想，只要有基本收入，靠情感就可以凝聚起来。

但随着企业的发展，工作量增加，人员增加，假设有效率的管理幅度是8个人，开始有1个老板、8个主管、64个员工，成为一个分层级的小公司。再后来，成为1个老板、8个副总、64个主管、512个员工的四个层级的中型公司。然后发展成1个老板、8个副总、512个部长、4096个主管、3万多员工的五个层级的大企业。按这个比例继续扩张的话，企业会形成更多的层级，人之间的熟悉度会越来越差，感情距离会越来越远。一个十几万员工或几十万员工的企业，员工甚至可能没有见过老板，更不用说熟悉了。一位有8万多员工的服装公司老板，以前他经常跑车间，每季度总要开会给员工讲话。我问他，现在还给不给员工讲话，他说，不讲了，和这么多员工之间也觉得没有什么好讲的了。

俗话讲，日久生情，触景生情，很长时间不见面的人，就很难培养情感，即使是你的儿子，也只能回忆回忆已经回忆N多次的小时候的故事。如果一个企业的老板成了公司甚至社会上的精神领袖或偶像，倒是可以和员工产生不见面的精神联结，就像神一样的存在。但有几个老板能做到这样呢？

另外，情感本身也不可靠。情感有五种：

第一是亲情，包括血亲和姻亲。有像新希望集团和好利来公司一样的四兄弟共同创业，齐心发展的典型，但也有像真功夫公司一样亲人反目的案例；第二是友情，包括发小、战友、同学等。相同的经历和熟悉形成信任关系，有众多密切合作的成功典范，当然也有产生冲突、相互争斗的实例。第三是乡情，包括同村、同县、同省市等。老乡见老乡，两眼泪汪汪，乡情是建立信任和合作关系的纽带，但也可能成为杀熟的由头。第四是组织情，包括同党、同团、同行等。这些组织的活动会强化彼此的熟知和信息沟通，成为合作的基础，但有权势的竞争有时又很不可靠。第五种是"爱情"，这种打引号的爱情包括情人等。这也是激励或诱惑人去努力，或合作的一种情感关系。但这是更为靠不住的一种情感。爱不成变恨，情不成则仇！相对于理性来讲，情本身是真实的，但情也是主观的、极其不确定的，情感的纽带容易断裂，而且断裂时产生的仇恨之情，更容易对企业造成巨大损害。

三、文化：晓之以理

文化在某种意义上是讲理，是由情感上的"情投意合"升华为文化上的"志同道合"。企业通过把自己的所思、所想、所做、所求，通过语言或文字条理地表述出来，固化下来，形成原则、规矩或者政策、方针，就可以减少误解，并有效率地在组织中传递，在合作伙伴中共享，就可以以文会友，找到和自己价值观一致的利益相关者。如果把文化做个最简单的定位，在情、理、法三者中，文化属于理，正所谓"道不同不相为谋"，"志不同不相为友"。

商业交往有三看：看人、看利、看产品。已经有不少企业先不问你业务、产品如何，而是先问你企业文化和管理水平如何，如不少大公司在认证供应商的条件中有必不可少的企业文化甚至商业伦理要求，显示了企业文化已经成为商业交往的必要条件：商人之交看利益，企业家之交看文化。

本书虽然重视文化的作用，但我不赞成将文化看成企业管理最重要的东西，不赞成"文化管理是企业最高层面的管理"等观点。如果过于强调文化，出问题仅仅从人的自律和道德修养去寻找原因，则是本末倒置，缘木求鱼，无助于问题的根本解决。

首先，企业文化在人和人之间不容易积累和传承。文化的生长机制像草不像树，如果核心价值观不同，要给新人洗脑非常困难，文化和价值观教育往往和道德说教一样不起作用。一种方法是，选马比调教马重要，选新人时用文化标准，而不要让员工进来之后再去改造他们，这样成本很高，且效果不好。另一种方法是，将文化渗透于制度，用制度手段约束员工尤其是干部的思、言、行，而不是靠他们的道德自律。没有制度，相同文化背景的人也可能做坏事，有了制度，不同文化的人也不去做违反企业文化的事——他会权衡自己的利益得失。

其次，文化虽然比情感更固化一些，更容易管理一些，但依然有它的不可捉摸性和自律性难题。干部出于某种巨大的诱惑或挫折，自律性会大大降低。在组织文化和个人价值观发生冲突，组织利益和个人利益发生冲突时，过于强调牺牲个人服从组织，提高觉悟增加党性，会使人陷入两难痛苦——非圣人莫能为也！

最后，文化是氛围，营造文化氛围可以弥补制度漏洞，但制度是基础框架。没有制度性的管理基础，再好的文化也起不到作用。我们不能用文化建设来取代制度建设。制度上如果有巨大漏洞，用文化是弥补不了的——文化只能弥补制度的缝隙。

四、制度：绳之以法

我们更重视制度对企业的重要性，这源自制度的特性。

制度的特性之一是公开性。人常说三公：公开、公平、公正。公开是基础，有了公开才可能有参与机会的公平和执行结果的公正。目前政府行政管理改革的原则之一，是制定负面清单，通过公开这个负面清单，明确企业什么行为不能做，这样就可以使企业了解自己行为的安全边界。企业内部也是如此，规定员工什么不能做，这比提倡仁、义、礼、智、信等高尚道德要求要有效得多。

制度的特性之二是明确性。既然是制度，就不能是模糊的规则，不能把自由裁量区间定得太大。因此可以使员工在明确的制度之下，为实现自己的利益最大化，规划和决定自己的行为。有了合理的激励分配制度，人就可以在制度的鞭策下自发努力。

制度的特性之三是可循程序的完善性。明确的制度在一段时间内是固化的，不能随意修改，也不能随着领导变化而推翻，这可以保证企业的稳定性和连续性。但制度又可以与时俱进形成新版本，按照修订程序进行完善，就可以推动企业管理体系的不断进步。制度是系统、条款化的规则，企业出现新问题，可以在原有制度基础上进行修改弥补。通过制度的不断改版升级，企业的管理基础就会越来越完善、缜密。减少人的因素，管理就越简化，效率就越高。

当然，制度也不是万能的。中国人可能是世界上最不奴性的人，不信权威，不听领导，不喜规则，喜欢钻制度规则的空子，钻空子成功很有成就感等。比如买房限购，人们用离婚、结婚等很多办法钻空子。而制度管理又不完善：一是本身多有漏洞，用词不准确，程序不严谨；二是权大于法，制度不管制定制度的人，制度执行不下去也没责任。三是违反制度有人获利，比如青岛 38 元一只天价虾的价格欺诈事件，青岛市北区物价局根据《中华人民共和国行政处罚法》第三十一条的规定，拟对市北区善德成烧烤店做出 9 万元罚款的行政处罚，这罚款不回馈给受害的客户，成了某些政府部门的收入，自然就有人希望商户去违规。所以，制度设计首先必须是闭环的，然后再有文化营造的氛围和自律来弥补漏洞或空子。

五、四条纽带并用

一个企业到底靠什么样的纽带把干部员工们联结起来，让他们感受到大家是一个组织，一个团队，甚至是一个大家庭，使大家产生归属感和向心力。我认为，这四条纽带共用效果会更好：上下相邻层级的人，或一个班子班组的人基本靠亲情纽带，如一个父亲带着家人创业，靠的是亲情；老板和副总之间的关系，也要靠情感，否则几乎天天见面却互相看不上眼怎么行！但是，隔一个层级，亲情关系就不太管用，比如老板和部门经理之间的关系，权力距离大了，见面少或不对话、不熟悉了，那靠什么联结呢？要靠文化，靠志同道合，靠核心价值观的认同。隔更远的三四个层级时靠什么纽带联结？我认为基本要靠无情的制度体系了。

换句话说，面对面管人靠亲情；人通过人管人靠文化；人通过人再通过人管人则要靠制度。经常见的人要靠亲情、友情联结，因为触景生情、日久生情，经常见的人不能互相一看见就讨厌，那就不能合作了；偶尔见得着的人要靠文化价值观联结，靠共同理念、习惯、仪式和大家共同奋斗的故事；基本见不着的人要靠制度规范，无规矩不成方圆，人之间的关系不能太亲密，否则容易拉帮结派。

以公司规模来看，小公司靠亲情、中公司靠亲情+文化、大公司靠亲情+文化+制度。随着企业的成长，组织层次的增加，联结企业层级和部门的纽带要不断增加，否则，企业做大了多会分心、分家。没有文化建设和制度建设，光靠情感是控制不了大企业的。

其实，文化理念和制度也是分不开的，任何一种制度中，都隐含着制定制度的人的价值观导向。

温州有些老板只会赚钱，不会组织，他们之间有一种流行理念：员工要什么都可以给，就是不能给股权。这种理念用于管理一般简单劳动型员工是可以的，但留不住知识型员工。三流员工挣工资，二流员工挣奖金，一流员工追求的是股权。股权给不了，有能耐、有创造力的员工则不认为自己是"企业人"。如本章开头案例所讲，老板不诚信，说话不算数，不兑现已承诺给知识员工的应得报酬，结果就是，你不让员工在企业内做主人，员工就到企业外去做老板，感情上有矛盾的员工还会出去和原来的老板对着干。

因此，要想做大做强，企业领导者应该转变观念，建立一个分权和分利的制度平台，让员工成为企业人，从"为老板干"转为"为自己干"。并通过文化建设将干部队伍转化成志同道合的自己人，形成员工"为自己干"、干部"为企业干"、老板"为社会干"的组织氛围。当然，要形成这样的氛围和机制，前提是企业领导者自己革自己的命！

当得了老板，睡得了地板，但不能变成企业成长的天花板！企业领导者必须能够不断升华人格，为企业成长提供更大的空间。我们认为，企业领导者有四种人格：第一，认为把钱分给别人是为了赚更多的钱，这是投资人格，是最基本的；第二，认为把钱分给别人，是高尚道德修养的体现，这是伦理人格，上升了一个层次；第三，认为把钱分给别人，是一种职责要求，是你应该做的，这是职业人格；第四，认为把钱分给别人，已经是一种习惯和自然，那是超然人格，已经到了相当高的境界。

企业文化渗透到制度中去，就会通过激励制度设计一个以分求合的、凝聚力极强的企业组织体。这里包括了四个"分"，即：

分钱——工资奖金；

分红——利润分红；

分权——股票期权；

分产——公司产权。

越往后分，员工就越是由"局外人"走向与企业共担责任、共享利益的"自己人"，越是企业志同道合的奋斗者和贡献者。

因此，我们需要四管齐下，才能形成有效的管理体系。

一靠利益刺激，二靠亲情感动，三靠文化凝聚，四靠制度约束。正所谓：诱之以利，动之以情，晓之以理，绳之以法。如图 1–1 所示。

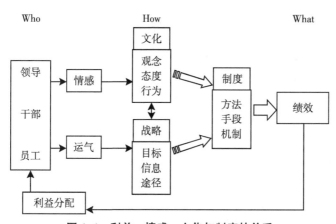

图 1–1　利益、情感、文化与制度的关系

管理的意义就在于将这些因素有效结合起来，它们的基本运作是，把亲情融入文化，把文化渗透制度，然后把制度置于阳光之下，最后将利益与奋斗者、贡献者分享。

第四节　从德才模型到绩德才廉模型

领导者的一项重要任务就是替企业选人、用人、育人和留人，希望找到德才兼备的人，但这样的完人，基本是可遇不可求的。我们常看到的人是：忠诚的能力不足，有能力的又不够忠诚。所以我们经常看到和用的都是德才不均衡的人。用古人的话说，领导就是将德高才低的人和才高德低的人整合成一个有效率的组织。

一、德才模型

传统流行的用人模型是德才模型，如图 1-2 所示。根据人的品德高低和才能高低，把人分为四种类型。第一类是德才双高的圣人；第二类是德高才低的君子；第三类是才高德低的小人，第四类是德才双低的庸人。于是，人们像伯乐相马一样，根据人的德才状况决定用人原则。

比如，蒙牛集团等不少中国公司提倡的用人原则是：

有德有才，破格使用；

有德无才，培养使用；

无德有才，限制使用；

无德无才，坚决不用。

慧聪公司的用人原则对领导要求更高一些：

有德有才，破格使用；

有德无才，培养使用；

无德有才，修德敢用；

无德无才，老板没用。

何为德才，各公司有自己的评判标准。这种源于古人，用于现代企业的德才模型，简单实用，但容易引起人们的误解。在现实中，企业德才的评价也缺乏操作标准。如人们往往将德看作员工个人的人品修养，而不是组织要求的价值观和素质；往往强调员工对企业的忠诚，而不是对企业价值观的认同。再如，人们容易将才看作过去的经历、经验甚至学历、学位构成的素质，或者强调胜任能力，而不是对企业的实际业绩贡献和承担的责任风险。

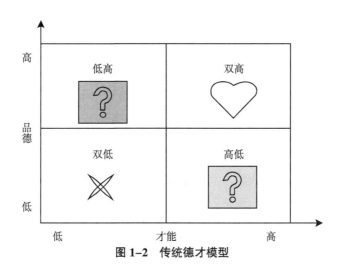

图 1-2　传统德才模型

二、GE 模型

在现代模型中，人们用价值观认同代替了品德，用绩效结果代替了才能。如美国 GE 公司的做法，不再泛泛地讲个人的品德，而是特指 GE 公司所提倡的组织的德——对 GE 价值观的认同。他们也没有泛指所谓的才，而是特指业绩的完成程度。GE 公司根据经理是否认同公司的价值观，以及是否实现了公司绩效目标，将经理分为四类进行评估和使用，如图 1-3 所示。

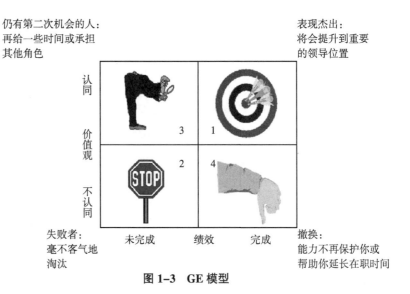

仍有第二次机会的人：
再给一些时间或承担
其他角色

表现杰出：
将会提升到重要
的领导位置

认同

价值观

不认同

失败者：
毫不客气地
淘汰

未完成　　绩效　　完成

撤换：
能力不再保护你或
帮助你延长在职时间

图 1-3　GE 模型

韦尔奇在他的《杰克·韦尔奇自传》中对这一重要原则做了详细描述，他写道："第一种类型的经理能够实现预定的目标——财务上的或者是其他方面的——并且能够认同公司的价值观。他或者她的前途自不必说。第二种类型的经理是指那些没有能够实现预定的目标，同时也不能够认同公司的价值观的人。与第一种类型一样，他们的前途当然也不必说，只是后果令大家都不愉快而已。第三种类型的经理没有能够实现预定的目标，但是能够认同公司所有的价值观。对于这样的人，根据情况的不同，我们会给他们第二次机会，或者是第三次机会。我们已经看到，很多人真的重整旗鼓、东山再起了。第四种类型是最难处理的。这就是那些能够实现预定的目标，取得经营业绩，但是却不能认同公司价值观的人——他们压迫人们工作，而不是鼓舞人们工作。他们是独裁者，是专制君主。常见的情况是，我们所有人都曾经用另外一种欣赏的眼光来看待这些霸主似的经理。我知道我也曾经这样看待他们。也许在其他时候、其他情形下，这样做也没什么。但是，在一个无边界行为成为公认价值观的公司里，我们不能容忍第四种类型的经理人员。"第二类和第四类不能认同价值观的经理，在 GE 要遭到淘汰，我们看到，在 GE 公司，认同不认同公司价值观，成为最重要的考核标准。

从这个角度讲，公司用人是"任人唯亲"，只不过这个亲，不是亲属的亲，而是指公司价值观。

GE价值观包括：

● 我们所有人……永远坚定地保持正直的品格……

● 满怀激情地致力于促成客户的成功。

● 看中"六西格玛"品质……确保客户是它的第一受益者，并用它加速自己的成长。

● 坚持做到卓越，绝不容忍官僚主义。

● 按照无边界方式行事……时时探索和应用最好的理念，无论它来自何处。

● 珍视全球内的智力资本及其提供者……尽可能地建立多元化团队。

● 明了变化所带来的发展机遇……如数字化。

● 建立一个清晰、简洁、以客户为中心的远景规划……并在实施中加以更新和充实。

● 创建一个舒展、兴奋、随意、信任的环境……建立、改进……取得成果即行庆祝。

● 展示对客户永远具有感染力的热情……领导的四个能力：欢迎并能应对高速变化的个人精力……创造能够激励他人环境的能力……进行困难决定的决断力……以及坚持不懈地进行实施的能力。

由于有了价值观，GE选用和调整经理就有了明确的标准，韦尔奇讲到，在某年解雇的五个经理中，不能认同价值观的有四个，没完成业绩的有一个。他明确公布四个不认同企业价值观的人的表现：不相信群策群力的无边界文化；不能建立强有力的团队；不能激励团队；一直没领会全球化的理念。需要强调的是，他不用"由于个人原因离开"这种模棱两可的传统借口解雇人，而是用明确的价值观认同和业绩原因。

三、绩德才廉模型

结合中国国情，我们认为企业考核干部要看绩、德、才、廉四点。

准确地说，绩这个标准不应该和其他三点放在一起，绩效是其他三点的外在表现或衡量尺度——德、才、廉，都要靠绩效来做最终衡量，毕竟企业是个经济组织，没有绩效就没有一切。我们经常讲，用人要德才兼备，以德为先。但实际在用人程序上，要把绩效排在前面，这就是我们提倡的以绩为先的"绩德才廉模型"。

企业是为客户服务的功利组织，企业要的是绩效。例如，一个人有德有才有廉，认同企业价值观也没干坏事，但有才能没发挥，没能做出应有的业绩，也就是没给公司做出贡献，我们能用他吗？答案是否定的。什么都有，就是没业绩，好比茶壶里煮饺子——肚子里有东西倒不出来。倒不出来饺子是问题，更大的问题是他还占着一个茶壶，影响他人发挥，而且可能失去市场机会。所以，有德有才有廉，主要是个人修养和个人素质问题，如果无功无绩，一定是不可提拔重用之人，提拔了他，别人也不会服气。无绩效的人也可能是人岗不匹配，最多是在其他岗位上给他第二次机会，再不行，就必须淘汰了。

华为公司的干部考核使用程序，我认为就是"绩德才廉模型"的实践，如图 1-4 所示。首先，在考核期间绩效结果进入前 25% 的人，才有机会进入中高层干部后备队。其次，这个后备队的人要能通过以思想品德和自我批判为核心的文化考察。再次，文化考察合格的人再进入领导力素质考核，然后根据不同的领导力素质和岗位需求进行任命。复次，在下一个考核期间不能达成绩效结果，则调整下来。最后，如果出现腐败等不廉行为，则淘汰出局。

"绩德才廉模型"与 GE 公司的模型并无矛盾。GE 公司第四种类型的经理人，在考核其价值观时，就被淘汰了。"绩德才廉模型"更具体地展示了开始于绩效的经理评价操作步骤和动态过程，如图 1-4 所示。

一起创业的人往往是企业的功臣，一般也是忠臣。但随着企业的发展，有的

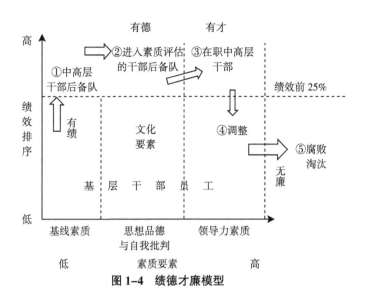

图1-4　绩德才廉模型

人能跟得上步伐，有的人则能力不支，不能胜任已经变得更重要的职位。这就产生了忠诚但能力不足的问题。我们的看法是，对功臣要先给予学习和培训机会，提升其能力，然后考核出三种结果：①能学出来的功臣用起来——给予重要的综合管理岗位。②学不出来的忠臣养起来——可赋予监事、参事、导师等职务，不担任肩负绩效考核的重要工作，发挥他们的忠诚心和责任心，在辅助岗位上继续为企业做贡献。③难以学出来的岗位所需要的能臣要引进来——任职于功臣难以学会的专业技能岗位，并不断强化他们对企业文化的认同。企业人力资源管理者的重要任务之一，就是帮助企业将功臣培养成能臣，以及引进能臣，在实现企业文化传承的基础上，推动企业干部队伍水平提升。

我认为，一个企业能否持续成长的关键之一，在于创业的功臣是否具有学习能力，企业创业团队如果能保住核心成员，不断提升能力并牵引企业往前走，是求之不得的好事。一般说来，成功的企业需要感情和文化上的连续性，经过创业阶段后高层管理者就大换班、大换血，从外部空降高管的企业，不仅打击了内部干部的积极性，形成内外干部矛盾，还不容易在传承文化的基础上继续取得好业绩。前面所讲无锡尚德的案例，其问题也与企业高管的巨大变动有关——况且这些高管出去后，还在同业界做竞争对手。阿里巴巴公司基本法规定，外部空降人员不在公司干够五年以上就不能担任 CEO，陆兆禧在阿里巴巴集团打拼 13 年，最终被选作接班人。京东商城 CEO 刘强东也表示，未来京东 70%的高管将通过内部培养和提拔。博斯公司对全球规模最大的 2500 家上市企业的 CEO 更替情况进行调研得出，2009~2011 年 CEO 的内部提拔率平均为 80%，2012 年有所下降，也在 71%。

| 第二章 |
With：企业与文化

第一节　超一流企业卖什么

● 三流企业没文化
● 二流企业学文化
● 一流企业建文化
● 超一流企业卖文化

企业的文化管理水平有高有低，以此做标准可将企业分成不同层级——三流企业没文化，二流企业学文化，一流企业建文化，超一流企业卖文化。企业文化本来是管理的一种手段，但成为业界标杆的优秀企业，甚至可以将文化做出市场价值。

一、三流企业没文化

其实，认为三流企业没文化是不严谨的，现实中任何企业都有文化，只是这里的三流企业还处在"只知道赚钱生存"而无暇顾及所谓企业文化的阶段，还没到"仓廪实而知礼节，衣食足而知荣辱"的层次。所谓的文化也只是在企业领导人的脑海里、讲话里或日常行为中，还不成文字体系，比较游移和不确定，也不能较清晰准确地传递给干部员工，干部员工多是靠自己的理解和感悟去做。这种企业追求的目标，可能就是简单的投资赚钱，也可能是要转化自己的科研成果，也可能是为多点收入好为家人看病，还可能就是出于某种爱好……不一而足。

二、二流企业学文化

二流企业学文化，指的是企业已经开始意识到，企业发展需要某些选择、某些方法，而且这些方法不是一般的技术方法、营销方法、财务方法等技能或工具类方法，而是理念方法、精神方法、思维方法等文化类方法。于是，企业开始学习优秀的业界标杆企业，或榜样企业，比如首创集团是近学北京同行，中学华润集团，远学 GE 公司，其中不仅要学标杆企业的发展战略，也要学标杆企业的文化。学文化的企业开始进入思考"如何赚钱"的阶段，它们不再是为赚钱不择手段，开始有了"君子爱财，取之有道"和"企业爱才，取之有道"的企业文化意识，虽然这个道还不是特别清晰，但它们有了一定的方向感。

三、一流企业建文化

一流企业建文化，指的是企业开始总结提炼经过一段时间经营后，形成或沉淀的成功经验和文化基因，并开始建设属于自己的、符合企业战略目标的特色文化。它们力图使这种文化成为企业持续成长的灵魂，成为招聘新员工和提拔新干部的标准。

如中国华能电力集团（以下简称华能），其企业文化建设经过了三个阶段：

一是在艰苦创业阶段（1985~1993年），华能文化体现为"逢山开路，遇水搭桥"的开拓精神和千方百计、千言万语、千辛万苦开展工作的"三千"精神。二是在快速成长阶段（1994~2001年），华能文化体现为自我加压、改革创新的进取精神和"建设国际一流上市发电公司"的奋斗目标。三是在发展壮大阶段（2002年至今），华能文化体现为"三色公司"的企业宗旨，即为中国特色社会主义服务的"红色"公司；注重科技、保护环境的"绿色"公司；与时俱进、学习创新、面向世界的"蓝色"公司。三色文化以"红色"为本，以"绿色、蓝色"为基，具有大气、包容、前瞻的特色。三色文化具有三个层面的理念诉求：一是国家利益至上，服务国家、造福社会；二是理性追求企业经营价值，努力回报投资者；三是以人为本，促进员工全面发展。应该说，"三色公司"理念反映了华能对自身发展道路和发展方式的本质认识，体现了华能在价值创造中追求的最高境界，是引领华能持续健康发展的"指路牌"。

具有正面诉求的三色文化，针对性地区别了负面的三色文化。始终坚持服务国家，建设"红色"公司，而不像某些只知道赚钱的"黄色"公司；不断深化改革创新，建设"蓝色"公司，而不像某些违法赚黑钱的"黑色"公司；努力加强节能减排，建设"绿色"公司，而不像某些制造污染、破坏环境的"白色"公司。如图2-1和图2-2所示。

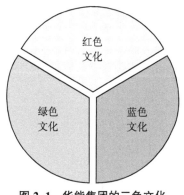

图2-1　华能集团的三色文化

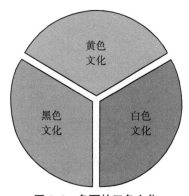

图2-2　负面的三色文化

我们所熟知的卓越企业一般都有系统完备的《企业文化大纲》作为前进的指引。如华为公司的《华为公司基本法》，华侨城集团的《华侨城集团宪章》，惠普公司的《惠普之道》，强生公司的《我们的信条》，英特尔公司的《六项准则》等。

四、超一流企业卖文化

企业卖什么？卖产品，卖技术，卖服务，卖标准，卖品牌，也可以卖文化。超一流企业卖文化，指的是某些企业已经使文化成为在客户中有价值的品牌，包括企业与媒体、社会舆论上的信誉，与银行、供应商关系中的商誉，成为毕业生向往的最佳雇主，成为大学课堂中的经典教学案例等。这些企业理解了现代企业的精神实质，懂得了如何处理企业与社会利益相关群体的关系。这使得企业具有了良好的社会知名度和社会美誉度，成为有影响力的业界榜样和标杆。这不仅有助于企业获得相对于业界同行更高的经济效益和社会价值，甚至还可以通过员工家属和媒体、大学的社会化传播，促进新的商业文明和社会文明的产生。

从只知道赚钱的功利文化，到学习如何赚钱的商道文化，再到用文化来引领企业方向的特色文化，最后成为影响业界和社会的标杆文化，随着企业的不断发展，文化作为企业之魂的作用也在阶段性地演进。

第二节 文化：企业的比喻

一、新管理五职能

为什么我们现在如此关注企业文化了呢？

归根结底，是"以劳动为本"的管理正向"以知识为本"的管理转型。过去一讲企业管理，就讲计划、组织、指挥、协调、控制五大职能，其基础是"以劳动为本"的法约尔的管理职能理论。一个任务或事情来了，要定好目标、步骤、分好工，然后将合适的人派到这个岗位上去，再由领导做好统一指挥，协调各方关系，控制好方向和解决可能出现的问题，最终完成这个工作。这种管理职能，主要是依据如何做事，如何有效完成工作来讲的。

时过境迁，人类社会发展正由过去的工业经济社会，向知识经济社会转变，由知识型员工构成，生产知识型产品的知识型企业越来越多。创造知识、共享知识、销售知识成为知识型企业的核心工作，高学历、高智商、高创造性的知识型员工成为企业员工的主体。他们的思维方式、工作方式以及人生追求都与以往的简单劳动者大不同。对于这样的管理对象或组织成员，就不能再简单地按照计划、组织、指挥、协调、控制来管理，而是要通过管好人、用好人来做事，因此，人这个要素就变得更为重要。当管理把人当成核心时，管理的职能也就在发生变革。从企业文化的角度来讲，管理者就不能只是抓住计划、组织、指挥、协调、控制这五个基础管理职能，而是要追加愿景、使命、价值观、言行守则和思维模式等与人有密切关系的新的管理职能。

我们认为，愿景、使命、价值观、言行守则和思维模式已经成为"新管理五职能"，这是与企业文化相关的管理者的新工作内容。相对于"法约尔五职能"，我们大言不惭地把它称为"杨杜五职能"，如图2-3所示。

第一是愿景。企业不仅要生产产品和提供服务，也要考虑：到底希望成为什么样的企业？终极追求什么？第二是使命。企业存在的价值是什么？企业不得不做的是什么？第三是价值观。企业把什么东西当成最重要的？价值观排序是什么？第四是言行守则。企业的"三大纪律，八项注意"是什么？尤其是企业高管的言行守则是什么？第五是思维模式。企业或个人遇到问题时，是正向思考还是负向思考？是积极思考还是消极思考？是直觉思考还是理性思考？是个人思考还是组织思考？等等。思维模式相当于企业的"三观"，也相当于库恩所讲的"范式"，或者彼得·圣吉所说的"心智模式"。这种来自潜意识的人的思维习惯，是选用员工时的必要因素。

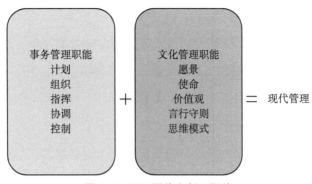

图 2-3　旧五职能和新五职能

德鲁克曾经讲过，知识员工有四个特征：更像同事，不像下属；更像专家，不像工人；更像志愿者，不像打工者；更像有产者，不像无产者。因为他们更有经济基础和知识基础，他们有条件也更喜欢独立、自由，更考虑乐趣和爱好。

知识工作者的需求特点有如下几点：

● 更需要在工作中得到满足，而不仅是挣钱。

● 更需要挑战性和压力，而不是听命和舒适。

● 更需要了解组织的目标并为之奋斗，而不是盲目工作。

● 更需要不断地学习和培训，而不是依靠熟练和原有经验。

● 更需要看到结果和有成就感，而不是埋头过程和仅获得参与感。

● 更希望知道明天是怎么样，而不是今天怎么做。

知识员工成为主流，在实践中是对管理者提出来的一个挑战，在理论上是对新管理职能研究的要求。所以我们需要给员工讲清楚愿景、使命、价值观、言行准则和思维模式，才能对员工形成内在激励，才能吸引企业外的合作者，大家一起努力。

二、从思政工作到企业文化

过去并不是没有与企业文化相类似的管理内容。最类似的在中国应该是思想政治工作，在国外应该是宗教信仰。这分别是政治组织和宗教组织对企业组织的渗透，而如今，企业文化管理的兴起，显示了企业组织与政治组织和宗教组织的关系日益走向独立。企业不仅在组织目标上，社会阶层上，也在精神层面有了自己独立的体系。

企业文化管理与思想政治工作有几个不同特点：①从工作类别说，企业文化属于企业管理类的工作，而思想政治工作则是政治教育类的工作。②从工作任务说，企业文化工作的任务是对干部员工进行企业使命愿景和核心价值观培养，服务于企业经济性目的。思想政治工作的主要任务是对企业员工进行正确的人生观、世界观、价值观的"三观"教育，思想政治工作的性质主要是思想性。③从组织上说，企业文化工作主要针对干部和核心员工，由专门的企业文化部主抓，而思想政治工作主要针对的是党员和入党积极分子，由党委各部门负责组织，在现实中，尤其是某些国企，两项工作关系密切，有两块牌子一套人马的做法。这种做法，会使企业文化管理向政治工作倾斜，与企业经营管理产生一定距离。从多数企业的做法来看，企业文化管理的独立性越来越强化，建立专门的企业文化管理部门成为趋势。而思想政治工作也和企业经营联系得越来越紧密，一方面是按照党的要求把员工的思想统一起来，为构建和谐稳定的企业氛围提供基层的人力及物力支持，另一方面是和企业的使命愿景、经营战略结合起来，促进企业效益提高，保证企业可持续发展。经营良好的公司，连外资方都希望发挥党员和思想政治工作的作用。

在某些企业，由于领导人的影响，经营管理中可能有较强的宗教色彩，如日本松下公司就有较强的日本神道影子，而稻盛和夫的京瓷公司等有较多的佛教氛围，海南航空公司受陈峰影响，佛教文化氛围也较为明显，而欧美企业有的则充满着基督教文化的烙印。我们在与这些企业交往时，就不能不考虑其宗教信仰背景，因为，这可能在很大程度上影响着该企业的经营管理风格和做事做人的模式，包括某些禁忌。

三、企业是个家?

企业是个家;

企业是艘船;

企业是赚钱的场所;

企业是事业的舞台;

企业是学习的课堂……

讲企业文化必然会讲到企业观,即人们如何看待企业和企业的本质。从概念上看,企业是从事生产、流通、服务等经济活动,以生产或服务满足社会需要,实行自主经营、独立核算、依法设立的一种营利性的经济组织。从理论上看,科斯认为企业的产生和存在的理由是交易费用的节约,是市场交易的一种替代。从文化上看,人们经常用比喻来描述企业观。一般有以下几种:

(一) 企业是个家

不少员工把企业看成一个大家园、大家庭,公司大厅布置着全家福的大照片,大家关系融洽、氛围和谐。企业讲究忠诚、互助,上班一块儿工作,下班一起参加各种文艺体育活动。上班有上下级区别,下班后干部员工就像兄弟姐妹,大家一块吃喝玩乐。过年过节有热闹的联欢会,员工过生日,红白喜事,公司有专门的问候。管理者热衷给员工介绍对象,把员工家属一块拉过来参加活动,参观企业,让家属理解家人是怎么工作的,有多么辛苦,希望家属共同支持企业。如联想公司,号称建立一个没有家族的家族企业——它不姓柳,不姓杨,不姓朱,员工能感受到大家族的氛围,但没有传统家族企业的狭隘。

有人对企业是个家的观念和做法不以为然。企业是个经济组织,太像个家庭,员工间亲戚太多,关系太密切就有问题。某人能力无论如何跟不上公司发展和岗位要求了,但他对企业很忠诚可靠,由于多年一起奋斗,关系不错。有感情因素在,你可能很难去辞退他,他干不了还得在企业混日子,影响他人,自己也难受。另外，太多的裙带关系会使企业员工关系极其复杂，以至形成亲疏有别、公私不分的小圈子文化。"家文化"运作不好也会成为企业发展的障碍。因此，把企业当成家的观念和做法有利有弊，看你怎么去管理，看它适不适合你的企业。

（二）企业是艘船

船要航行到达目的地，就需要一个团队合作，干部员工到企业来，为了一个共同的目标，要各司其职、各负其责、各享其利。船长做好船长，大副做好大副，船员做好船员。不能人浮于事，也不能有事没人干。任务、规则、合作和服从成为船队的核心，这里没有太多的亲情，而是按照一系列的制度规则来运作。但是我们发现，企业是艘船的观念和做法也不是尽善尽美，也有一些问题。例如，既然不讲那么多亲情和忠诚关系了，如果管理不到位，有的员工就可能脚踩两只船，搞"一人两企"。员工之间的知识和信息交流共享也可能有障碍。

（三）企业是赚钱的场所

持有这种企业观的企业既不认可家，也不认可船的观念，而是以钱为本。员工到这儿来就是赚钱发财，养家糊口。企业关注的就是员工干多少活，就给多少钱。员工关注的也简单，干多少活，企业给多少钱，给不到这些钱，员工马上走人。其他企业给钱多，员工也马上跳槽。企业领导者也经常用高薪挖墙脚的方式招人。总之，企业与员工关系基本凭钱多钱少决定。这种观念也不一定就要受到批判，员工干多少工作就给多少报酬不拖欠工资，既然受雇于人就努力工作不磨洋工，公平交易、合法雇用，关系处理好就行。但企业别指望员工有多大贡献，或者对企业有多忠诚。员工也别指望企业多照顾，遇到问题企业能多帮忙。

（四）企业是事业的舞台

这种企业提倡干部员工的事业心。如山东三联集团（以下简称三联）的企业价值观就是"三联不仅是一个企业，而且是一种事业"。其解释是：三联是一个企业，获取利润是其存在的前提和发展的动力，获取利润才能更好地为国家、股东、消费者和员工创造价值。三联具有崇高的事业追求，以真诚的努力为行业、社区、顾客、伙伴和员工创造充分的发展机会，共同成就理想，实现价值。大家到这企业来，不仅是赚钱养家，不仅是亲情家庭，不仅是临时团队，还可以成事，可以有成就，这对于有事业心的人是很有吸引力的。有不少企业的口号是：你有多大才能，企业就为你提供多大舞台！当然，这种企业观也有局限性，主要表现在事业心太强，或者为社会考虑过多，或者为自己的事业成功投入太大，忽视企业的功利目的。有时也会由于过度考虑员工的事业发展，为员工提供机会而影响企业的战略方向。

（五）企业是学习的课堂

有不少企业的氛围和学校差不多，尤其是一些 IT 企业，员工年轻，新员工多是刚毕业的大学生，除了市场部门的人以外，大多数员工是宿舍、食堂、办公室或研究室三点一线，和学校的生活差不多。有员工到企业工作好比实习，报酬多点少点不太在乎，只要有前途，能继续学到东西就行。企业一方也如此，"你到我这来，我给你学习机会，培训很多"等等说法，也挺吸引人。这种企业的文化口号叫建设学习型企业。不过，这种企业观，在培养人的同时，如果企业的成长速度不能给员工提供相应的位置，会给员工造成怀才不遇的感觉，以至于最终跳槽走人，这反而影响企业的凝聚力。就像某些国企，真成了为社会培养人的学校。

这五种比喻之外，还有其他的说法。想办成什么形象的企业，那是企业的价值观或理想追求的展现。相同的行业，因不同的价值观，办成了不同的企业。当然，有的企业不像上述企业那样有明确的单一形象，而是追求一种综合形象，如有的企业提倡建立"四大企业"：大家庭、大舞台、大赛场、大学校。也就是说，在人际关系上提倡大家庭文化，从发挥员工聪明才智方面讲是为员工提供大舞台，在上岗升职提干方面是靠业绩、贡献和竞争的大赛场，在追求员工与企业共成长，不断创新进步方面是大学校。各种提法、做法都可以，不同的选择，就形成各自特色的企业文化和不同的企业形象。

我们说企业是家也好，是一艘船也好，是养家糊口的赚钱场所、事业舞台、学习平台也好，从根本上不能忽视的一点，就是如何使企业生存延续下去。一个家没有好的家规、家风，出了败家子就会破败，一艘船没有与船长同心协力的船员，遇到危机也可能沉船，一个赚钱场所没有大家的兢兢业业可能会丢掉饭碗，一个舞台没有各个角色的尽职尽责可能谁也唱不成戏。最后，不管企业的形象如何表述，都不能忘掉企业的本质，企业的原点，那就是企业通过为客户提供产品和服务而追求盈利。

第三节　图腾：文化的借喻

曾几何时，用一种动物、植物或符号来形象地表达企业文化，成为中国企业的普遍做法，我们不妨将其称为"企业文化的图腾化运动"。比较流行的图腾是动物，如狼、牛、鹰、鹤、虎、狮、象、龙、羊等。

企业图腾是企业希望借助一种动物、植物、人物或其他物件来标志或者象征企业的特性，来比喻企业的文化，反映了企业希望建立自己的精神追求和价值观念的美好愿望。在企业文化建设的过程中，企业提出的所谓图腾与其说是一种信仰不如说是一种借喻；与其说是为了精神的崇拜，不如说是为了文化的宣传。企业图腾的信仰意义已经淡化。

一、借喻的理由

那么，为什么有些企业非要选一个动物做文化代言呢？

一是有利于企业文化的表达。企业文化往往是一种价值观和理念，难以用明确的、严谨的语言来表述，而用形象的动物等象征和借喻，反而更能接近企业所要表达的意思。例如 IBM，被业界叫了几十年的"蓝色巨人"，有人认为随着它的业务转型似乎正在变为"彩色巨人"，但郭士纳的一句"谁说大象不能跳舞"

就让全世界都认识了这只 IBM 大象，而且还是会跳舞的大象。将自然界的动物特性与企业结合起来，会形象地表现企业的某种文化特性。

二是有利于企业文化的传播。形象的东西容易记忆，容易成为话题，容易吸引眼球，有利于向员工、向顾客、向社会、向合作伙伴更有效地传播企业文化。比起"彩色巨人"来，似乎"大象"这种形象的动物更容易传播，就好比孩童时代大家都很容易记住动物的名字一样。

三是有利于企业文化的结构化。文化分为内在精神和外在形象，图腾背后一般有内在精神，比如"狼"文化象征的是敏锐、不屈不挠、群体合作等。一般都是有了精神再去寻找象征性的图腾，而不是有了图腾再去找其精神。图腾就是企业精神的外在表现形式，图腾不能等同于精神，有精神的企业不见得有图腾，有图腾的公司一般都有精神。当然也有图腾和精神不一致的企业。

四是为了表达企业家本人的情感和追求。如有企业提出"大象文化"，除了推崇大象诚信、实力、稳健、团队的品质外，一个重要的原因是这位企业家的儿子酷爱大象。有了这层关系，平时与大象接触多了，就开始思考大象的特质，自然而然将企业和大象联系了起来。

二、是狮子还是羚羊

图腾的选择一般分两类，一类是肉食动物，凶猛、残忍、好斗；另一类是草食动物，温顺、宽容、服从。从另一角度看，一类是独居动物，个体、游荡、独立；另一类是群居动物，团队、稳定、合作。

在广袤的非洲大草原上，一天早晨，东方刚刚露出鱼肚白，一只羚羊从睡梦中猛然惊醒。它的另一只同伴对它大喊："赶快跑，如果慢了，就会被狮子吃掉！"于是，羚羊起身就跑，向着太阳升起来的方向飞奔而去。

就在羚羊醒来的同时，一只狮子也惊醒了。它看到有几只羚羊在跑，它不由得想："赶快跑，如果慢了，就没饭吃，我已经好长时间不知道肉是什么滋味了，再这样下去，岂不是要饿死！"于是，起身向着羚羊奔去。它们都在拼命地跑，前边的羚羊看到身后有狮子，所以跑得飞快；后边的狮子看到前边有食物，拼命地追。一个是自然界兽中之王，一个是食草的羚羊，等级差异，实力悬殊，但生存却面临同一个问题——如果羚羊快，狮子就饿死；如果狮子快，羚羊就被吃掉。其实结果很简单，丛林规则就是优胜劣汰、弱肉强食，跑得慢的羚羊和跑得慢的狮子最终会先死掉！

人长大之后，随着环境的变化，有的会变成"狮子"，有的会变成"羚羊"。企业是由人构成的，企业成长的过程中，受环境和领导人的影响，有的会变成"狮子"型企业，有的会变成"羚羊"型企业。虽然"狮子"总想吃掉"羚羊"，"羚羊"并不想吃掉"狮子"，然而，面对市场竞争和客户需求，它们所面对的生存挑战是一样的。早上一醒来，你就要想一想自己到底是狮子还是羚羊？是螳螂还是黄雀？你周边有成群的大象还是土狼？鳄鱼和苍鹰又在哪里？在大草原上，狼吃黄羊，鹰叼兔子，这就是生物链。你处在生物链的什么环节？你要吃掉谁又要防备被谁吃掉？你正遇到什么危险但你为了生存而必须面对？

在创业阶段，只有生存下来才有话语权，正如任正非的"活着才是硬道理"。因此，生存能力极强的动物便成了国内企业的自我认知。面对跨国公司这些大象、狮子、河马，狼成了国内企业的首选，华为如此，海尔如此，联想也如此。但是，随着企业的强大，随着企业走向世界市场，可能就需要由土狼变狮子了。如在2001年左右，华为就不再提"狼性"了，转向组织的流程化建设和职业化人才的培养。一段时间可以倡导"狼性"文化，但不能走向极端。

靠文化可以凝聚力量，产生企业忠诚感、自豪感和爱国心，但凝聚的力量要能耗散出去，不能过分强调。文化中的某些价值观要适应企业目标和环境的变化，企业图腾毕竟不是视死如归的坚定信仰。图腾选择可以和企业成长阶段相联系——创业期像土狼，成长期像老虎，成熟期像大象，衰退期像恐龙。如曾经强大的索尼公司，由于面临着巨大的变革问题，现在成了一只受到威胁的恐龙，它必须完成一种蜕变，才能获得重生。随着企业的成长，你可以由蚂蚁到牛羊，到狼狈，到狮虎，再到大象鲸鱼，搞不好就成为恐龙。适者生存，创者成长。当然，这不是"朝牛暮虎"的事，需要相当长的时间才能演变。

说管理，讲故事是目前管理界比较流行的方式。两个猎人的故事，煮青蛙的故事，狐狸和刺猬的故事，狮子和羚羊的故事，等等，讲管理就好像在开故事会。美国有一本畅销书叫《你是什么动物》，把微软公司创始人比尔·盖茨比作海岛猫鼬。该书点评说："海岛猫鼬聪明、有耐心、有个性，而比尔·盖茨似乎同样具有这些品质。海岛猫鼬还以凶恶著称，而比尔·盖茨为了追求公司的利益也很残忍。"如果比尔·盖茨像海岛猫鼬，那么微软像什么动物？因为微软帝国的庞大，很多人认为微软像巨鲸；因为微软所触及的领域之广，很多人又认为章鱼最能代表微软的形象；又因为细菌会入侵各个角落，微软还被人们比作细菌……得出的结论就像盲人摸象一样，说对了一些但又很片面。

在很多情况下，某些企业的象征性图腾是由媒体记者出于敏锐的观察，或者为了吸引眼球给企业戴在头上的。虽然企业自己不这样认为，但舆论或同行会用各种各样的动物来形容它们。比如，之前大家也没有把华为当成土狼，是《IT经理世界》记者的一篇报道大范围地传播了这种形象。此前，华为虽然提倡狼的三个特性，但大家并没有认为华为就是狼文化，因为像华为这样的大公司，不是一种象征就可以描述的。华为真正提倡的是一线营销人员的"狼性"和二线人员的"狈性"的互补，实际上是"狼狈配合"机制——市场拓展与管理支撑的平衡体系。能说明华为文化特征的还有如诚信、服务、集体奋斗等，但似乎只有狼文化让大家记住了，这就是借喻的奇妙作用。

三、动物借喻的风险

从企业文化建设的角度来看，用动物的特征和行为来概括企业文化，虽深入浅出，易于理解，但也不免过于简单和随意。把企业当成动物园，也只是停留在寓言启蒙阶段，有助于员工和社会理解企业文化，但难以形成对企业管理和竞争能力更为理性的认知，依靠某种动物来寓意企业，警示员工，其功能和效果毕竟有限。

首先，企业可能会被人误解、曲解，因为一种形象往往不能全面地反映企业的精神实质。例如，受"狼外婆"、"狼狈为奸"、"狼心狗肺"等故事的影响，狼文化在中国人的心里可能会展现恶的一面，也可能使一些企业一味提倡"你死我活"的"残酷竞争"、采取"不给对方以生存空间，置对方于死地而后快"的残忍手段等。中国企业喜欢用龙的形象，但到了西方，龙却是恶的形象，无论你做何解释也容易让人误解，应该慎用。

其次，一种形象往往不能代表企业的全部。企业是个结构复杂的组织，本质属性并非一个，用一种图腾往往会顾此失彼。市场是狼，管理可能是狈，采购是鳄鱼，财务可能是狗，不一而足。

最后，形象出众，德才兼备的动物也就几种，被人捷足先登了，想独树一帜都难。这虽然不像域名、商标，别人注册了你就不能再用，但那些好形象被人抢先了，叫响了，你再去用也没新意。造个新词容易，造个新动物就难了，你总不能叫"苍蝇"文化，"蝙蝠"文化吧！

四、大象、狼、鹰、羚羊——四种常用的借喻

人们用公司氛围、领导人特质、管理重点、价值取向等四个指标把企业分为大象、狼、鹰、羚羊文化。

一是大象文化。属于注重尊重、友好的人本型公司。公司氛围为友好的工作环境，领导人像导师，管理强调以人为本、对员工的重视和人才开发。代表性企业有万科、工商银行、青岛啤酒、长虹、海信、雅戈尔、远东、红塔、格兰仕、波司登等。

二是狼文化。属于强者、冒险的活力型公司。公司氛围为富有活力和创造性的环境，拥有革新和冒险的领导者，管理上重视行业领先，成功标志是产品和服务。代表性企业有华为、国美、格力、娃哈哈、比亚迪、复星、吉利等。

三是鹰文化。属于有目标、绩效的市场型公司。公司氛围为结果导向，领导者像推动者，管理上属于出奇制胜的竞争者，价值取向为市场占有率与市场领

先。代表性企业为联想、TCL、伊利、平安、光明、喜之郎、雨润、思念、小天鹅等。

四是羚羊文化。属于温和、敏捷的稳健型公司。靠规则凝聚员工，领导讲究中庸之道，管理上讲究运营的有效性、稳定性，价值取向为可靠服务、良好运行和低成本。代表性企业有海尔、中兴、苏宁、美的、汇源、燕京啤酒等。

第四节　肉眼心眼观文化

美国企业在 20 世纪 70 年代左右，开始大规模地制定企业文化大纲，日本大概在 20 世纪八九十年代也开始流行建设企业文化，中国企业在最近十多年开始关注企业文化的管理。看来，企业文化建设与企业和社会经济发展阶段密切相关。一个企业刚创业时，只是一种朴素的文化观念，发展到一定阶段，才开始按照一个组织文化的体系去建设企业文化。但是，企业文化是否就是那些所谓的企业文化大纲呢？好像是，又不全是。如果我们收集几十家企业的文化文本，就会看到文字上好像没有太大差别，一家公司用团结、创新、诚信，其他公司也用，都是这几个字。但是，如果你走进一个企业去观察和感受时，你一定能在企业的氛围里、行为节奏上，体验出它的文化和别人的不同。有些时候，我们发现企业文化是看不见、摸不着的，但是可以切实感受到企业氛围的不同。如果更深入了解一个企业的话，会发现从它的经营方针、战略规划、员工守则、企业制度、市场运作等方面，都可以看出企业文化的影子来，我认为企业文化可以分为看得见的文化和看不见的文化两种。

一、看得见的文化

到企业里走一走，到企业的办公室转一转、车间看一看、食堂吃顿饭、再去趟卫生间，只要你有心，就可以看得见、感觉得到企业不同的文化。看看办公室设计，是敞开式的大办公室，还是每个部门都有自己的小办公室？房门是开着的，还是一直关着的。房门设计是不透明的，还是从外边可以看到里面的？有多少公共空间？等等，大概可以看出一个企业重视什么不重视什么。有的企业装修非常豪华，甚至略显奢侈，你会感觉到这家公司确实有实力，你也可能感觉这家公司对成本管理不是特别在乎。你可以感受这家公司的前台接待如何，司机训练如何，墙上的标语是否缺字，晚上的霓虹灯是否有不亮的地方。

你到企业食堂去就餐，看看用餐环境，用餐标准，员工时间是否会错开，有无排队，可以看出企业对员工生活的关心程度。从饭桌上是否有剩饭菜，可以看出企业对员工的要求和员工的自律水平。

卫生间也是能反映一个企业文化特色的典型场所。从灯光、用水、气味、是否有乱写乱涂、清扫记录等，都能反映一个企业管理水平怎样，员工心态如何。一般厕所墙上都有标语，比如"向前一小步、文明一大步"等，为了好打扫，为了干净卫生，对员工也有所提醒。有些企业不写标语，而是写上幽默的段子，前面几句话非常吸引人，后面的字越来越小，为了看清楚，你就得往前凑一凑，自然也能达到"向前一小步，文明一大步"的目的，证明该企业非常细心和用心。

从行为上更能看出文化，有些管理者在会议室开会或工作时抽烟，旁若无人。可能说明公司对员工纪律性和身体健康不那么在乎，可能说明管理者不太重视别人的意见，也可能是管理者没太多公众意识，忍不住烟瘾就抽，不管旁边有女士，还有孕妇等，这是一种自律、素养的问题。

我参观过不少国外的优秀企业，尤其像日本的大公司，员工的训练有素让人很有触动。在厂区里过马路，不仅左右看看，而且用手臂动作和口中发声来辅助确认——右边没车，左边没车，前边没车——然后再过。员工必须像交警指挥交通一样，用手去指一下，三个方向都确认安全之后，才过马路。在行为上这样训练员工，保障员工的安全，使员工形成一种良好的习惯，体现了公司的严谨文化。

二、看不见的文化

看得见的行为背后有看不见的理念，肉眼看不见，必须要用"心眼"去观。举个不知真假的例子，一个中国青年到美国去留学，毕业后在公司工作，交了个美国女朋友，带女朋友开车兜风，半夜时光，他见路上没有多少人和车，见了红灯照样闯，结果女朋友说，这人怎么连红灯都敢闯，将来可能什么事都敢干呢！于是跟他分手了。有了这次教训，以后他再也不敢随意闯红灯了。后来，他因工作关系回到国内，又交了个中国女朋友，还是半夜开车，路上一个车影人影都没有，遇到红灯，女朋友急着回家怎么催他他都不闯红灯。女朋友说了，大半夜还这么死守规矩，将来遇到事还不知多窝囊呢，又跟他分手了。重视规则，还是重视效率，开车行为背后有两种不同的文化理念，我们不去评价好坏，但这种文化理念形成一种标尺，指导我们去判断一个人：习惯是好是坏？遵守规则还是不遵守规则？懂礼节还是不懂礼节？等等。

《刮痧》这个电影大家可能看过，在中国常见的中医拔罐子、刮痧，到了美国就成了家庭暴力了，被邻居通知了警察——因为爷爷刮痧把孙子身上弄得又黑又紫，美国人搞不清楚到底怎么打的——弄成这个颜色，居然没有皮开肉绽！中医疗法在美国文化背景中变为不可思议的"虐待"。

同样，欧美社会强调契约文化，中国人习惯熟人文化。一般情况下，企业之间订立的契约合同在欧美比在中国更容易被遵守，这并不是他们更讲诚信，而是他们认为契约合同是共同面对上帝签订的，违约不仅是签约双方的事，也是对上帝的违约，宗教信仰对他们有更大的约束力。中国人遵守诺言，是依靠双方建立的信任关系，这种信任关系一种是靠多年的交往形成的信任记录，另一种是靠熟人或朋友的介绍所形成的担保。当然，这种熟人担保在欧美并不是没有，如美国研究生考试需要推荐人，日本公司就职入学也需要熟人推荐和担保。

中国人文化里讲究勤奋勤劳，吃苦耐劳，"白加黑"、"五加二"地努力工作，为了家人能过上更好的生活。但欧洲人讲究工作和休息分开，到了休息日必须休息，做礼拜，敬上帝。于是，中国人周六周日依然工作就与欧洲人的文化产生冲突，同时抢了他们的饭碗，于是产生矛盾。这都是看不见的文化在背后起作用。

发源于背后不同文化理念的中西方社会规则和社会行为差异还有很多。

如中国讲究尊老爱幼，背后是家庭伦理；西方讲究女士优先，背后是绅士文化。中国强调尊卑有序，背后是祖先文化；西方强调人人平等，背后是上帝存在。中国讲究伦理纲常，背后是人性本善；西方讲究法律制度，背后是人性本恶。中国人读论语尊孔子，背后是家族文化；西方人诵读圣经敬耶稣，背后是宗教信仰等。

人的言论、行为和决策背后，或有意识或无意识地会有一种价值观假设在起作用，即价值观影响人的管理言论、行为和决策。比如，可以假设员工是善的，也可以假设员工是恶的。假设员工是恶的，公司就可能强化制度建设和约束；比如，可以假设人是完美的，也可以假设人是会犯错误的，后者的管理导向就会偏向靠机械设备、自动化尽量减少人的参与来减少工作失误；比如，可以假设员工是理性的，也可以假设员工是感性的，如果假设是后者，公司可能会用加强培训员工分析反思的能力，来减少情绪带来的负面影响，比如，可以假设人生是天生注定的，也可以假设人生是可以改变的，后者可以促使员工通过学习、改进来提升自己的能力。比如身边人求你办事时，你是把人情放在前面，还是把组织利益放在前面？你把人情放在第一，迁就家人、秘书、司机、朋友、同学等身边人，会形成不错的圈子内的关系，但也可能会犯规犯法。员工利益和客户利益发生冲突时，你是员工满意第一，还是客户满意第一？决策本身没有对错，只是受企业提倡和日常形成的价值观倾向的影响。

有的企业提倡要先提高员工满意度，员工满意了，就会努力工作去满足客户需求。这是一种文化假设。而另外的企业认为首先要让客户满意，员工工作让客户满意了，企业激励制度则会保证员工满意。比如你为公司做好了市场，公司就给你家里帮忙，这是另一种文化假设。我们赞成和选择某种假设的过程，就是企业文化建设。不同价值观，谁排第一，谁排第二，明确规定出来就是企业文化建设。

三、用看得见管看不见

看不见的是思想、动机、理念，看得见的是文字、态度、行为。从这个角度看，文化建设就是两个基本点：一是把思想、动机、理念统一起来，二是把看不见的思想、动机、理念变为看得见的文字、态度和行为。所以，有了共同认可的企业文化，企业员工（至少是中高层干部）就知道在这一基础上该怎么去权衡，不必在公说公有理、婆说婆有理的价值观层面浪费时间，而大幅度提高工作效率。

一家公司分管销售的副总在外出差，不幸家中失火，所幸家人没有出事。无处安身的妻子打电话让他赶紧回来，副总一听连夜赶回本地，并先到公司向老总请三天假，希望在家安排一下，再回市场。但公司老总一看他先斩后奏，擅离岗位，说：不准你假，你必须马上回出差地继续工作，否则就免职！你认为老总做得对还是不对？是无情还是有情？

针对副总的请假，老总必须做出一个选择，准假与不准！这是个两难：副总家有火灾了，客户那没人管了。如果副总向你请假，你脑中第一反应是什么？可能是：副总家里着火了，真可怜，多年的家财被烧了——你想的是员工利益。也可能是：大家都很忙的时候，怎么副总什么都不说扔下客户跑回来了，市场怎么办——你想的是客户和公司利益。员工利益和客户利益公司利益之间要权衡，以谁为本？谁是第一重要？其实这是个价值观的问题。

在现实中，公司老总拒绝给副总假期，让他必须回出差地继续工作。最后解决方式是副总听话地回市场继续工作，老总派公司的其他人去副总家帮忙处理火灾事宜。老总在公司提倡的价值观是客户第一，你做副总的必须认同这一点，否则就把副总撤职。如果双方立场、理念等核心价值观不统一，老总和副总就有可能吵起来，甚至副总会以辞职闹僵！这就是企业文化建设的第一点，看来思想观念统一这点在这家公司做到了。

但第二点，将看不见的思想、动机、理念变为看得见的文字、态度和行为，这家公司做得并不够。

副总要请假，从人情的角度讲应该帮忙，但公司在这方面有无制度可循呢？没有！如果有，副总也就不会先斩后奏地跑回公司了。在老总面前，一个是人情，一个是制度，他认为制度是关键。这个事没有先例怎么办？老总先决策：不准假，公司给你家里帮忙，你回市场。但后面的问题出来了，再出现类似情况怎么办？老总认为这个事情是例外，但类似事情又是可能重复发生的，管理者必须把例外变为例常，交给制度和流程去办。于是，老总等副总回市场之后，又让人力资源部门抓紧制定相关制度——这类事情将来要按照看得见的成文的规则去办——副总或者其他人如果再先斩后奏，扔下客户往回跑，那就只能按违反制度，撤职查办了。老总做好了文化建设的第二点，用看得见的文字、态度和行为去控制看不见的思想、动机、理念，以后的管理就简化了，不用总是做"救火队长"了。

华为公司最早也提倡英雄主义，慢慢走向文化建设和管理规范化——先是制定《华为公司基本法》，接下来就是制度建设，包括流程化组织建设、干部的职业化建设，以及 IPD、ISC 等制度和机制的建设。由感情到文化建设再到制度建设的进程中，经历了华为公司几十人的"集体大辞职"、几百人的"内部大创业"和几千人的"老员工大让位"，以及几万人的"奋斗者大排队"等行为和制度变革，轰轰烈烈，惊心动魄，每次变革都堪称管理进步的经典之作。企业，就是在不断的建立由感情到文化再到制度的企业体系的过程中成长的。

中国古人讲：要长久，三不朽。三不朽就是"三立"，指立功、立言、立德。其中古人更强调立德——穆叔曰："大上有立德，其次有立功，其次有立言。"（见《左传·襄公二十四年》）作为现代管理者，这"三立"是需要借鉴的——立功就是自己做事，要出业绩，立言就是教人做事，要带队伍，立德就是讲好故事，要传文化。但纵观现代优秀企业的成长历史，我们认为最重要的却是立制。立制就是让人成事，要建组织。从历史发展的长河看，机制和制度的进步，才是企业真正的进步，才是企业长久的基石。

| 第三章 |
Who：谁的文化？

　　企业文化不是空中楼阁，在企业内一定有一个载体，这个载体可能分为三种，个人载体、群体载体和物质载体。于是人们一般会根据载体分为老板文化、全员文化和物质文化。我们认为文化是组织的文化，不是老板个人的文化；是干部群体的文化，不是全体员工的文化；是"上心"的文化，不是"上墙"的文化。

第一节　老板文化还是组织文化

文化是人的价值观，但企业是由具体而非抽象的人构成的，从内部讲，企业人以老板为核心分为不同层次，核心是老板本人，外层是管理干部，再外层是全体员工，在企业边界上，与企业有密切联系的是干部员工家属，企业外部有客户、政府等各个利益相关群体，如图 3-1 所示。

一、老板要有文化

由于企业老板的特殊作用，很多人认为企业文化就是老板文化。确是如此，在很多企业，尤其在老板是创始人的企业，老板个人价值观决定了企业文化的主调。不少研究证明，无论中外企业，企业领导人的个人风格对企业的经营风格具有决定性作用。在某些企业，有时会产生一朝天子一朝臣的现象。换一位领导

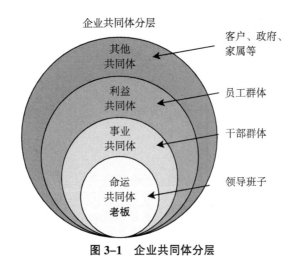

图 3-1 企业共同体分层

人，不仅把自己的旧部全带来，同时还会全盘否定前任领导的理念甚至工作方针，形成完全不同的企业氛围。从这种极端现象讲，企业文化就是老板文化。

老板文化本身并无对错。这和企业文化的本质特点有关。首先，文化是多样性的，文化是否对错，看企业绩效结果而不看文化类型。其次，文化是权威性的，老板不认同或不由上到下推行就不太可能成功。但是，如果文化只有老板一人提倡和做到，连领导班子和干部都不认同，那老板就成了孤家寡人，想必企业绩效也不会好到哪里去。其实，要说海尔文化是"张瑞敏文化"，联想文化是"柳传志文化"，我相信张总和柳总自己也不同意，该公司的大多数员工也不会认可，尽管他们非常认可两位老板的理念、权威和能力。如果是在国企，说中航工业文化是"林左鸣文化"，说中粮集团文化是"宁高宁文化"，就甚至有点贬义了。在大型跨国公司，我们很少听到说原来的 GE 公司就是"韦尔奇文化"，原来的苹果公司就是"乔布斯文化"。其实大家都清楚，个人和组织，自然人和法人还是有很大不同的，相互不能替代——尽管老板个人对企业文化起着决定性的作用。

我认为，与其说是谁的文化，不如说是谁的责任、谁的工作。例如，一个企业发展大了需要分权、分利给大家，但是经常遇到的问题是：分权、分利会导致分心、分家，拿到权和钱了，人反而不再像创业阶段那样一条心、一股劲。原因是多样的，其中之一就是老板没有重视企业文化建设，以为分权、给钱就能继续吸引大家，而没有在企业灵魂塑造上，在核心价值观上用功，导致大家过于关注以前很少、现在膨胀了的利益和权力，关注公平而非效率，关注功劳而非贡献。

如何才能做到分权、分利，但不分心、不分家？从经验看有两个方面的工作：

第一是在较早——有希望做大，但还没有做大——的时候进行志同道合的干部队伍建设。领导者必须带领大家思考，我们做企业到底追求什么？走什么样的路？做什么样的人？也就是要决定"政治路线"问题。正如韦尔奇所讲，较早统一价值观，消除有冲突的多样化的价值观，对企业以后的发展是很有用的。这样才能向志同道合的贡献者、奋斗者做出利益分配倾斜。

第二是流程化组织的建设。将流程架构在以客户为中心，始于客户需求，终于客户满意的价值链上。这个流程做好的话，才可以进行有效的分权。分权不能分整权，要分基于流程中的非完整的权。

从这个意义上讲，有了干部队伍建设和流程化组织建设，才有分权、分利的基础，否则，建议把住权力别放手。

二、老板的责任工程

身先士卒，事必躬亲，以身作则，大权在握，安全可靠，这样的老板未免太苦太累。因此建议将企业文化作为"老板头号工程"来做，作为管理的基础来做。企业文化建设必须是老板工程，一把手工程，老板必须是企业文化工程的总负责人。理由有五点：

（1）老板自己要有思想，有核心价值观。

（2）老板要协调各部门一起建设文化。企业文化建设不像人力资源、研发、市场、财务那样，按照职能分工各司其职就可以，它需要各部门的密切配合。

（3）老板要利用权力及影响力推动文化的传播。要在企业内外反复宣讲和贯彻企业文化。

（4）老板要通过文化认同培养接班人，传承企业文化。文化不是一代人的事，需要几代人的接力和传承，作为领导核心的老板要通过传承企业文化，实现企业的可持续成长。

（5）老板要以身作则。老板可以不参与日常业务工作，但不能不做企业文化的典范。前一段时间我与一个小企业老板聊起来他公司的管理，他抱怨现任总经理和领导班子，多年来只是维持原来他所开拓的业务，不思进取，不去开拓新业务，结果现在老业务下滑，效益受到很大影响，目前困难重重。我问是否激励不够，他说连股份都给到他们 45% 了。聊到后来才发现，这老板早就对公司经营大撒手，整天去国内外打高尔夫球。别说以身作则建文化，就连最基本的管理机制都没有。我说，别说你给管理层 45% 的股权，你就是给他们 90%，人家也会认为你什么也不干，白拿 10% 不公平，怎么会卖力工作呢？

企业文化建设，就是企业高层领导者的责任。尤其是第一代创业者，缔造企业，其实就是缔造这个企业的核心价值观，就是让企业长出灵魂。文化建设会使企业超越老板个人的追求和意志，形成企业组织自身的追求和意志。

现实中我们看到，公司一把手往往是企业文化建设领导小组的组长，如果不是，这位一把手对企业文化的认识就可能有些问题。不少企业设立了企业大学或学院，一把手往往任企业大学的校长，就是因为企业大学或学院是统一后备干部价值观、宣贯企业文化的重要阵地。

总之，小公司更倾向于老板文化，大中型公司更需要组织文化。老板本人就是随着企业成长、促使企业文化由老板文化转为组织文化的主导者。

第二节　全员文化还是干部文化

不少企业提倡建设全员文化，不少学者也认为企业文化必须得到全体员工的认同。如流传甚广的定义是：企业文化是企业在生产经营实践中，逐步形成的、为全体员工所认同并遵守的、带有本组织特点的使命、愿景、宗旨、精神、价值观和经营理念，以及这些理念在生产经营实践、管理制度、员工行为方式与企业对外形象方面的体现的总和。从多年做企业文化的咨询经验来讲，我们认为这未免太过理想，文化其实是很难做到全体员工认同的，如果非要如此，文化建设的成本也太高，企业不可能做不合算的事。当然，如果公司人数很少，大家互相熟识，全员文化未尝不可，但话又说回来，小公司大概也用不着兴师动众大搞组织文化建设，由老板文化发展到"班子文化"即可。

一、没分类就没管理

（一）依据员工的价值性和稀缺性高低的分类

企业成长到一定规模和阶段，不仅员工人数增多，类型也变得多样。员工队伍不再是铁板一块，不再是抽象的而是具体分层的。除老板之外，干部群体分为高、中、基层管理者，员工群体也分为核心员工、普通员工、派遣员工和临时员工等。

D.Lepakt 和 S.Snell 从人力资本理论角度出发，按照价值性和稀缺性两个维度，将员工划分为核心员工、独特员工、通用员工和辅助员工四类。如图 3-2 所示。

第一类是高价值—高稀缺的核心员工。他们掌握了特殊的知识和技能，而这些知识和技能与企业的核心能力密切相关，能够为企业战略目标做出卓越贡献，比如 IT 公司的研发工程师就属于此类。第二类是高价值—低稀缺的通用员工。他们掌握的知识、技能能够为执行企业的战略目标贡献价值，与企业核心能力相关，但是在劳动力市场却很容易获得，如会计、营销人员等。第三类是低价值—高稀缺的独特员工。他们有非常特殊的、不易习得的知识和技能，因此相对紧缺，其价值贡献是至关重要的，但不与企业核心能力直接相关，如企业的法律顾问等。第四类是低价值—低稀缺的辅助员工。他们掌握普通的知识和技能，极易在劳动力市场获得，对于企业来讲，他们主要从事操作性工作，其贡献价值与企业核心能力间接相关。

如果从文化上看，企业对第一类核心员工应该有较高的文化认同要求，第二类员工人数需求较多，团队建设较为重要，因此企业对第二类员工有相对较高的文化认同要求。而对第三类和第四类员工的文化认同要求则不高。

图3-2 员工分类与文化认同要求

不过，这种分类法偏向于员工价值和市场稀缺性，企业文化标准比较弱。

（二）依据员工的价值观认同和绩效结果好坏的分类

前面我们讲过了 GE 模型，根据公司价值观认同和绩效结果两个标准，确认四种类型的人。认同价值观又完成绩效的提拔重用，认同价值观但没有完成绩效的给第二次机会，不认同价值观但完成绩效的要果断辞掉，既不认同价值观又没完成绩效的即使是功臣也要淘汰。

可以看出，价值观或文化认同是韦尔奇时代 GE 公司留用干部员工的决定性标准，绩效结果是考查性标准。

区分干部员工，表面上是职位、地位、级别之差，但用于文化管理很有实效。

对于企业价值性较低的一般员工，如果我们用企业文化去要求，甚至去考核，要求一般员工"个人利益服从企业利益"，提倡"牺牲小我为大我"、"牺牲小家为大家"，即使家中老人弥留之际也要坚守岗位，让员工忠孝不能两全，这样做对一般员工未免太过残酷无情。一般员工辛苦工作，也可能就是为了养家糊口，能过成小康之家就满足了。他们可能有些小农意识，满足于"老婆孩子热炕头"，目标没那么高尚，如果企业让他做雷锋，做大公无私的楷模，就有些要求太高，企业拉他进步很累，他做不到也痛苦。所以，企业文化，是引导员工、倡导员工追求的一种较高境界，但不能奢望每个人都成为共产主义新人，成为雷锋，成为有牺牲奉献精神的人。他们只要不表面上反对企业的核心价值观，言语态度上服从核心价值观导向，尽力去把本职工作做好就可以了。文化要求对员工要宽，对干部要严！所以，企业文化应该是干部文化，这不仅是文化建设的成本问题，也是工作量问题。当然这是我个人的看法，不同意我的价值观，强调企业文化是全员文化的人一定会有。这就是价值观的多样性。

（三）老板和员工的分类

老板和员工也不是一类人。这不仅是企业所有权上的差别、地位的差别，还有企业情感上的不同。

有私企老板经营自己的企业，像培养自己的孩子一样，呕心沥血，兢兢业业，夜以继日，竭尽全力，每天工作到晚上9点，甚至半夜。老板加班，下边的干部也就不好早走，没事也在那里假忙，搞得大家都很累。有些干部员工可能心里并不是特别心甘情愿加班，即使能多挣点加班费也觉得不如早点回家好。他们以前也给老板说过不想加班，但老板说，我当老板的都这么加班玩儿命，你们有什么不可以！

企业要发展，市场有竞争，老板压力大，当然希望企业干部员工能够聚焦工作，全心全意为企业努力工作。但老板有时没想到，不是所有员工都和老板一样能把企业当成自己的家，当成自己的事业去奋斗、奉献甚至牺牲。老板还可能认为，员工加班薪水挣得多，企业发展了职位又可以提升，多好的事儿啊！老板还给员工以身作则做表率。但时间长了，老板会察觉到，虽然大家表面上加班，态度很好，实际上工作效率没有提升，工作时间能做完的事情故意加班来做的人在增加，形式主义蔓延。

这样的老板，可能需要实事求是地承认人和人的差别。有句话说得很极端，但很形象："人比人得死，货比货得扔。"人的三观——世界观、人生观、价值观确实是多样的，全员认同的文化是理想不是现实。在几千人、几万人的大企业更是如此。人们处于不同年龄、不同家庭、不同教育背景，有人追名，有人追利，有人追权；有人追吃得好，有人追睡得香，有人追玩得嗨；有人追求无穷无尽，有人追求小富则安；有人极其勤奋，有人喜欢偷懒；有人为公，有人自私。

员工多了，就不可能让大家完全按照严格要求和高水平去做，但管理上又不能放任自流，除非大家都有很强的职业素质。因此，可取的方法就是把老板、干部和普通员工区别对待，形成以企业家或老板为中心的领导群体文化，再普及到干部这个较小群体，由他们去影响整个员工群体就可以了。根据我们的经验，如果一个企业占员工总数 15%~20%的干部群体对企业的文化能够认同，我们认为这个企业的文化建设就已经比较成功了。

我们可以用表 3-1 来区分老板、高管、中层、基层和员工的权、责、利和文化要求的不同。

表 3-1　不同层次的文化要求

身份	股权	利益	文化要求
老板	有较大股权	只能从本公司获取收益	要求献身精神和使命感、建文化
高管	有一定股权	限制公司外收入	要求敬业精神和责任感、考核文化
中层	有少量股权	不限制公司外收入	考核文化、考核部门绩效结果
基层	无股权	不限制公司外收入	认同文化、考核团队绩效结果
员工	无股权	按劳动合同法获取收入	不反对文化、考核业绩、遵守制度

总而言之，理想上倡导全员文化，现实中实行干部文化。提倡全员认同，仅对管理者考核文化，可能是切实可行的道路。

当然，如果普通员工中有自觉自愿、主动按照高要求去做的人，那他（或她）就具备了提拔为干部的价值观条件。深圳华为公司选拔干部的原则是："我们只选拔有敬业精神、献身精神、有责任心、有使命感的人进入干部队伍。"员工先有了这四条，再通过考查才能、素质等条件才能进入干部队伍。

二、文化管干部，制度管员工

我们提倡"干部用文化考核，员工用制度考核"。

毛主席教导我们说："政治路线确定之后，干部就是决定的因素。"[1] 他还提出了共产党的干部政策六条标准：第一，坚定地执行党的路线，第二，服从党的纪律，第三，和群众有密切的联系，第四，有独立的工作能力，第五，积极肯干，第六，不谋私利。可以说第一、第三、第五、第六这四条都是文化标准。

广东物资集团公司是流通领域的大型国有企业，它对干部提出来的口号是："加班加点就是干家务。"是干部，就不能把家事和企业工作时间分得十分清楚，干部不像员工那样出卖劳动时间，到点上班到点下班就完事了，加班加点就是干家务，把事情做完才能下班，公司的事就是自家的事。当然这只是对干部的要求。

蒙牛公司也是如此，把干部和员工区别开，强调"中层以上的干部一般不能当劳模"。员工兢兢业业、踏踏实实、杰出地干好了本职工作，可以授予劳模称号。但领导干部，除非为了企业声誉和利益，可以去争取省级、国家级劳模，一般不能当企业内的劳模。干部的职责就是聚焦工作，全身心围着企业去转，没有上班下班，没人可以把手机关上，只要公司工作需要，必须随叫随到，干多少都是应该的，所以干部不能和一般员工去争当劳模。当然，在中国，这种强调组织利益和组织道德的做法是可以被认可的。但在讲究人人平等、公私分明的西方国家企业，大概行不通。即使是干部，工作和个人生活也分得很清楚，他们更强调个人权利和职业道德。但硅谷公司的创业者们的工作时间就是另外一回事了。

把干部和普通员工区别对待，根据文化选拔干部尤其是股东，有时还会产生冲突。阿里巴巴公司有一部分干部是作为特殊股东的合伙人，合伙人是公司的运营者，业务的建设者，文化的传承者，同时又是股东。它规定：要成为阿里巴巴

---

①《毛泽东选集》第二卷，人民出版社 1991 年版，第 526 页。

合伙人，首先必须在阿里巴巴工作五年以上，具备优秀的领导能力，高度认同阿里巴巴的公司文化和价值观。阿里巴巴公司目前有 28 位这样的合伙人。

但是，在阿里巴巴寻求在中国香港证券交易所上市时，这种将公司干部（合伙人）股东和一般股东区别对待，同股不同权的制度，与讲究股东权利平等的资本逻辑发生冲突了。中国香港证券交易所不认可这一新逻辑，也不修改传统的资本逻辑，因此阿里巴巴就只能去认可这一制度的美国上市。阿里巴巴采取的股东分层制度，由合伙人股东和非合伙人股东构成，合伙人股东都是公司干部，必须认同公司的文化，其规则不是"同股份同权"，而是"同文化同权"。

合伙人制度不是股东选企业，而是企业选股东。这从根本上颠覆了传统的资本逻辑的企业制度。坚持股东权利平等这一基本原则的中国香港证券交易所和证券监督当局拒绝接受阿里巴巴的这种架构，但阿里巴巴认为，恰恰是这种结构构成了公司的核心竞争力。

华为公司也采取基于文化认同而不仅是出资额的治理制度，干部员工必须认同公司文化和在公司工作才能成为股东。

华西村集团公司，是在最具有中国传统文化特点的农村地域发展起来的企业，在刚创业时，吴仁宝提出的是"有福同享，有难同当"的口号，这是传统的全员文化——员工和干部之间不分彼此，有点封建文化的余味。后来华西村发展大了，成了多元化企业集团，干部员工也都富足起来了，吴仁宝改变了他的口号，叫"有福民享，有难官当"，对干部要求严格了。为什么企业发展起来之后，他会提出官民不同的观点呢？但后来吴仁宝又对"有福民享，有难官当"的提法做了修正，叫"有福民先享，有难官先当"，这个提法很巧妙和微妙地对福和难的共担分担以及先后顺序做了一个界定。通过这个修正，我们看到了吴仁宝非同一般的智慧。

随着华西村集团的发展，吴仁宝认为老的口号不能够充分地体现出共产党员的先进性、干部的先进性。古往今来，很多人是能共患难，但不能同富贵。为什么这样？如果归结到人性如此，问题就没解了。这就需要我们去设计一种机制。

使得企业的干部也好，共产党员也好，能够不断保持先进性，应该比一般员工、一般群众多吃苦，多奉献，才能真正地带领大家一块往前走，所以对干部和对员工群众的要求必须有所区别。前几年进行过"共产党员先进性教育"，目的大体如此。在企业中，对干部进行先进性教育，形成上下有别的氛围和机制，也是一种企业文化建设活动，只要不走过场，不搞形式，应该是有效果的。

华西村集团定了很多规矩，是和上下有别相吻合的，比如"一村两制"。华西村集团最早是由一个村，后来兼并周边多个村庄形成的。一村两制，一方面是集体制，另一方面是个体制。选择哪种体制，对一般村民和干部要求不同。一般村民自由选择，既可以干集体，又可以干个体，但是干部不行，"干部只能选择集体，不能一家两制，更不能一人两制"。如果一个家庭中夫妻两人，丈夫干集体当领导，妻子干个体餐馆，那就有腐败的嫌疑。丈夫有可能把集体里的很多客户的招待活动，拉到妻子办的餐馆里消费，然后拼命花钱，就把集体的财产转移走了。所以规定干部家庭，不允许搞一家两制，更不允许一人两制，既干集体又干个体，脚踩两只船。华西村对干部的严要求，是由于干部特殊的位置，特殊的身份，不允许干部去做和一般村民一样的事情，从制度上杜绝漏洞。如果想一家两制或一人两制，那就别做干部，可以去做一个员工。

华为公司曾提出让一般员工"多一点打工意识，少一点主人翁精神"的口号，这和多数企业提倡员工要有主人翁精神，要把企业当成家的提法相比，实在显得有些另类！这里隐含了干部员工区别对待的深层含义——如果你想在华为公司做管理者，做干部而不是做一般工人，那么你就必须要奋斗，要奉献，要以公司为家。一般员工能兢兢业业把本职工作做好就行，对得起自己拿的那份工资就行！

华为公司自设立之日起，就要求干部严格自律，勇于自我批判，并提出要制度化地防止干部腐化、自私和得过且过。任正非总裁讲道："当我们的高层管理者中有人利用职权牟取私利时，就说明我们公司的干部选拔制度和管理出现了严重问题，如果只是就事论事，而不从制度上寻找根源，那我们距离死亡就已经不远了。"早在 2005 年，公司高层就警觉到公司最大的风险来自内部，必须保持干部队伍的廉洁自律，并于 2005 年 12 月召开了华为公司董事会民主生活会，华为公司董事会成员共同认识到：作为公司的领导核心，要正人须先正己，以身作则，会上通过了《华为公司董事会自律宣言》，要求在此后的两年时间内完成华为公司董事会成员、中高层干部的关联供应商申报与关系清理，并通过制度化宣誓方式层层覆盖所有干部，接受全体员工的监督。2007 年 9 月 29 日，公司举行了首次《华为公司董事会自律宣言》宣誓大会，并将这项活动制度化开展至今。《华为公司董事会自律宣言》如下：

华为公司董事会自律宣言

华为承载着历史赋予的伟大使命和全体员工的共同理想。多年来我们共同奉献了最宝贵的青春年华，付出了常人难以承受的长年艰辛，才开创了公司今天的局面。要保持公司持久的蓬勃生机，还要长期艰苦奋斗下去。

我们热爱华为正如热爱自己的生命。为了华为的可持续发展，为了公司的长治久安，我们要警惕历史上种种内朽自毁的悲剧，决不重蹈覆辙。在此，我们郑重宣誓承诺：

1. 正人先正己、以身作则、严于律己，做全体员工的楷模。高级干部的合法收入只能来自华为公司的分红及薪酬，不以下述方式获得其他任何收入：

绝对不利用公司赋予我们的职权去影响和干扰公司各项业务，从中牟取私利，包括但不限于各种采购、销售、合作、外包等，不以任何形式损害公司利益。

不在外开设公司、参股、兼职，亲属开设和参股的公司不与华为进行任何形式的关联交易。

不贪污，不受贿。

高级干部可以帮助自己愿意帮助的人，但只能用自己口袋中的钱，不能用手中的权，公私要分明。

2. 高级干部要正直无私，用人要五湖四海，不拉帮结派。不在自己管辖范围内形成不良作风。

3. 不窃取、不泄露公司商业机密，不侵犯其他公司的商业机密。

4. 绝不接触中国的任何国家机密，以及任何其他国家的任何国家机密。

5. 不私费公报。

6. 高级干部要有自我约束能力，通过自查、自纠、自我批判，每日三省吾身，以此建立干部队伍的自洁机制。

我们是公司的领导核心，是牵引公司前进的发动机。我们要众志成城，万众一心，把所有的力量都聚焦在公司的业务发展上。我们必须廉洁正气、奋发图强、励精图治，带领公司冲过未来征程上的暗礁险滩。我们绝不允许"上梁不正下梁歪"，绝不允许"堡垒从内部攻破"。我们将坚决履行以上承诺，并接受公司监事会和全体员工的监督。

第三节　文化标准还是素质标准

不少企业选用干部讲究德才兼备、以德为先的原则。如果说德偏向个人的人品或品德的含义，文化就是组织的人品或品德，干部个人的人品和品德应该靠近组织的人品和品德，也就是认同组织文化。下面我们探讨如何像伯乐相马一样从文化角度相干部。

一、以文化选干部

既然文化是组织文化而不是老板文化，是干部文化而不是全员文化，那么，用文化去考察和选拔干部，就是必需的标准！当然不是唯一标准。

到底什么样的人，可以选拔为干部呢？各种组织不一样，各个公司也不一样。2014 年 1 月印发的《党政领导干部选拔任用工作条例》中提出，选拔任用党政领导干部，必须坚持七项原则：（一）党管干部原则；（二）五湖四海、任人唯贤原则；（三）德才兼备、以德为先原则；（四）注重实绩、群众公认原则；（五）民主、公开、竞争、择优原则；（六）民主集中制原则；（七）依法办事原则。中国党政企事业组织通用的标准体系是德、能、勤、绩、廉五个方面。首先是考察政治品质和道德品行，深入了解理想信念、政治纪律、坚持原则、敢于担当、开展批评和自我批评、行为操守等方面的情况。其次是能力和业绩。能力主要表现为业绩，注重考察工作实绩，深入了解履行岗位职责、推动和服务发展的实际成效。再次是作风考察，深入了解为民服务、求真务实、勤勉敬业、奋发有为，反对形式主义、官僚主义、享乐主义和奢靡之风等情况。最后是廉政情况考察，深入了解遵守廉洁自律有关规定、保持高尚情操和健康情趣、慎独慎微、秉公用权、清正廉洁、不谋私利、严格要求亲属和身边工作人员等情况。

这七项原则的体系和我们在前面所讲的"绩德才廉模型"有所不同。其实企业都有自己特色的做法，没有优劣，有效就可。如海尔公司，它选干部的标准通俗讲叫"两吃"，首先看"能不能吃亏"，其次看"能不能吃苦"，满足了这两条，再看有没有能力素质，然后才根据职务需要任命人员。能吃亏就是不和企业斤斤计较，能放得下个人利益得失，有敬业精神和奉献精神；能吃苦就是能冲在前面，被派到艰苦地方去工作、去开拓市场时，打起背包就出发；去新领域技术攻关时，去解决经营难题时，能顶得上去。

山东电力集团在"两吃"之外还加了"三吃"，"能不能吃亏，能不能吃苦，能不能吃气"。做干部的受人冤枉，员工不理解你，客户让你受气，某些政府部门或领导设障碍等，是经常的事，怎么办？做干部还要忍耐大度，为公司的目标完成委曲求全，甚至牺牲个人自尊。

深圳华为公司要求干部签订自愿到海外艰苦地区去工作的承诺书，副总监级以上的干部不签的，或不服从派遣的，解除职务，降为一般员工待遇。华为公司还要求干部必须是：第一，能让下属做出业绩的人。让别人成功，为别人提供平台、提供机会，而不是个人成就感太强，和员工争功夺利的人。第二，能和同级不同部门之间建立良好合作关系的人。而不是本位主义，光想自己部门的事，不和别人配合，不了解和服务公司整体的目标的人。第三，能够举贤荐能的人。能看到别人的长处，能知道这个人如果用在公司，会给公司带来贡献和价值，而不去嫉妒人、压制人，或拉帮结伙建独立王国不给公司输送人才的人。总之，一个成功的企业在干部选拔上一定要注重文化或者一般所说的品德标准。

二、干部的文化标准

在党政组织方面，《党政领导干部选拔任用工作条例》中规定了党政领导干部应当具备六个方面的基本条件：（一）自觉坚持以马克思列宁主义、毛泽东思想、邓小平理论、"三个代表"重要思想和科学发展观为指导，努力用马克思主义立场、观点、方法分析和解决实际问题，坚持讲学习、讲政治、讲正气，思想上、政治上、行动上同党中央保持高度一致，经得起各种风浪考验。（二）具有共产主义远大理想和中国特色社会主义坚定信念，坚决执行党的基本路线和各项方针政策，立志改革开放，献身现代化事业，在社会主义建设中艰苦创业，树立正确政绩观，做出经得起实践、人民、历史检验的实绩。（三）坚持解放思想，实事求是，与时俱进，求真务实，认真调查研究，能够把党的方针政策同本地区本部门实际相结合，卓有成效开展工作，讲实话，办实事，求实效，反对形式主义。（四）有强烈的革命事业心和政治责任感，有实践经验，有胜任领导工作的组织能力、文化水平和专业知识。（五）正确行使人民赋予的权力，坚持原则，敢抓敢管，依法办事，清正廉洁，勤政为民，以身作则，艰苦朴素，勤俭节约，密切联系群众，坚持党的群众路线，自觉接受党和群众批评和监督，加强道德修养，讲党性、重品行、作表率，带头践行社会主义核心价值观，做到自重、自省、自警、自励，反对官僚主义，反对任何滥用职权、谋求私利的不正之风。（六）坚持和维护党的民主集中制，有民主作风，有全局观念，善于团结同志，包括团结同自己有不同意见的同志一道工作。

这种做法好比伯乐相马，伯乐必须清楚千里马具备的条件和标准。这个基本条件规定得好坏，与干部队伍的清正、廉洁、高效有重大关系，因为我国实行的不是公民选举制度。仔细看来，基本条件规定的够全面的，但读起来总让人感到有些隔靴搔痒，不像八项规定和六项禁令那样明确和可操作。看来，用不能做什么，比用应该做什么更明确，用负面清单比用提倡号召更直接有效。

具体到经济组织的企业，一个中高层管理者到底应该具备什么样的基本条件呢？我研究了不少企业的做法和提法，归纳出了一些较为普遍的基本条件：

第一，对企业价值观的认同。不论企业的价值观是什么内容，员工必须认同企业的价值观，认同企业的追求和愿景。做到这一点很不容易，因为各个企业有不同的价值观，对竞争对手、顾客、投资者和社会等相关利益群体的相处理念体系又不一样，企业总会选择某一种，没有绝对的对错，就看员工认同不认同。

第二，承诺和诚信。认同企业的价值观，就要承诺，要表态，要签字，要行动。心行不一，言行不一，签字不算数，就是不诚信。企业干部必须和企业心思一条、语言一统、步调一致。诚实正直、敢于承诺、信守承诺、敢于负责，这是对一个干部的基本要求。

第三，自律。有很多的事情你有能力，有意愿去做，尤其成为一个中高层管理者时，权力、势力、能力、关系等都具备，想从你这里获取利益的人会把你团团围住，各种诱惑也比较多，考验的就是你的自律能力。

第四，献身精神。要做成一件事，有时真是需要付出一些东西的。做企业很难，做一个企业的管理者需要这种献身精神，要牺牲某些个人利益，牺牲自尊面子，牺牲和家人在一起的时间，有时甚至还要牺牲身体健康。这不是每个人都能轻易做到的。

第五，敬业精神。年轻人经常讲要找自己喜欢的工作，真能把工作和自己的乐趣结合在一起不容易，尤其是组织性的工作，而不是自由职业者的工作。宋朝朱熹说，"敬业"就是"专心致志以事其业"，敬业精神是一个人以明确的目标选择、朴素的价值观、忘我的投入、认真负责的态度，从事自己的职业活动时表现出的个人品质。如果一个人以一种尊敬、虔诚的心灵对待职业，甚至对职业有一种敬畏的态度，他就已经具有敬业精神。但是，他的敬畏心态如果没有上升到敬畏这个冥冥之中的神圣安排，没有上升到视自己职业为天职的高度，那么他的敬业精神就还不彻底。天职的观念使自己的职业具有了神圣感和使命感，也使自己的生命信仰与自己的工作联系在了一起。只有将自己的职业视为自己的生命信仰，而不只是谋生和自我实现的一种手段，那才是真正掌握了敬业的本质。敬业精神也是对中高层管理干部一个基本要求。

第六，责任感。虽不能说高尚到以天下为己任，但有责任感的人敢于担当、敢于承诺、敢于挑战。这种责任感中包括集体责任感、员工责任感、家庭责任感、职业责任感、社会责任感、民族责任感、国家责任感等，比如中航工业的航空报国，国家电网的服务于党和国家的大局等。这种责任感来自压力，而不是我们平时所讲的权力。

第七，使命感。一个优秀企业家的驱动力分为几个阶段：首先是生存驱动，其次是机会驱动，再次是战略驱动，最后是使命驱动。企业有使命，个人也有使命。企业的使命是企业存在的原因或者理由，如中国移动的企业使命是"创无限通信世界，做信息社会栋梁"。企业家或企业管理者的使命就是自己存在的原因和理由。使命感是什么？就是企业管理者在企业发展中所不得不承担的责任和义务感，使命感是自己不得不做，而不是想不想做，喜欢不喜欢做，能不能做，是有什么压力也得顶着去完成的工作。如果没有使命感，工作成了谋生手段，权力成了交易手段，享受成了当官目的，就很容易产生心理不平衡。"59岁现象"就与此息息相关，没有使命感的人容易去做交易，容易去斤斤计较，容易去谈条件，达不到就心理不平衡，一遇到诱惑就陷进去。

三、干部的素质标准

按照"以德为先"的流程，通过了文化标准筛选的人，会进入干部后备队，但并不能马上任职。还需要按照素质进行评估，才能适才适岗给予任命。这个素质要求不能和文化要求混到一起。

素质是什么？华为公司根据三个方面九条素质的高低程度来决定，任命适合各个层次和职位的管理者。

第一个方面是针对客户的素质。企业以服务客户为中心，组织的管理者是否具备处理好客户关系的素质，包含两点：一是关注客户。知道自己所做事情的价值，一定是体现在客户身上，所以必须以极大精力关注客户，而不只关注内部员工。前文所讲准假不准假的案例中，老总脑子里想的首先是客户市场怎么办，而不是副总家里的火灾怎么办。二是建立伙伴关系。和客户之间、和供应商之间、和相关利益群体之间，能够建立良好的伙伴关系，为企业营造一个好环境。

第二个方面是发展组织能力的素质。这种素质包含三点：一是团队的领导力。能够组班子带队伍，围绕目标形成一个团队。二是跨部门的合作。一个涉及全公司的任务仅由一个部门完成不了，即使本部门的工作也是为位于下一流程的部门服务的。因此，干部必须知道如何与其他部门互相合作和配合，按流程推动工作前行，共同完成组织目标，而不是互相扯皮、踢皮球、推诿责任。三是塑造组织能力。干部要善于营造组织氛围，坚定组织目标导向，形成凝聚力。能做到目标不放弃、成员不抛弃、鼓劲不泄气、行为不违纪等。

第三个方面是个人素质。干部的个人素质有四点：一是战略思维和概念思维。全局观、洞察力，是一个干部的重要素质要求。二是组织承诺。组织承诺也叫组织归属感、组织忠诚等。干部应该对组织有非常强的认同感和归属感，对组织给予的任务、职责乐于承诺，敢于承诺，忠于承诺，并尽心兑现承诺。三是理解他人。排除"自我中心"的倾向，不以自己的态度、心境、价值观、知识经验去主观、片面看待世界、看待他人。会设身处地，关注反馈信息。四是成就导向。管理者必须具有成事思维，追求成就感。当然这种成就感分两类，一类是个人成就感，另一类是组织成就感（或集体成就感）。技术专家的个人成就感会比较强，管理者尤其是职位越高的管理者，就应该有越强的组织成就感，不居己功，不抢头功，不在下属面前显摆自己的聪明和能力。以下属的成功为自己的成功，视组织的成就为自己的成就。

总之，企业文化不是抄抄写写而来的口号标语，也不是天马行空的宏图大志，它主要是针对企业的管理者、中高层干部的具体言行，可观察、可考核的理念和准则，还要能落实到具体业务内容和财务业绩中去。企业的文化建设要做三件相互连接的事，一是建立一支志同道合的干部队伍，二是建设一个流畅有效的制度流程，三是形成一套精确有效的绩效承诺体系。管人，管事，管钱，三件事做好了，一个企业领导，才不需要整天到现场指挥命令、拍板决策，甚至到处救火。他可以离开企业几天、几星期甚至几个月，企业照常运转。他才能不为明后天的事情整夜睡不着，他才可以考虑企业未来一年、三年、五年，甚至十年、二十年以后的事情。文化是企业的基础工作，也是企业系统的前馈设计，管理者必须用大量时间为企业未来设计和准备前馈机制。我们在后面章节再做详细讨论。

第四节　上墙文化还是上心文化

企业文化不是唱高调，而是讲究实事求是。企业文化不仅要贴在墙上，更要记在心上。企业文化不是号召大家都学雷锋，而是对不同人不同要求。成功的企业文化应该是使大家在各个层次上都成为成功者，而不是失败者，更不是良心的自责者。

一、卫生间的通知

以前有一家公司以为大家"方便"着想，在公司卫生间里放上肥皂、毛巾、卫生纸等卫生用品，供员工使用。那时员工家里还不是特别富足，习惯占点儿小便宜！有的员工方便完之后，再扯一大把卫生纸拿回家去用，有人甚至拿个包进去，装上一卷带走了。香皂、毛巾也经常被员工顺到家里去。相关部门补上这些物品后，没过半天又丢了。公司开会三令五申劝告也没用，又不能派人整天盯在洗手间抓小偷。公司觉得这样下去不行，突发奇想贴了一个通知在卫生间，上面写道："为了方便大家，公司卫生间继续准备香皂、毛巾和卫生纸，特做如下规定。第一，科室人员、科技人员、中层干部如果拿了，抓住一律开除，因为他们素质高；第二，外边来的业务上的朋友、机关领导拿了，情有可原，因为他们好奇——别的单位的卫生间没有，这个公司有；第三，一线员工拿了，不予追究，但要公布名单，说明他们家经济比较困难，需要把我们大家共用的东西拿回去贴补家用。"自从这个通知贴出去之后，还真没有人再偷拿了。占小便宜的心思很多人有，也会怀疑他人都在做，不拿白不拿！甚至会认为干部收入高，自己收入少，从公司占点便宜理所当然！这三条规定，让有这些想法的员工，感到同样的行为惩罚不同，对干部严，对自己宽，当干部的也真不容易，还不如工人无官一身轻，心理也就比较平衡了。当然了，自己被发现了，会公布名单，丢不起人，也就收手了。干部、科室人员觉得占这点便宜，发现就开除太不值！毕竟自己是高素质的人，应该做到。外边来的人觉得人家对客人比较客气，也能接受。就这样，所有人都不自觉地反思这件事，而且不同的人从各自不同的素质水平上，找到了自尊和心理平衡。如此上下有别、内外有别、细致入微、深入人心的做法，使得一纸通知起到了奇效！

中国文化中有句话叫"不患寡而患不均"！其实仔细分析起来，这不是光看员工和干部的收入有多大差距。人们感觉不公的是，干部除了工资之外，可能还会在社会地位、特权和其他福利方面有更大且说不清的报酬。因此，当员工感到干部和他们在规则上被一视同仁时，就会产生不公平感，更何况"刑不上大夫"，对干部网开一面的事比较多。例如，企业提倡讲奉献、不计报酬，员工中谁能够做到这一点，那就是好员工，但是不能用这个标准来考核，不奉献就不行，讲报酬就批评。对员工只能用它去引导，有人不做也就算了。比如雅戈尔公司，因要求员工春节加班之事闹得沸沸扬扬，加班给三倍的工资，不加班就扣三倍的工资。尽管是由于春节外国客户不休假，交货期很紧张，才出此规定，但对一般员工来讲，只能是自愿加班，不加班是不能惩罚的。但如果人手不够，你可以要求管理干部顶上去。如果一个管理干部，在这种关键时刻跟公司斤斤计较，不以客户利益和公司利益为重，那就要撤掉他的干部职务了。当然，为了做得不那么被动，在任职干部时，就要让他做出签字承诺，到关键时刻必须冲锋陷阵，不能当逃兵、掉链子！说到且能做到的人才有可能被选拔为干部。当然，在员工中也可以培养和挑选一批骨干，在关键时刻有兵可用。一般员工能努力做到客户利益、公司利益为重，那就是干部后备队、干部苗子。

二、文化的回报

认同公司文化的人春节加班了，是否给予法定之外的额外奖励呢？这事也很微妙。我们认为，认同公司文化的人不但有自律，还有自豪、自赞！做到了不奖，做不到不罚。文化是一种自律，员工对自己的行为和结果有自我评价，组织上不宜再加码进行奖罚。但组织有时为了强化这种行为和影响他人，会大张旗鼓地进行宣传和奖励活动。在我国，这已经是司空见惯的做法，和国外相比，甚至可以说是中国式管理方式之一。我们会经常看到从中央到地方到处都是大规模的表彰会、英模报告会、奖励评比大会，名目繁多。有时做得很滑稽，获表彰者像新郎官一样胸前戴着大红花，或肩披绶带上台站成一排，在经典的发奖乐曲声中，由领导挨个儿发奖杯、奖牌、奖状，然后照相留念，回去摆在公司最显眼的位置。有的不仅有奖励，还有让人眼红的奖金、奖品。

对于这种做法，有人感觉很好，有人感觉尴尬——自己做了本来就应该做的事，得到这样的待遇，有些手足无措！李娜拿了澳网冠军，得了应得的奖金，回到家乡时，领导出来迎接，又拿政府的钱发给李娜 80 万元奖金，世人倒没对 80 万元奖金眼红，谈论最多的却是李娜在和领导一起捧着写有 80 万元奖金的大牌子照相时，怎么一脸严肃，好像还挺不高兴的样子。一点没有每次在赢得比赛后接受采访时，那个幽默机智的李娜范儿了。

用文化高标准去考核干部，要求他们以公司利益为重，不能斤斤计较，要讲奉献，讲牺牲，那么，他们除了自豪、自赞之外，应该获得什么东西呢？这种回报和一般工人不一样。首先，这不是一手交钱一手交货的交易，而是投资回报。比如，干部努力工作奋斗，公司整体经营取得好业绩之后会有长远回报，那获得的就不是一般的工资、奖金，可能是股权、分红、升职或其他名誉。用这种未来收益的方式来回报他今天的贡献，有风险——万一公司经营不好呢？但一旦经营得好，会比工资奖金回报大得多，所以叫投资回报，不叫交易回报。华为公司提倡决不让雷锋吃亏，奉献者定当得到合理的回报，就是这个含义。"定当"是有前提的，那就是公司经营成功。因此可能有风险，即可能奉献了而没有回报，但干部依然去做，这就是干部的素质，这就是对干部的要求。

因此，我们并不反对给认同文化、艰苦奋斗、有敬业精神、讲奉献的人以合理回报，该发奖状发奖状，该表扬就表扬，该树为英雄人物就树为英雄人物，该发奖金就发奖金，该分红就分红，但有个前提，那就是员工的贡献要有绩效，公司经营要成功。还有个原则，那就是精神奉献精神奖励，物质贡献物质奖励原则！认同文化就表扬，做出业绩贡献就发奖金，对未来做出业绩贡献，就给有未来收益的股权。

从员工角度讲，应该坚持精神需求精神鼓励，物质需求物质鼓励的原则，给员工一个实事求是的、有针对性的回报。有些企业做文化就错位了。曾经有一个电视节目，讲到一个五年级的小学生，多年来学习成绩非常好，各方面表现都很优秀，学校每学期都给她发奖状。后来她悄悄对老师说，学校能不能别老给她发奖状，她家满屋子墙上都是奖状了，可她现在最需要的是笔记本和笔，父亲受伤在家，收入减少，没钱买笔记本和笔了！能不能把发奖状换成奖励笔记本和笔！她不能把奖状当笔记本来用，只能贴墙上，而她要维持学习成绩好的东西，是实用的笔记本和笔。

文化是个很细腻的东西，不仅是朗朗上口的口号，也不仅是贴在墙上的几条标语。而是直指人心、贴近人性、实事求是的管理措施。

三、文化的五种力量

企业成长需要各种动力，比如好产品、好技术、好人才，比如有充裕资金、市场机会以及良好机制等，都是企业成长的原动力。

企业文化也是企业成长的一种重要力量，其主要表现在以下五个方面，如图 3-3 所示。

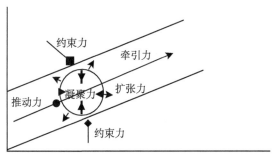

图 3-3　企业文化的五种力量

（1）牵引力。文化的牵引力主要来自企业家精神。企业家精神主要包括创业、创新、开拓、冒险、竞争、诚信、互利、公平、服务、追求财富的精神。企业家精神牵引企业家不顾资源去抓机会，抓住机会之后再整合资源，这种牵引力之大，有时会使干部队伍跟不上企业家的步伐和节奏。企业家的这种机会导向精神，包含了一定的冒险，但也因此获得了与其他人不同的机会。企业家还是具有资本人格的人，他适应资本增值的冲动去做事，以创造更多价值为使命。因此企业成长靠资本增值再投资，是通过企业家精神来实现的。它会不停歇地牵引企业往前走，一个领域不行，就转移到别的领域。

（2）推动力。企业累积的文化力还会成为成长的推动力，当企业通过文化建立起某种氛围时，会形成一个良性循环，促使各种资源更有效地发挥作用。一般认为企业有四种经营资源，人、财（钱）、物（设备等）、知识或者信息，这四种资源总有不平衡，在弥补这些不平衡时就产生推动企业往前走的动力——人多了想多找点活儿干，资金丰厚了可以追加投资、加强研发，设备空闲了租赁出去也能赚钱，有知识会产生更多的创意，有信息会获得更多的机会，企业的使命感和愿景追求更会产生永不知足、永不放弃的力量。

（3）约束力。但是，光有牵引力和推动力，不知道理性地选择发展道路和战略方向也会出问题，因此，文化需要在此时产生约束力——我们甚至认为，约束力可能是企业文化最重要的一种力量。

文化使我们能够理性思考、理性决策。企业追求财富没有错，但有的人为达目的，不择手段，不考虑法律边界，不考虑业界同行，不考虑客户意愿，只要自己能达到赚钱目的就为所欲为，最终落得个凄惨下场。有文化的人不这么做，君子爱财，取之有道，他会选择合法、合理手段，有自律、有约束、有原则、有底线。有约束力的企业会对决策产生影响：如不安全的项目不投，不健康的项目不投，不合法的项目不投，不道德的项目不投等。

如果不能通过组织文化约束行为，即使高层不出问题，疯狂冒险的中层干部也可能毁掉企业，我们已经看到不少这样的例子。有200多年历史的英国巴林银行，就是由于一个交易员在新加坡的造假和疯狂的掩盖行为倒闭了。

（4）凝聚力。当企业遇到挫折低谷、不能支付员工那么多钱时，如果企业没有文化凝聚力，没有核心干部员工共渡难关的意识，就可能撑不过去。员工到企业来就是打工的，给钱干活儿，多劳多得，企业不给钱或少给钱，凭什么员工还干活儿？于是树倒猢狲散，大家都各奔前程跑掉了。有凝聚力的企业，会在遇到低潮的时候，依然留住部分和企业同心同德的人，共渡难关之后，东山再起。华为公司就经历过现金流紧张，干部自愿降工资的时期。

（5）扩张力。队伍凝聚力量，不仅是抱团取暖，同舟共济，还要把攥起来的拳头打出去，抓住机会实现组织的扩张力。尤其是在产品、功能质量差不多，价格也不错的时候，客户就可能看企业的组织、队伍、信用，看企业的文化是否有竞争力了。客户关注的不是一时的产品和价格，而是企业是否有长远目标，能不能持续地做好产品，提供好的服务，成为客户的战略伙伴等，文化的力量能让客户优先认同你，选择你。

　　企业文化，在老板方面是牵引力，在资源方面是推动力，在投资方面是约束力，在员工方面是凝聚力，在市场方面是扩张力。这些力量的共同作用，使文化成为其他企业难以模仿的核心竞争力。

| 第四章 |
What：企业文化是什么？

第一节　企业文化的洋葱模型

企业文化研究领域流行一种分为四层的洋葱模型，虽然大家有争议，但还是能够让我们比较简洁地理解文化的内涵和表现形式。如图 4-1 所示。

一、理念层——所想

理念是企业文化的核心，反映了企业组织的信仰和追求，是企业的灵魂，是形成制度文化、行为文化和物质文化的思想基础。理念是指企业生产经营过程中，受一定的社会文化背景、经营者的意识形态和干部员工思维习惯影响而形成的一种精神追求和意识观念。理念层包括了企业精神、企业经营哲学、企业道德、企业价值观念、企业作风等内容，一般用企业使命、企业愿景、经营宗旨等表示出来，但很大一部分理念是隐藏在意识深处的，是不容易察觉的，是在压

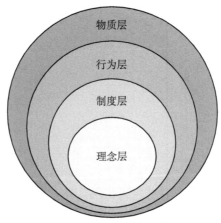

图 4-1　企业文化洋葱模型

力、激情、危机等某些特殊时刻才表现出来的。

二、制度层——所说

制度层是企业文化的中间层次，是理念的文字化、语言化的，对企业组织和企业员工的行为进行约束和规范的行为准则体系。领导有明确的追求、有既定的想法，不说出来，不写出来，让人去猜，让人去悟是不行的，尤其是对中下层管理者。另外，企业不是教学机构，不是研究机构，业务创新不可能是无边界的，工作目标不可能是说不清的，价值追求不可能是模棱两可的。因此，就要用明确的语言、系统的文字，通过宣言性条文（比如《惠普之道》、强生公司《我们的信条》）、系统的纲领性文件（如《华为公司基本法》）等，向员工和外部传递清晰的组织方针和政策导向。

体现在制度层的文化内容主要包括企业领导体制、企业组织机构和企业管理制度三个方面。企业领导体制是企业领导方式、领导结构、领导制度的总称。企业组织结构是企业为有效实现企业目标而筹划建立的企业内部各组成部分及其关系。企业组织结构的选择与企业文化的导向相匹配。管理制度是企业为求得最大利益，在生产管理实践活动中制定的各种带有强制性义务并能保障一定权利的各项规定或条例，包括各种干部员工行为规范、企业的人事制度、生产管理制度、民主管理制度等一切规章制度。企业理念通过制度化变得有形，易理解、易宣贯、易考核。

企业通过制度表现理念、贯彻理念，因此，理念与制度的一致性是关键。说的、写的和想的不一致，就会造成思想空转，或者制度成摆设，甚至成为理念贯彻的障碍。人们会选择按照制度上考核的去做，不太可能会选择理念上提倡的去做，因为制度考核更能影响人们的利益。制度文化是理念文化得以贯彻的保证。

三、行为层——所为

行为层文化是制度层文化所规定的内容在干部员工的生产经营及学习娱乐活动中的行为上的体现。前文说过，企业制度中会有各种行为规范，包括企业行为规范、企业人际关系规范、公共关系规范和商业行为规范等。具体有对内的领导干部行为规范、模范人物行为规范和员工行为规范等。对外的如与国家机关、媒体、主管部门、经销者、股东、金融机构、同行竞争者等方面交往中的规范；还有企业为顾客提供服务过程中形成的服务行为规范等。

但是，制定制度规范是一回事，能否在干部员工行为中真正体现则是另一回事。行为文化就是在干部员工的具体行为中看到或感受到的东西。比如口气、脸色、态度、举止、节奏等。如通过语言我们能体会到的行为有——叙述、解释、描绘、提问、请求、命令、致谢、道歉、祝贺、惊叹等。在态度上我们感受到的可能有欢快、恐惧、痛苦、好感或反感、回避、冷漠、消极或积极、疑惑、拘谨或暧昧等。在举止上我们能感受到的行为有——自然、轻松、优美、舒适、大方、端庄、稳重、职业，也可能是懒散、猥琐、失礼等。

四、物质层——所用

物质层是企业文化在除人之外的其他各种企业实物载体上的表现。它是通过企业产品和各种设施等构成的器物文化。企业生产的产品和提供的服务是企业生产经营的核心成果，是物质文化的首要内容，客户等主要是通过企业的产品和服务水平体验到企业文化的。并且，企业的生产环境、企业建筑物、厂容厂貌、企业广告、产品包装与设计、员工服装、企业标识以至于商标等也是构成企业物质文化的重要内容。

企业文化的物质层有时和企业 CIS 即企业形象系统设计有密切关系。这是企业文化在物理学、艺术学、广告学等方面的表现，企业文化的物化、形象化会产生知识产权方面的实用价值。

五、四层文化之间的关系

一般认为，思想决定语言，动机决定行为，相由心生。因此，理念是制度、行为、物质表现的根源或决定要素，所以理念很重要。但理念是要通过所说、所做和所用来识别和体现的，就好比心灵美要通过语言美和行为美传递一样，因此我们很难说这四层中谁更重要，这要看文化处于何时何地，用于何事。

重要的问题是，理念和外生的制度、行为和物质表现是不尽一致的，且这种现象很普遍。这分为两种情况，一种是故意为之，另一种是非故意为之。

故意为之又分两种情况：一种是恶意为之，如有的企业到处宣传讲诚信，为客户服务，奉公守法，但实际生产的是假冒伪劣产品，财务报表是粉饰过的，有时还偷税漏税。有的官员刚刚还在会上大讲特讲清正廉洁，第二天就被"双规"调查了。另一种是善意为之，如善意的谎言，隐瞒情况让人心安：舆情管理的倾向是让老百姓听到的坏消息越少越好，因为听到那么多也没有用，只会引起恐慌。反过来，越是高层干部需要看到听到的严重问题和真相就越多，因为他们要调动资源处理问题，心理承受能力也相对较强。现实中，口心不一、言行不一的做法是需要的。浙江宁波一个大公司的老板，就给我反复强调过一种观点：做的不说，说的不做。这并不都是人的动机不纯，而可能是为了某些目的的实现。

非故意为之也分两种情况。一种是言不达意现象，动机不坏但方法不对，说错话了，如用词过于模糊，制度定得过于有原则，口号和制度流于形式，"上墙不上心"，"管好人不管坏人"。另一种是运气不济现象，如被供应商骗了，材料出问题导致自己的产品也出问题。由于这是能力问题、管理问题，不是人品问题，通常我们在心理上会原谅后者，但总得有人承担由此造成的损失。外界如客户、供应商等，是通过现象看本质，即通过企业提供的产品、服务，员工表现的行为举止，以及可以看到的企业各种制度和口号，来了解企业的理念。因此，我们不能认为物质层、行为层、制度层的文化表现就不重要，其在某些时候，反而是更关键的。总之，我们可能需要用灵活实用的角度和辩证方法，来理解各种文化层之间的关系，不要简单地对它们进行僵化排序，也不要看到口号就说是形式主义，没看到企业文化大纲就说企业没文化。

最后需要注意的是，从企业文化是手段、不是目的的立场来看，这个"洋葱模型"可以简洁地解释企业文化的大致结构，并不能说明企业文化的本质。农民种地是为了收粮食，不是为了锻炼身体。企业文化的本质在于帮助企业实现经济目的，最终还是要看所思、所说、所做、所用的"所果"，如果所想不能实现，所说不能执行，所做没有结果，所用没有功能，哪怕是再好的层次结构，文化建设也不过是浪费精力钱财。洋葱是拿来吃的，不是拿来看的！

第二节　企业文化经典"三问"

我们在这里主要不去探讨企业文化的定义——那些定义太多了，而是致力于厘清企业文化的核心内涵。如果把理念层当成企业文化的灵魂，就要首先搞清楚企业理念的核心内容。综合大家比较一致的看法，我们认为，企业理念就是文化三问：

一问：企业的使命是什么？

二问：企业的愿景是什么？

三问：企业的核心价值观是什么？

一、一问：企业的使命是什么？

使命，即企业存在的原因和理由，为什么企业能活下去？对谁有价值？这是企业文化中最根本的一点。使命不是企业的志向，不是企业的追求，但企业不得不去完成它。因此，使命有时和信仰有关。一般说来，企业的使命来自两个世俗主体，一是客户，二是股东。如 1975 年微软公司创业时的企业使命为"要使全球家家户户都有个人电脑"，如今修改为"让全球的人们以及企业充分发挥潜能"。迪士尼公司的使命是：使人们过得快活！联想公司的使命是：为客户利益而努力创新。华为公司的使命是：聚焦客户关注的挑战和压力，提供有竞争力的通信解决方案和服务，持续为客户创造最大价值。这些使命表述基本是针对客户的，就像政治家说自己是为人民服务一样。

企业使命的承担者主要是以管理者为中心的高管群体，他们的使命感可能来自非世俗主体，那就是自己的信仰。如日本不少大公司年初年末重要节日总要做一些日本神道的活动，松下公司内部设有神社祭坛，而京瓷公司的稻盛和夫则提倡佛教的敬天爱人的思想观念；有些欧美公司领导者头脑里充满了"为了上帝的荣光"的天职观念；某些中国企业家的思想层面会让人感受到光宗耀祖的使命力量。

二、二问：企业的愿景是什么？

比恒久不变、不得不做的使命低一个层次的是愿景。企业发展成长需要召唤、牵引的力量，那就是企业未来的梦想，我们希望成为什么样的企业的设问。有的企业文化是未来五年、十年、百年之后是一种怎样的企业，描述的是企业未来的状态和目标，这是个假设的问题。例如，迪士尼公司的愿景是：成为全球的超级娱乐公司。联想公司的愿景是：高科技的联想、服务的联想、国际化的联想。华为公司的愿景是：丰富人们的沟通和生活。

三、三问：企业的核心价值观是什么？

百度百科定义，价值观是指一个人对周围的客观事物（包括人、事、物）的意义、重要性的总评价和总看法。心理学家 Allport 提出有关价值取向的另一种分类，把价值取向分为六类：理论取向、经济取向、审美取向、社会取向、政治取向和宗教取向。价值观有多种，一个企业经过筛选、排序、选择之后界定核心价值观。核心价值观涉及因素比较多，不容易像使命和愿景一样用一句话来描述。一个企业是一个组织，和股东（投资者）、员工、客户、社会、供应商等各方面利益体，基本关系与排序必须定下来，也就是说谁重要一点，谁次要一点，以这个基本关系来确定企业的核心价值观。例如，迪士尼公司的价值观是：极其注重一致性和细节刻画，通过创造性、梦幻和大胆的想象不断取得进步，严格控制，努力保持迪士尼的魔力形象。联想公司的价值观是：成就客户，创业创新，精准求实，诚实正直。华为公司的核心价值观是：成就客户，艰苦奋斗，自我批判，开放进取，至诚守信，团队合作。

实际上，研究现实企业的核心价值观，除此之外还有很多种，以上这些企业把价值观强调出来，就是一种自主选择和排序。因此，价值观不是伦理观，更不是宗教观，没有对错，重在排序。

第三节　企业的价值观排序

大人经常问小孩子一个问题：你喜欢妈妈还是喜欢爸爸？天真老实的孩子或者说喜欢妈妈，或者说喜欢爸爸，他/她能区别出更喜欢谁。但也有孩子感到爸爸妈妈都不错，对他/她没有太大的区别，则会犹豫着不知如何回答。还有的孩子比较机灵，知道大人在开玩笑地挑拨事儿，于是会维护爸爸妈妈的形象，高声地说：都喜欢！

一、万事皆有排序

企业可以说客户、员工、股东、社会和企业利益要兼顾、要平衡，要创造和谐企业等。政治上好像还过得去，法律上就行不通。《公司法》第186条规定，公司财产的分配有一定的顺序，首先用于清算费用、职工的工资、社会保险费用和法定补偿金，缴纳所欠税款的支付，然后再清偿公司债务。清偿公司债务后仍有剩余财产的情况下，才能按照股东的出资比例或者所持股份比例分配，未按上述顺序清偿前，不得分配给股东。这就是法律中的价值观排序。

管理上也是如此，能够完全平等对待各个相关利益群体当然好了，但未免太理想。树立核心价值观，本来就是为了在大家利益发生冲突时，有个预先商量好的价值原则或议事规则，以免到时没有共识吵得不可开交。有人可能认为，挺和谐的氛围，提出这种话题不合适，到时再说吧！太多的残酷现实是，到时就只能吵得散伙了！俗话说，丑话说到前面。经济学的基本人性假设是"经济人"，管理学的基本人性假设应该是"竞争人"，"人之初，性本恶"，会起到"坏说好散"的作用，比较有效地避免"好说坏散"的后果。

价值观排序是经常要做的事。女士去买衣服，是先看牌子，还是先看价格？是先看爱好，还是先看时尚？也有一个购物价值观排序问题。

生命诚可贵，爱情价更高，若为自由故，两者皆可抛！这是诗人裴多菲悲壮的价值观排序！

二、价值观"四问"

价值观排序是个大是大非的问题，是识别"志同道合"之人的方法之一。企业管理中需要做出价值观排序的基本问题有以下四个。

（一）企业是谁的？

请问，你认为你所在的企业是谁的？从观念上讲，这个问题的回答并不一致。有人认为企业当然就是投资者的，从法律上讲不容置疑——谁对企业的资产有所有权，就有支配权、处置权、收益权。在美国企业人的意识里，这种观念比较普遍。但在日本企业，尽管在法律上企业还是投资者的，但员工在价值观上却倾向于企业是员工的。这种意识，来源于员工与企业的特殊关系，由于实行终身雇用制，员工从学校毕业一进公司就终生在一个公司里工作，很少跳槽，管理者基本是从基层一点一点熬上来的，这使他与企业的关系比投资者还要紧密，投资者可以卖掉股票走人，员工反而被锁定在企业，比股东更关心企业的未来。

在我国，调研显示，民营企业的企业观倾向是管理者的，谁投资是谁的。国有企业实力强大是中国的特色，虽然理论上说企业是全民的，员工是企业的主人，要发挥主人翁精神，但在法律上又是国家这个所有者的。改革开放后，员工开始不像日本企业那样实行终身雇用制而是合同制，同时员工又有跳槽的习惯。因此，难以形成企业是员工的实际感受，就连高层管理者也认为自己只是职业经理人，不是企业家，即使有些股权也不会感到企业是自己的。因而国企员工经常会说企业是国家的，或者说是社会的，现在应该说流行"混合所有的"。

（二）客户是什么？

不同企业对客户的观念也不同。有的企业说"客户就是上帝"，有的企业说"客户是衣食父母"，还有的企业说"客户是我们的朋友"，因为我们不仅卖东西，我们还采购东西，不仅是销售者，也是客户，应该平等交易交往，共同创造价值，共享价值。但也有企业把客户当成人质——控制和剥削的对象，尤其是那些滥用垄断地位的企业。在社会上名声不太好的那些公司，就是如此。比如某些电信公司、电力公司、高速路公司、房地产公司、银行等。赚钱是暴利，服务是冷脸。

（三）员工是什么？

再来看员工观念。虽然社会上比较提倡"以人为本"的观念，但实际上不同企业有不同的员工观念，因而也有不同的员工管理方式。有企业把员工当"资本或资源"，即企业的资源或财富，HR 理论讲的就是这个观念，人力资源管理就是人才的选育用留，不断提高人力资源的使用效率和价值；也有的企业把员工当"成本"，为了提高企业效益，拼命压低员工工资，尽量不给福利，不给上各种保险等；当然，也有的企业把员工当"人本"。把员工看成家人，企业就是家庭，全体员工像一个大家族，一起工作，一起生活，一起喜怒哀乐。

（四）企业的责任是什么？

有企业认为企业最主要的是经济责任，产品和服务对得起客户，经济效益对得起投资者，就是肩负了最大的责任。也有的企业比较重视员工就业问题，为国家和社会发展的贡献问题。还有的说赚钱的同时必须考虑环境保护、慈善等社会责任问题。

以上可以看出，四个方面的价值观，都可以有多种选择和排序。这就是文化管理的复杂性，这就是企业个性、企业风格多样性的来源。

三、著名企业的价值观排序

国资委给国企定的目标是：要实现国有资产的保值增值。这就是以所有者——国家为最高的价值观。华为公司提的是：为客户服务是华为存在的唯一理由——这是客户第一的观念。云南电网提倡：要把公司建成员工安居乐业的美好家园——这是从员工角度考虑的。

我们来看另一些企业明确的价值观排序。

中国建筑的价值观排序：满意客户、成就员工、回报股东、造福社会。

中国铁建的价值观排序：诚信经营、客户至上、回报股东、造福社会。

中国工行的价值观排序：服务客户、回报股东、成就员工、奉献社会。

万科公司的价值观排序和工行基本一致：①对客户方面，意味着了解企业的生活，创造一个展现自我的理想空间；②对投资者方面，意味着了解企业的期望，回报一份令人满意的理想收益；③对员工方面，意味着了解企业的追求，提供一个成就自我的理想平台；④对社会方面，意味着了解时代需要，树立一个现代企业的理想形象。

华为公司虽然没有特别明确自己的价值排序。但从任正非的讲话中也可以看出主线：办企业一定要让客户满意，这是企业生存的基础。同时也要使有贡献的员工满意，决不让雷锋吃亏！也要让股东满意，这是他投资的目的。华为以公司的发展为所在社区做出贡献。这和中建的排序一致。

蒙牛公司的创业纲领中有五句话："股东投资求回报，银行注入图利息，员工参与为收入，合作伙伴需赚钱，父老乡亲盼税收"。同时，隐含一个先决条件：追求消费者价值最大化，通过同赢、共生，与产业链上的所有成员都结成了命运共同体。虽然蒙牛公司没有对前几者做出明确的排序，但提出了消费者价值最大化。

国外又如何呢？美国强生公司的价值观排序是：我们首先要对医生、护士和病人，对父母亲以及所有使用我们的产品和接受我们服务的人负责。我们要对世界各地和我们一起共事的男女同仁负责。我们要对我们所生活和工作的社会，对整个世界负责。最后，我们要对全体股东负责。

我们的信条

Johnson&Johnson

我们相信我们首先要对医生、护士和病人，

对父母亲以及所有使用我们的产品和接受我们服务的人负责。

为了满足他们的需求，我们所做的一切都必须是高质量的。

我们必须不断地致力于降低成本，以保持合理的价格。

客户的订货必须迅速而准确地供应。

我们的供应商和经销商应该有机会获得合理的利润。

我们要对世界各地和我们一起共事的男女同仁负责。

每一位同仁都应视为独立的个体。

我们必须维护他们的尊严，赞赏他们的优点。

要使他们对其工作有一种安全感。

薪酬必须公平合理，

工作环境必须清洁、整齐和安全。

我们必须设法帮助员工履行他们对家庭的责任。

必须让员工在提出建议和申诉时畅所欲言。

对于合格的人必须给予平等的聘用、发展和升迁的机会。

我们必须具备称职的管理人员，

他们的行为必须公正并符合道德。

我们要对我们所生活和工作的社会，对整个世界负责。

我们必须做好公民——支持对社会有益的活动和慈善事业，

缴纳我们应付的税款。

我们必须鼓励全民进步，促进健康和教育事业。

我们必须很好地维护我们所使用的财产，

保护环境和自然资源。

最后，我们要对全体股东负责。

企业经营必须获得可靠的利润。

我们必须尝试新的构想。

必须坚持研究工作，开发革新项目，

承担错误的代价并加以改正。

必须购置新设备，提供新设施，推出新产品。

必须设立储备金，以备不时之需。

如果我们依照这些原则进行经营，

股东们就会获得合理的回报。

这些企业案例中，一般都提到了客户、员工、股东和社会四个利益群体，这是企业生存所必要的、不可或缺的。不同企业在价值观排序上有微妙但重要的区别。

当投资者、员工、顾客以及社会的利益发生冲突时，就会体现出企业核心价值观的不同——究竟谁排第一？这并不是个无聊的问题——因为企业不可能总是照顾到各方的利益，从不发生利益冲突。一旦遇到冲突，企业就不能只说要兼顾、要结合、要平衡的原则，而必须做出价值观排序决定。

我们不认为何种价值观排序一定正确，但企业进行文化建设时应该预先界定冲突时的排序，谁第一、谁第二、谁第三。一个成功的企业和企业家应该是一个懂得平衡并善于平衡的人，但在价值观排序上不能模棱两可。

以客户为中心是价值观念，更是行动！也只有在利益冲突时，才能看出核心价值观取向。

几年前，摩根士丹利公司的首席经济学家 Stephen Roach 曾带领机构投资者代表团造访了华为，任正非委派常务副总裁费敏接待了这个代表团。后来 Roach 失望地说："我们能为他带来 30 亿美元的投资，他竟然不见我们。"任正非对此事的解释表明了他的心声，他说，不论公司多小，如果是客户，他都会接待，但 Roach 不是客户。

这就是华为以客户为中心的价值观——在客户和投资者两者中，任正非把时间给了客户。当年起草《华为公司基本法》时，第一稿曾经提出一条：为客户服务是华为存在的理由，任正非拿起笔就改为：为客户服务是华为存在的唯一理由。

华为公司高级管理顾问、人大教授吴春波曾讲过另一个鲜活案例：2002 年任正非的劳动态度考核是 C。说他出了两个问题，第一是责任心出了问题，第二是奉献精神出了问题。为什么说任正非的责任心不强？华为用的是关键事件法。任正非的责任心为什么考了 C？是因为有一天他答应见一个客户，结果他那天事多，忘了，这件事证明他的责任心有问题，这不是主管打分，是用事来反映。说他奉献精神有问题，是因为国外来了客户，任总承诺要见客户，结果家里临时有事，没有陪客户吃饭，公事私事没排好序，没有奉献精神，给他打了 C，结果是他当年的安全退休金被打折扣，第二年不能加工资，也不能继续配股。

想想容易，说说容易，但有几个人能做到呢？一般来说，客户是甲方，企业是乙方，是企业求客户，见客户总不如见有求于企业的供应商舒服。企业会长期坚持做自己内心不舒服的事吗？

客户是谁？客户是人又不是"人"！客户是具体人，但这个具体人必须是组织平台上的人，以客户为中心不是私交客户组织中的某位领导或关键人，或者政府主管机构中的某个官员。如市场人员职位轮换可能会影响客户与该人员的熟悉程度和公司市场业绩，但建立组织对组织的客户服务关系而不是私人对私人的客户关系，会更有利于企业建立非个人的"组织性"客户服务——谁来都一样以客户为中心。

以客户为中心并不仅是以目前的关键决策人为中心！比如说，当客户对设备采购的决策开始向高层集中时，原先这些下层客户关系还要不要继续维护？如果是以建立广泛的客户关系、维护组织性的客户基础为原则，虽然成本会高些，但企业就能面向未来，应对客户组织和政策的变化，应对可能出现的颠覆性创新。

能够做到以客户为中心是有前提条件的，如不上市就是前提条件之一，就不会改变以客户为中心的基础，企业进行战略性投资和分配调整可能会影响年报业绩时，就不必太受股东的掣肘，在调动战略资源去应对颠覆性创新时，也不必去顾忌股票的价格、投资者的用脚投票和证券分析师的说三道四。有些优秀公司对风投资本不感兴趣，也是担心在公司转型时他们设置障碍或者撤走资金而致使战略转型一败涂地。

企业家以客户为中心，资本家以价值为中心，这是在两条道上跑的车。

第四节 经营观中的价值选择

一、企业观: 是母鸡就要下蛋

企业是客观的, 但由于观察企业或经营企业的人是主观的, 于是就生成了各种各样的企业观。

首先, 学者们看待企业的观念是多样的。法律专家说企业是法人组织, 社会学家说企业是社会组织, 经济学家说企业是经济组织, 技术专家把企业叫做系统组织。

其次, 企业家们对企业的看法和做法也有很大不同。有人把企业看成功利组织, 有人把企业看成一个大家庭, 有人由于圣人情结不把盈利太当回事, 有人由于技术情结把企业做成研究机构, 有人由于政治情结把企业看成政治工具, 有人却秉承慈善观经营企业。

我们来看比较著名的企业家对企业的观念:

李嘉诚持有何种企业观? 他说, 企业的核心责任是追求效率和盈利, 尽量扩大资产的价值。他对社会做了那么多的捐助和慈善, 但是他并没有让这成为企业的核心责任, 而是要兢兢业业把自己的企业做好, 让资产增值。

"企业不赚钱是对社会的罪恶", 这是日本已故企业家松下幸之助所说。他理解的企业已经不是按一般所说的赚不赚钱这个角度, 他认为企业家是在运作一个组织, 在享用社会资源, 如果企业不赚钱, 浪费了社会资源, 还不如交给别人, 交给更有能力的人去做。所以, 企业不赚钱就是浪费社会资源, 浪费社会资源就是罪过。

更有通俗一点的说法, 是国家电网公司的老总刘振亚, 他在山东电力工作时就提出："是公鸡就要打鸣，是母鸡就要下蛋，是企业就要赚钱。"他并没有因为电力企业是国企，就忽视经济效益这个目标。

企业的本质是什么，使命是什么，必须首先把企业干好，再说别的，这是个生存基础，这是企业家的价值观。在他们眼里，企业说到底是个功利组织。功是什么？功就是做事情必须有成效，必须出业绩，光说态度好不行，光说精神没用。利是什么？利就是投入必须有回报，必须有附加价值产生。做企业必须把这个最根本的功利职责完成，然后再去履行狭义上的社会责任，为社会做奉献。他们认为为社会创造价值，就是企业最大的社会责任。只有持续创造了经济价值，才能持续地履行社会责任。所以，企业人的最根本的价值观，就是为社会创造财富，讲效益；不能浪费资源，讲效率。

二、竞争观：买卖不成仁义在

业界同行是什么？有敌人，有伙伴，有冤家，有队友等各种观念。俗话讲"同行是冤家"。现实中把业界同行看成敌人，企业之间恶性竞争、你死我活的现象还比较普遍，在经营上追求赢家通吃，把竞争看成零和游戏，"宁可把自己累死，也要把对手饿死"。

也有的企业提倡既竞争又合作的"竞合观念"，讲竞争同时又讲理性，有底线，有原则。大家一边竞争一边共同前行，以竞争促进创新，促进服务改进，而不是打价格战。大家不要偷懒，以服务好客户为最终目标，而不是以打败对手为目标。此外也有以直报怨，与人为善，把竞争对手当成合作者、友商，尽量忍让、宽容、和谐的价值观念。

营销中有市场就是战场的说法，在这种观念引导下，可能就会产生非理性的价格战、广告战（互相诽谤），甚至肉搏战，员工在市场一线为了抢业绩打起来。这种观念有历史缘由，可能和我们由过去的计划经济往市场经济转型，由阶级斗争向经济建设转型的过程有关，可能是一个必经的阶段。但是，企业管理者如何从文化建设角度来界定和竞争对手的关系，然后告诉员工如何去做有很大的作用。

企业的竞争对手可能比较恶劣,采取的手段不大正当,怎么办?这种互相博弈的过程,也是我们要考虑到的。你也可能坚持"以德报怨"的原则:人家怎么欺负我都无所谓,媒体怎么说我,我也不接茬。这当然好,但没有相当的实力则不大可行;你采取的也可能是"以怨报怨,以德报德"的策略:人若犯我,我必犯人,你打击我,我就打击你。人不犯我,我不犯人,你对我好,我也对你好。这是个理性博弈的过程,好像也行得通。

但是,我们可能还有别的方法,就像孔子所讲的"以直报怨",找到与竞争对手之间的共同利益,找到"你我"之外的更高视野和追求。比方说华为和蒙牛公司,他们不把竞争同行叫对手,而叫友商。他们不把市场看作战场,而是看作赛场。把市场的竞争看作体育的竞赛,这是一个很不同的观念。这好比百米赛跑,大家各跑各的跑道,不能发令枪一响,先踹别人一脚,把别人绊倒了再往前跑。赛跑不是摔跤,各有各的规则,大家在共同的规则约束下竞争。有了公开公平的竞争规则,大家就可以拼服务、拼特色、拼信用、拼创新。你甚至希望对方有实力,因为公平竞争是需要互相激励的,对方不强你也跑不出好成绩。

你脑子里只有对方那就成为对手了,如果你能考虑到大家共同服务于谁,就会产生友商的观念。业界同行的共同服务对象就是客户,当把客户放在视线中央时,斗争才会变成竞争。如足球比赛,当然结果要有输赢,但是两个队能否为观众提供一场很好的足球赛,就不仅是大比分赢了谁、输了谁,而是球踢得确实好看。队员只有想着看台上观众的需求,而不仅是和对手争输赢,才能做到这一点。大家是通过踢一场好球共同服务于观众的,这就找到了共同利益,就知道理性竞争是什么,既竞争又合作的职业踢球行为就是这样形成的。

竞争是为了各自利益,努力取胜,合作是为了共同利益,给顾客提供一个好的产品和服务,顾客多了,赞助才会多,收入才会多。因此,有合作的竞争是一个创造价值的良性机制,而不是战争的零和机制。战争的目标是消灭敌人,只有大量地消灭敌人,才能更好地保护自己,才能活下去。竞争则不是,把对手全消灭了自己也不舒服——如果没有竞争对手，失去竞争刺激，改进和创新的动力就会削弱。有合作的竞争观，就是竞合观，它提倡的不是"市场就是战场，竞争就是战争"，而是"竞争但不拼命，合作但不共谋"的理念。

三、管理观：只有落后的领导

管理观中包括管理者与下属、管理者与工作、管理者与组织的关系观等。

首先，管理者就是"责任人"。一个企业的管理者，是当官的，还是服务的？是掌权的，还是负责的？是做劳模的，还是带队伍的？不同企业可能管理观念不同。我们认为后者更像现代管理者。

关键是这种观念，在企业里怎么去落地？比方说，有些企业有这样的口号：只有落后的领导，没有落后的群众。这句话提倡的是，我们的管理者、干部，在下属没完成工作时，不能只批评下属这不行、那不行，作为管理者自己也要想想，工作布置是否到位？在工作过程中怎么指导和培养下属的？如何分解工作适应下属的能力？如何激励下属充分发挥潜力？管理者负责任，就要反思自己、自我批判、敢于担当。

其次，管理者就是"目标人"。管理者不像工人一样按照时间或工作量计酬，有准确的多劳多得、少劳少得的量化指标。管理者的工作标准不是时间多少，而是目标完成与否。不是按劳取酬，而是风险承担。管理者必须聚焦工作，实现结果。

如有企业提倡"管理无小事"。这个口号警示管理者，不要整天想着百年战略文化重塑、基业长青等所谓意义重大的事，看不上那些具体但必要的事：客户意见不去听，工作现场不去走，员工建议不去看。企业管理工作中很多萌芽式的事情初看都是小事，趋势式的变化往往都比较细小模糊，如果管理者没有责任心、洞察力和使命感去抓住这些"小事"，坏的小事就可能由小洞变成大洞，好的小事就可能失去做大的机遇。

最后，管理者就是"组织人"。管理者的立场应该比一般员工更靠近组织，更像组织人，思想上和组织保持一致，行为上和组织保持协调。靠近组织并不是靠近老板，以上级为中心，而是背朝老板，脸朝客户。靠近组织并不是本位主义，而是砍掉屁股，走动起来，加强部门间的沟通，保证"始于客户需求，终于客户满意"的端到端的流程畅通，提升组织的客户响应速度和环境变化适应性。管理者就是听从组织指挥，完成组织任务，维护组织形象，保护组织利益的组织人。

四、人才观：激励表扬贡献者

威海三角集团提倡"企业是人，企业经营人"的观念，只有有了人才，才能把企业的事情做好，人们常说，现代企业的竞争就是人才的竞争。但从文化角度，我们如何看待人才呢？

到底谁是人才？不少企业的文化纲领里写道：员工就是企业的财富。很重视员工价值的样子。但是我们不禁要问，企业中的人财物，哪些不是企业的财富呢？我们认为，员工是企业财富的这个提法太过笼统，难以体现企业文化并落实到管理政策中去。其实我们应该问的是：什么样的员工才是企业财富？有着现实管理经验的管理者一定会知道，并不是所有员工都是企业的财富！员工在企业里可以分为三类：第一类是贡献者，干得多拿得少，这一类员工是企业的财富。第二类是交易者，干多少活拿走多少报酬，按劳取酬，这类员工是不是财富难说。第三类是偷懒者，惰怠、腐败，干得少拿得多，甚至给企业造成巨大损失。这一类员工不但不是财富，还是拖累企业的包袱。员工可不是铁板一块，个个优秀，企业管理不能像政治家一样，讲究人权平等，提倡人人公平，人人有饭吃。请问，在你把员工看成企业财富时，是否做了分类呢？没有分类，就没有管理！没有重点，就没有政策！

针对不同价值的员工，管理者的工作是什么？①激励贡献者，使分配向他们倾斜。②鞭策交易者，促使他们的一部分向贡献者学习，至少不要变成偷懒者。③去掉偷懒者，偷懒者的存在就是对贡献者甚至交易者的最大不公平，不能通过严格考核去掉偷懒者就是管理者的失职。

既然不是所有员工都是企业的财富，那什么提法才合适呢？华为公司认为：认真负责、管理有效的员工才是企业的财富。蒙牛公司认为：合适的时间、合适的岗位的合适人选才是人才，他能够做成事、有贡献才是人才，而不是有员工身份就是人才。

五、财富观：君子爱财取于道

认真负责、管理有效的员工是企业的财富，讲的是人力资本、人力资源。财富的本来意义是金钱。企业是个以盈利为目的的功利组织、经济组织，所以企业如何看待财富的观念是个躲不开的话题。但是，财富观在中国向来是个很麻烦的观念，因为中国传统文化对财富、对金钱有多样且矛盾的观念。

我们收集了古人对金钱财富的各种观念，大概分为四种。

第一种是轻视观。部分古人认为钱财不能排在第一位，钱财不如仁义、诚信、道德、儿孙、光阴、安乐和书籍重要。例如：

钱财如粪土，仁义值千金。

许人一物，千金不移。

积钱积谷不如积德。

不求金玉重重贵，但愿儿孙个个贤。

一寸光阴一寸金，寸金难买寸光阴。

黄金未为贵，安乐值钱多。

积金千两，不如明解经书。

美酒酿成缘好客，黄金散尽为收书。

读书须用意，一字值千金。

第二种是弘扬观。部分古人认为钱财是好东西，钱财决定了人的未来、地位、快乐、眼界和志向等。例如：

人为财死，鸟为食亡。

三十不豪，四十不富，五十将近寻死路。

钱不是万能的，没有钱是万万不能的。

有钱能使鬼推磨。

贫居闹市无人问，富在深山有远亲。

有钱道真语，无钱语不真，不信但看宴中酒，杯杯先劝有钱人。

贫无达士将金赠，病有高人说药方。

八字衙门向南开，有理无钱莫进来。

马行无力皆因瘦，人不风流只为贫。

富人思来年，穷人思眼前。

人贫不语，水平不流。

人穷志短，马瘦毛长。

仓廪实而知礼节，衣食足而知荣辱。

礼生于有而废于无。

君子富，好行其德；小人富，以适其力。

第三种是消极观。部分古人的观念认为财富是命中注定的，要顺其自然，不要有那么强的致富欲望，贪欲和财富太多会害人。例如：

死生有命，富贵在天。

富贵定要依本分，贫穷不必枉思量。

君子安贫，达人知命。

求财恨不得，财多害自己。

贫穷自在，富贵多忧。

钱财乃身外之物，生不带来，死不带去。

第四种叫积极观。部分古人认为要积极追求财富并且要会追求。正因为是身外之物，留给后人、留给社会才是做人的价值。例如：

欲求生富贵，须下死功夫。

人老心不老，人穷志不穷。

富从升合起，贫因不算来。

人亲财不亲，财利要分清。

闹里有钱，静处安身。

君子爱财，取之有道。

这里，我们会看到财富观的多样化，财富观本身没有对错，做企业、做人都需要财富观的选择。

企业观、竞争观、管理观、人才观和财富观，每种观念中都有不同的导向，企业文化的建设就是明确自己的核心价值观导向，并在战略决策、行为准则、选人用人时做出符合核心价值观导向的抉择。

第五节　企业文化不是什么

前面我们谈到了企业文化不是老板个人的文化，不是全员文化，不是上墙文化等，除此之外，我们根据企业文化建设过程中的一些现象，换个角度来界定一下企业文化的边界，看看企业文化不是什么，以免造成"企业文化是个筐，刀枪剑戟往里装"的问题。

一、企业文化不是文体活动

我们看到不少企业的宣传画册编排，前面是历史沿革，后面是产品、技术介绍等，一到企业文化部分，就是员工在跳舞、打排球等一些文体活动。这是把企业文化当成了员工的文娱、文体、文艺活动，文化建设基本成了工会活动。当然，这些文体活动并不是和企业文化一点不沾边，一个企业可以通过这些文娱、文体、文艺活动来展现企业关心员工生活，还可以通过过生日、给员工家人颁发"支持工作奖"等形式营造大家庭的氛围，这是文化理念的一种表现形式，但它不是企业文化的核心内涵。

企业文化，从本质上讲，是通过核心价值观、思维模式、言行准则，反映出的一种生产关系设计和组织建设，目的是为了在内部形成一种良好的生产关系，促进企业生产力和竞争力的提高、管理水平的提高、高绩效的实现。在外部涉及一个企业和投资者、顾客、员工、政府、社会之间关系的处理原则，都是非常重要的管理问题，而不仅是员工去玩一玩、跳跳舞、唱唱歌、比比赛就能做好文化建设。企业文化是严肃的，不是嬉戏的；是权威的，不是纯民主的；以组织目标为导向的，不是从个人爱好出发的。

二、企业文化不是社会文化

企业文化是特定的微观组织文化，而社会文化是由各种组织形成的地域文化，比方说中国文化、美国文化等就是以国家为边界的社会文化。从地域辽阔的中国来讲，中国文化又太复杂，还可以分为齐鲁文化、华南文化、客家文化，以及各种商帮文化等，它们都是企业所处环境中的社会文化，而不是企业文化。

企业文化和社会文化的不同在于"企业文化是统一性的，社会文化是多样性的"，企业文化是围绕组织目标形成和运转的，社会文化则是由很多不同性质和不同目标的组织形成的多种文化的混合体，在世俗层面很难找到一个大家都高度认同的统一的界定。于是就不得不将很多内容综合在里面，如社会主义核心价值观所提倡的"富强、民主、文明、和谐；自由、平等、公正、法治；爱国、敬业、诚信、友善"，多达 12 个方面，融合了国家层面、社会层面、公民层面三个层面的价值准则。国家目标也是如此，规定得比较复杂，如以经济建设为中心，还要兼顾政治建设、文化建设、社会建设和生态建设。

当然，人是企业人，同时也是社会人，人的多重角色使得企业文化和社会文化有着千丝万缕的联系。因此，一种说法是，很多企业在建设企业文化，包括学者研究企业文化时，认为企业文化应该建立在优秀的社会文化、民族文化的基础之上，把企业文化当作社会文化的特例。另一种说法是，社会文化是形成企业文化的一个重要源泉，于是，做企业文化时就从社会文化甚至政治文化里边拿来一些不相干或不适合的内容。因此，从社会文化汲取营养应该做出细致的、具体的分析，不能简单搬来就用。

传统社会文化的第一个特点是"朋友关系比客户关系重要"。强调要做生意先交朋友，是朋友的客户比不是朋友的客户更优惠一些，有朋友介绍的客户比没有朋友介绍的客户要更信任一些，于是客户的地位，就由于友情的存在而享受不同待遇了。这种因友情而异的客户关系有利有弊，有时会因为友情而迷失和放弃了原则、底线，损害企业利益。

传统社会文化的第二个特点是"圈子文化"。如果企业内部有人"拉帮结派"怎么办？你可能认为这种现象不好，组织内不要有近有远、有亲有疏，要围绕组织目标，聚焦工作，但我们中国人不那么容易做到这一点。以人为本的社会文化，以伦理道德为原则的交往，总有人和人脾气相投、有人不喜欢某人等现象。这是事实，怕也没用，躲也没用，打击了还会冒出来。拉帮结派确实有问题，这会形成"企业内政治：与人斗争，其乐无穷"，对企业造成很大损害，员工不能聚焦工作，聚焦客户，而花费很大精力去防范他人，甚至去勾心斗角。

人们结成圈子，实际是有客观需求的，如为了寻求安全，为了沟通信息，为了共同爱好。所以，我们能不能因势利导，在做企业文化时，把这种现实需求拉到企业的目标上来，转化为正能量呢？有些企业做得很好，把有同样研究兴趣的人、喜欢学习的人、喜欢锻炼身体的人等聚到一起，建立各种协会、同好会、俱乐部、QQ群、微信群等，让大家公开联系、认识和合作，由私人的变成组织的，由地下的变成公开的，由无意识的变为有意识的，由无规则的变为有规则的。企业文化建设可以通过正面引导，让大家在实现个性追求的同时，与企业目标追求协调一致。

传统社会文化的第三个特点是"面子诚信重于法律规则"。由于关系亲密，建立了人与人的私下信任，就可能把法律规定的合同、协议、流程等放置一边不顾。"弄那么复杂的程序干吗？你还不相信我呀！"一个电话就把货款给对方打过去了。这样办事效率高，但一切顺利好说，如果对方经营出现状况，不能兑现承诺，就搞得反目成仇，甚至把公司搞破产！

传统社会文化的第四个特点是"同情弱者，谴责强者"。这产生了人们对社会冲突的道德断案：警察和平民冲突，警察错！城管和小贩冲突，城管错！政府和群众冲突，政府错！医院和患者冲突，医院错！开车的和行人冲突，开车的错！两个开车的冲突，开好车的错！企业中如果吸收了这种社会文化，那就形成养弱者、养懒人，甚至养无赖的氛围了。

传统社会文化的第五个特点是"重视历史和过去，不重视现在和未来"。人们对研究历史，研究帝王将相、才子佳人，研究 2000 多年前的国学经典非常有兴趣，乐此不疲。你考证来，我考证去。你商榷来，我商榷去。但对未来的筹划和预测不太感兴趣，不像美国人整天思考星球大战，世界末日。受这种社会文化影响的企业，就喜欢讲过去的功劳，讲艰苦岁月，讲向老员工学习。

传统社会文化的第五个特点是"喜欢权术小聪明，不喜欢战略布局双赢"。我去美国硅谷时听导游讲了一个故事：美国赌场知道中国人喜欢赌博，于是给在美国居家没事的中国老太太一人 25 美元邀请她们去赌场玩儿，结果中国老太太到赌场转一圈，拿了 25 美元，回家了，有人一天还去两趟，能赚 50 美元。赚不到钱的赌场不得已改规矩，不发现金，存在卡里，结果老太太们还来赌场，赚了就继续赌，只要输得卡里的钱没了就走人。赌场还是赚不到钱，于是又改规则，必须赌够 150 美金以上才能领取 25 美金，结果老太太们一商量，两人分一组，玩押大押小，一人押大另一人一定押小，总是一赢一输，花够 2 个 150 美元的点数就收手，然后两人去前台各领 25 美金回家。最后赌场再也不敢拉老太太们来赌博了。不管故事真假，不管这是否是在损中国人的面子，这就是既聪明又理性的中国老太太，在国内不能扶，在国外不得不服！美国人布局，中国人破局。美国人定规则，中国人破规则。在企业里就是：喜欢权术的人也喜欢围着领导转，喜欢钻空子、搞公关、玩潜规则。

传统社会文化有很多优秀的东西，但有些观念和做法放在现代企业里就有些问题。

除了社会文化，有时企业也会把政治文化、宗教文化和家庭文化拿到企业文化里来用，而不是根据企业独特的经营环境、经济组织的本质以及资助的目标来建设自己的组织文化。在企业规模较小、创立时间较短、实力较弱时，这也可能是不得已而为之的权宜之计。

企业是独立的，但也是社区的一部分，员工是企业人，但同时也是家庭和社区的一分子。因此，在一些特定文化的地区，在企业发展的特定阶段，企业把社会文化拿到企业文化中来，不仅让人觉得挺有特色，而且还很有作用。例如，山东电力选用中层干部有它的标准，看"能不能吃亏，能不能吃苦，能不能吃气"。但同样是电力企业的石横电厂，就有不同的干部标准。由于石横电厂坐落于泰山西麓肥城市境内，周边不挨着任何大城市，一个电厂就是一个社区，家庭和企业在地理上形成极其密切的关系，历史上又是受儒家文化影响很大的地区。企业曾经提出一条：不孝敬父母的人，不能做中层干部。大家都非常认同，觉得就应该如此。连父母都不孝敬的人，怎么能当好中层干部呢？

把社会文化标准拿到企业文化里来用，在这个地方很适合，如果放到其他地方的企业，可能大家会有意见：孝敬父母和在企业做干部、完成组织目标有关系吗？何必非要把家庭关系扯进来？所以，我们怎样去处理社会文化、政治文化、宗教文化和企业文化的关系，如何利用好外在环境、文化资源，是要因地制宜、因时制宜、花费不少工夫的。

企业文化建设，是在创造一个文化小环境，不管外边社会上是怎么一种文化，都要通过企业管理者的自主努力，有目的地、有选择地建设好自己的企业文化，让员工在一个有效的文化环境中努力工作，实现企业的本质目标。有些社会文化的影响我们改造不了，有些历史上形成的偏向思想政治工作风格的做法，以前习惯的业余文体活动的做法等，也不需要闹革命一刀切全部停掉，文化建设要坚持"继往开来，不要推倒重来"的原则，在企业文化中汲取社会文化的有效要素，吸收政治组织的思想政治工作和日常文体活动内容，叠加起来就是了。

另外，就像《华为公司基本法》一样，除了社会文化，它还从国内外优秀公司那里汲取了很多营养，企业文化虽然不同于社会文化，但企业文化的建设并不是为了标新立异，为了有特色，而是为了有效！所以，当有人说你的企业文化与人雷同，没有特色时，没必要辩解。文化是通过企业成果来证明的，不是通过语言特色来证明的。文化是通过不断向客户靠拢、向标杆学习而形成的，不是头脑风暴、突发奇想而成的。文化在企业内部是约定俗成的，是有历史延续性和惯性的，需要较长时间，需要逐渐认同，需要潜移默化，需要静水潜流。

三、企业文化不是万能的

企业文化不是目的是手段，这个手段还不是某些中医所说的包治百病、药到病除的手段。从逻辑上讲，虽然说任何一种结果都可能有三个以上的原因，但一个原因不可能产生无穷的结果。不能说企业文化，一抓就灵！君不见那些文化活动搞得风生水起，但最终难逃破产命运的企业吗？

企业管理是一系列复杂的活动，从职能上讲有计划、组织、指挥、激励、协调、控制，从要素上讲有人、财、物、知识、时间、空间等，从手段上讲有金钱、名誉、地位、机会、制度、文化等，文化只是实现企业目标的多种手段之一。尽管有的企业在一定时期内会把文化手段提到极其重要的位置，但管理者不应只抓文化，不管其余。前面已经谈到了诱之以利，动之以情，晓之以理，绳之以法等各种手段的综合使用。原则有三：调动一切可以调动的因素，团结一起可以团结的力量，使用一切应该使用的手段。

毛泽东说，没有文化的军队是愚蠢的军队。换个角度说，只抓文化的军队根本不叫军队，艺术兵是很难上战场打胜仗的。

| 第五章 |
For：文化建设为了什么？

第一节　活着、导向、默契

一、为塑造企业灵魂——活着

据说印第安人有句谚语，如果走得太快了，慢一点，让灵魂跟上来。企业的文化建设就是让灵魂跟上企业的快速发展。

我们常说某某企业有几十年了、上百年了，言谈之中有信服、佩服的意思。确实，企业做得长久，其中必定有它生生不息的理由。人们在总结时经常发现，促使企业长久发展下来的，是其优秀的文化，如同仁堂的成功，人们就常常赞叹它"炮制虽繁必不敢省人工，品味虽贵必不敢减物力"的制药理念。在我研究企业成长理论时，得到的一个基本结论就是：能够长期、持续、健康成长的企业，一定是个有着很好文化基因和文化运作的企业，文化就是企业长寿的灵魂。

企业是个有机组织，要想在复杂的生态和激烈的竞争环境中生存下去，表面上看是把市场做好，把钱赚回来就可以，实质上却是看企业如何建组织、带队伍的问题。从这个角度讲，企业文化不决定企业赚钱与否，但可能决定企业长寿与否。

有文化的企业应该像一棵树，没有文化的企业像一棵草，树和草的生存机制是不一样的。北方的树木虽然每年落叶，但是年轮在一圈圈地累积，树木生长只落叶和干枯树梢，中间的主干却一直在生长，这个主干就像企业的文化支撑着企业持续地、变革性地成长。而草的生长机制是，年初长出来，年底死掉，它可能会留下种子或根部，来年再长出来，再死掉，是一个生生死死、断断续续的过程，不是一个持续积聚的生长模式。

做一单生意赚到大钱，成富人了，但组织没建起来。再做一单，又赚钱了，财富在积累，组织没进化。最后留下的是有能力赚到钱的人，没形成能够持续赚到钱的组织。

古人把这个道理讲得很清楚："一年之计，莫如树谷；十年之计，莫如树木；终身之计，莫如树人。"但古人那时还没有"法人"组织的现代企业，拓展开来讲，企业就是通过"树文化"，来建立比树谷、树木、树人还要长久的企业生存模式，建立能超越一代又一代企业人的生命周期，由接班人领导着继续活下去的长寿企业。所以，企业文化不是一个人的灵魂，而是一个组织的灵魂。任正非在《由必然王国到自由王国》一文中写道：一个企业能长治久安的关键，是它的核心价值观被接班人确认。接班人又具有自我批判的能力。

做企业，活着是硬道理！看中国的历史，看共产党的历史，看那些世界级优秀企业的历史，一两百年过去，创始人换了，第一代干部全换了，那一代员工也全不在了，甚至已经换了多少代了，他们依然很优秀地经营着，因为他们的组织有灵魂！

做企业，不怕丢人，就怕丢魂！

二、为营造一种氛围——导向

一群人共同工作在一个场所、一个组织，会形成一种气场、一种氛围，我们说文化是无形的，就是指文化的这种气场和氛围，气场和氛围看不见、摸不着、讲不清，但是只要你到了这个特定场所，就有所感觉感受。受氛围影响，你会自觉不自觉地改变些什么。譬如，有人平时不是特别讲文明礼貌，乱扔垃圾，但到了非常高雅的场合如五星级酒店，很豪华很干净，垃圾桶也摆放到位，他就可能变成了举止得体、不乱扔垃圾的文明人；有人不太讲规则，但到了纪律严明的军营，那种氛围会使他会变得规矩很多。所以，一个企业领导，如何通过营造氛围、调整氛围，使它对员工形成激励、形成感染、形成约束、形成压力，就是文化建设的工作之一。氛围的力量是无形的，但有时可能比有形的力量更能影响人，甚至可能"压得人喘不过气来"，所以有时我们把文化氛围看作一把刀，杀人于无形！

营造文化氛围，就是要把领导者的"人格魅力、牵引精神、个人推动力变成一种氛围，使它形成一个场，以推动和导向企业的正确发展。氛围也是一种宝贵的管理资源，只有氛围才会普及到大多数人，才会形成宏大的具有相同价值观与驾驭能力的管理者队伍。才能在大规模的范围内，共同推动企业进步，而不是相互抵消。

我们经常讲某个企业像学校，就是指这家企业的文化氛围像学校的氛围，都是年轻人，大家刚从学校毕业到公司来，就可能延续着原来那种校园文化的影子，一块打球、一起培训、一起工作，宿舍也住在一起，这是由学生走向社会人的一个过渡阶段。但是，虽然像是学校的氛围，大家都在学习进步的感觉，但实际上公司就是公司，它是围绕企业目标在运作的，工作像学习不等于学习，业绩像成绩不等于成绩，上班像上课不等于上课，考核像考试不等于考试。员工不需由学校人迅速转化为企业人，但必须聚焦工作，必须做出贡献，必须负起责任。

说企业有军队氛围也是这样。有的企业是半军事化的管理模式，早上起来要出操，走路学军人踢正步，一群人走路要排队，非常重规矩守纪律，这个企业就是在营造一种类似军队的氛围，领导人是军人出身的企业，有时会把长期形成的军队组织经验带到企业来，营造军队、军营和军人文化氛围。

我们很难说企业营造学校氛围、军队氛围还是家庭氛围哪种导向为好，但原则是必须推动和导向企业的正确发展，必须是把好的、正能量的氛围建起来，把坏的、负能量的氛围消散掉。比如说我们可以调"三气"，即树正气、聚人气、长志气！从正气、人气、志气这三个角度形成氛围，来牵引大家，感染大家形成奋斗团队，追求企业目标。要反对某些不良观念形成的氛围，如在收入上斤斤计较，总觉得自己赚得少，主观感觉到不公平就抱怨、指责——某某某比我差多了，为什么只比我少赚十元钱等。比收入不比贡献，不自我批评而批评别人，就会造成相互攀比而不是相互争先的不良氛围。如果反过来，不是赚钱少就抱怨指责，而是自己觉得不好意思，觉得丢面子，反思如何改进自己的问题，反思自己为什么为公司做得少，就会在公司形成完全不同的另一种氛围。公司的氛围导向不能让刁人、懒人、自私自利的人成为一种邪气，而让勤奋的、奉献的反而吃亏，谨小慎微，甚至没有说话的地方。不能允许那种"拿起筷子吃肉、放下筷子骂娘"的人得势。这种氛围一旦形成气候，企业就很难管了。

三、为养成一种习惯——默契

知识是学会的，文化是养成的。企业文化可以用制度表现出来，但也可以是我们日积月累的习惯。时间长了，就会产生约定俗成的东西，大家相互有默契，不用非要说明。比如日本企业的终身雇用制，就是一种雇用习惯或者惯例。终身雇用是在日本经济高速且长期发展过程中形成的，大家已经很习惯：只要不出什么特殊情况，一个员工可以一直工作到退休。但是，到20世纪90年代日本经济开始进入低增长，甚至负增长时，有些企业的用人压力增大，于是终身雇用制有些维持不下去了，企业开始搞经营"合理化"，其实就是裁人，要求50多岁的人提前下岗退休，这些人没有一点思想准备，虽然企业给退休金和补偿金，但依然有很大损失，如果终身雇用制是法定制度，按规定企业就不能让员工提前退休。但员工没法去告企业，因为任何一个合同、任何一个法律都没明确写上这条，只是日本企业高速成长时形成的一个用人惯例。同样，日本企业的年功序列制也是一种习惯，是日本公司管理模式的又一大特点。日本人一生在一个公司工作，基本按照工作年限升职位，按照职位发工资，还根据年限涨工资，属于职位越高、工作时间越长就待遇越高的职位工资和工龄工资惯例。和年功序列制一样，这种适应高速成长的做法，一旦进入低速期和负增长时，工资就涨不动了。1994年前后日本泡沫经济破裂之后，基本20年没涨工资，有的企业还减工资，年功序列制工资的激励作用也就消退了。年功序列制工资惯例是希望员工长期在公司工作，保持公司稳定发展，员工基本不跳槽，同行企业之间也不像中国企业那样到处挖人。但现在不能实行年功序列制了，员工要么忍受，要么跳槽。中国企业在劳动力和人才方面比日本企业更市场化，基本实行业绩导向、多劳多得的报酬制度，以及能力主义的升职做法。中国企业更提倡竞争导向，员工也更习惯人之间的差别。中国人很难适应日本企业那种差别很小、缓慢的升职和升薪习惯。

中国文化讲究"和、同、混"，工作、生活和人际关系上也习惯"和、同、混"，生活像工作，工作像生活，两者总是混在一起。企业老板公私不分，把企业资金和个人资金混用，把个人消费拿到企业报销。喜欢吃饭时谈工作而不是在办公室谈，喜欢在酒席上招待客户而不是在谈判桌上，这形成了一个典型景象，就是公司办公楼附近最多的是接待客户的豪华餐厅。反腐败任务之一就是抓公款吃喝。受社会文化的影响，企业尤其是政府官员早就形成了公款吃喝的习惯，但它不是严格的制度。到现在反腐败才开始成为问题，这种习惯才有所改变。

习惯多数是自然形成的，不是有意宣传、培养和强化的，习惯来自社会文化，来自领导者个人的影响，但也受业务或产品特点的影响，如日本的任天堂公司，做游戏产品，十几岁的小青年就被称为教授，因为他们开发的游戏产品主要是给年轻人的，只要理解年轻人的心理需求就行，不需要太多经历年资，甚至年龄越大越没有好创意。创造人在游戏中产生的恐惧、绝望以及担心、难受、惊喜、揪心等感受，产品才能大卖。员工不需要像坐办公室的白领，西装革履，接待客户礼仪到位。公司可以是一个自由开放的场所，员工可以在游戏开发室穿戴时髦，黄头发、绿头发、长头发、没头发都行，公司不管员工长什么样，穿戴什么样，只要开发独特产品，就是人才。去硅谷参观企业，会发现各公司都有各种各样的习惯做法。为了促使员工创新，员工可以上班听音乐（有员工说，从小听着 mp3 长大，不听音乐就不出思路）；允许员工带宠物上班，只要员工看着狗有利于想出创意就行。

但在 IBM 工作就完全不一样，这个被叫做"蓝色巨人"的公司的员工，全是西装革履，而且都是深蓝色的西装，颇具绅士风度，工作起来认认真真、有板有眼。华为公司形成的是以工作为中心的奋斗者习惯，这就是"垫子文化"。很多员工都有一个单人床大小的睡垫，中午午餐后打开在上面休息一下，到两点闹铃一响，把它卷起，往桌子底下或柜子上面一放，继续工作。这是创业时期形成的习惯。那时基本没有上下班概念，困了就在旁边垫子上睡，休息一会就继续工作，时间一长就形成睡垫子的习惯，新来的员工也模仿，于是形成了垫子文化。在华为公司各处的小商店里，你会看到牙膏拖鞋日用品等和其他商店一样的东西，还会看到垫子这个特色商品，睡垫已经成为一个载体，在一代一代员工之间传递艰苦奋斗的传统。

员工们上班一起工作，下班后三五成群或者同部门的员工一起去吃大排档，也是华为的一种习惯。大家聚餐交流一下感情，缓解一下紧张的工作氛围，运气好交谈中还可能产生不错的产品或技术创意。欧洲国家的某些咖啡馆，就是那些大师级的人物、科学家等闲谈交流的场所，据说还真谈出过重大的技术发明和创意。看来这种交流习惯是世界通行的——这和公款吃喝不同，和饭桌上谈生意不同。

既然习惯是文化，那么要改造文化就可能是改造某种习惯，如果某种习惯已经不适合企业目标追求的话。

但是，习惯性的东西不容易改，因为习惯往往已经进入我们的潜意识。但难改不是不能改！只是改的过程会造成不舒服，改的时间会比较长。长期形成的一种习惯，不是说来一个新的领导，说必须改就能改，弄不好得换人才能改掉旧习惯，才能形成新习惯。改变习惯的方法之一就是对新做法、新说法重复、重复、再重复。因此，改习惯的方法很简单，改习惯的过程很费时，要一点点去改，着急不得。所以说知识是学会的，习惯是养成的。

其实不仅是习惯性文化，整个企业文化建设都是不能着急的大事。古人云：大事必做于细，难事必做于易。既然是大事，就要把它拆开细分，天天讲，月月讲，年年讲，等它三五年再做成也不迟。习惯养成不是一蹴而就的，得有这样的耐心、耐性，给大家一个长期转变的过程。等它形成核心竞争力了，就是别人想要追上，也得追三五年。这三五年就是企业的机会。企业文化建设只能文火慢慢炖，只能一点点去改良、改进、改善，不能闹革命。"治大国若烹小鲜"，着急不得，一急就糊了。这是文化建设的关键点。《华为公司基本法》还是六位专家参与起草，3000人讨论，八易其稿，折腾了两年才统一了思想呢！

第二节　假设、道路、梦想

一、为确定目标追求——假设

佛学说，人有一夕梦，还有一生梦。有时天天忙于生活、工作，还真像生活在梦中一样，世事无常，谁也不知道未来会怎样。做企业也是如此，前面有标杆企业，有时也不知道怎样向人学习，没有标杆时更是不知道路在何方。市场在变化，技术在变化，员工在变化，竞争对手在变化，政策也在变化，我们搞不清楚企业未来会怎样。但同时，我们又不是无所作为的。生是偶然的，死是必然的！但我们可以努力活下去，争取不要死得太早，不要死得太惨！也就是说，我们可以主动去追梦，希望公司有个奋斗目标，描绘将来的愿景。

从这个意义上讲，文化建设就是一种假设。这种假设，是经过多年努力才可能达到的，而且不见得能完整达到。做企业，恰恰需要这种假设，而且是一个系列的假设系统，包括我们遵循什么使命、制订什么目标、走什么发展道路、确定什么技术路线、使用什么样的干部、采用什么人性假设、坚持什么分配原则等。假设确定了，就坚定不移地去实践它、证明它、努力把它做好。通过假设牵引大家往前走，通过结果去证明假设对不对。

企业提出要做百年老店就是假设。如果企业才创立一二十年，或者更短的时间，做百年老店要经过千难万险，只能是个假设。阿里巴巴要做 102 年老店也是希望做长寿公司的假设。这和追求短期利益，赚笔钱走人，打一枪就换一个地方的假设有本质不同，这个假设会影响企业是否要做出品牌，做出特色，持续投资，以及讲究信用。

要建成世界级公司也是假设。要进入世界 500 强，要努力奋斗在国内同行做到数一数二，然后在世界同行做到数一数二，这个假设需要大家努力去证明。

还有精神层面的假设，比如说有公司提出"有精神凡事就有可能"，意思是只要有一种精神力量存在，什么困难都可能克服，这和"世上无难事，只怕有心人"一样，有些唯心主义的意思，其实是一种假设，是让大家有一种信心、一种追求，有时这种信心还真能成为做成事的关键要素。

"顾客就是上帝"，实际也是假设。虽然顾客有多种多样，企业看待顾客的角度也是各种各样的，但我们选择把顾客当成上帝，认为顾客永远是正确的，有问题要从我们自身找原因，这就是顾客是上帝的假设。

华为公司提出的"我们决不让雷锋吃亏，奉献者定当得到合理的回报"，也是假设。企业管理也有不到位、不完善的时候，有的人做了雷锋，可能没被发现，没能得到合理的回报，又该怎么办呢？实事求是地讲，管理不可能没有一点漏洞。如果把它作为一种假设，允许其努力去完善，就是一个促进管理不断进步的假设了。对管理者来讲，要认认真真去考评，去观察，发现雷锋，合理评价。

对做了雷锋的人来讲，要相信这个假设，也要实事求是去考虑管理的难度，即使做好事一时没被发现，也要继续努力去做，或者通过规定渠道反映自己做雷锋的行为，主动要求合理回报的雷锋也是雷锋——是维护和完善公司分配机制的雷锋。这个假设是激励大家更多地去做雷锋。如果大家都觉得学雷锋吃亏，任凭企业怎么提倡，口头上没人反对，行动却也不见得多么积极。一般人不按照提倡的做，而按照考核的做；不按照吃亏的做，而按照有利的做。机制上保证并通过改进更好地保证做雷锋的员工不吃亏就好了。

公司决策不像政治上的民主选举那么简单——只要过半数就行。华为公司的决策原则假设是"从贤不从众"。贤是贤者、聪明人或者是好主意的意思，众是众人、多数人的意思。所谓民主决策，一般是少数服从多数，2/3 通过或者过半数就行，这比较简单。但是，从贤不从众的原则，能做得好吗？怎样才叫贤？好像不容易说清楚。实际上这是一个假设，背后的支撑假设是什么？那就是，多数人同意的决策不一定是正确的，真理也可能掌握在少数人手里，甚至可以说真理往往掌握在少数人手里。不必要什么事情都用完全民主的形式来决定，尤其是企业。企业的决策和社会上的政治决策不大一样，社会上的政治决策典型的是选举，一人一票，权利平等。然而企业决策并不是为了履行民主形式，更重要的是它要得到市场的认可，满足客户的需求而不仅是民主的程序，所以企业决策就需要更深入地讨论，真正找到贤者和贤策。

企业决策对错的最终证明不是民主程序，而是成果，企业决策的最终认可不是多数人，而是顾客。

二、为做出理性选择——道路

文化是理性的。文化作为价值观，是帮助企业认真思考、做出选择的一个工具，而且是理性的，不是情绪化的工具。有的企业一讲文化就讲人情，就讲主观感性的东西，其实不对。企业的本质是什么？我们前边说过，企业的本质就是功利组织、经济组织，是创造价值、创造财富的组织，它一定要完成它的经济使命。我们认为，文化就是影响和决定企业如何达到功利目的的要素。这就是管理学的基本假设：文化决定战略。

第一，决定战略上做什么不做什么。文化决定战略取舍。文化导向定下来，战略就有了方向和领域边界。举例来说，《华为公司基本法》第一条就提出"永不进入信息服务业"，就是基于文化的投资领域选择。首先，通信设备制造商做信息服务业，就是和客户抢生意，这不符合"以客户为中心"的价值观。其次，进入信息服务业就是公司失去了市场压力传递的机制，不符合"以奋斗者为本"的核心价值观。

第二，决定理念上提倡什么反对什么。人做事情都有理念的支撑，企业要对自己提倡什么和反对什么进行界定。如康佳集团的"八要八不要"。

康佳集团中层干部守则

我自愿并荣幸担任康佳集团新一届中层干部。中层干部在康佳事业发展过程中，是承上启下的重要中坚力量。我在聘期内一定做到：

要热爱康佳，不要离心离德；

要敢于创新，不要故步自封；

要敬业尽职，不要得过且过；

要团结合作，不要扯皮推诿；

要令行禁止，不要阳奉阴违；

要好学上进，不要骄傲自满；

要廉洁奉公，不要损公肥私；

要鼓舞士气，不要涣散人心。

第三，决定价值观上什么第一，什么第二。我们前面所讲企业的相关利益群体就有价值观排序要求，把投资者放第一，还是把客户放第一？把员工放第一，还是把社会、国家放第一？这不仅是说说而已的观念和原则，而是会影响行为导向和利益分配的。如烟草总公司的两个至上：国家利益至上，消费者利益之上，是没有排序的说法（在云南楚雄等烟草产地，以前还有烟农利益之上的"三个至上"提法）。国人不喜欢逻辑清晰，喜欢模糊处理。所谓"至上"，便是最高的准则。至上有其唯一性，不可以有多个准则都至高无上。好比奥运会比赛，冠军只能有一个，一下子出现三个冠军就不知如何是好了——难道要领奖台齐平，同时奏三个不同国家的国歌？友谊第一、比赛第二作为政治原则可以，一旦操作起来就乱了套。

价值观排序就是要符合逻辑地选择到底谁是第一。因此，如果客户利益、股东利益和员工利益具有内容不同、相互区别的三个利益，那么我们必须给出一个顺序。例如，当企业管理者进行决策时，需要对上述三者利益进行考察。当三者利益统一时，应依据制度规则做出决定。但当三者利益有冲突时，就应该按照明确的价值观排序做出决定：如将客户利益置于员工利益之上，将员工利益置于股东利益之上。也就是说，客户第一，员工第二，股东第三，否则就无从做出决定。

企业在价值观上要做出理性选择，当然也不是非此即彼，非黑即白的矛盾，企业可以运用灰度思维模式，决定在不同的情况之下把不同利益群体放在第一。如推崇大家庭文化，把员工利益放在第一的企业，在市场竞争激烈、客户交货期紧张时，就应该有部分员工牺牲短期利益、放弃休假，加班、赶工满足客户利益。平时重视股东权益至上的公司，企业资金紧张时，股东就可能需要减少分红，追加投资，以保证企业渡过难关。当有客户利用甲方地位强求企业生产违规违法产品时，就不应该僵化地坚守"客户就是上帝"的价值信条了，那叫同流合污。

有的企业喜欢打马虎眼，说空话套话，不想在文字上做价值观排序，就狡猾地在不同场合做出发言上的不同排序——见不同的人说不同的话，开股东大会时强调投资者至上，见客户时说消费者至上，在供应商大会上就讲供应商至上，内部员工开会时就又变成员工至上，跟政府官员见面时，开口闭口是国家利益、政府利益至上。这样的见风使舵看来聪明，实则无原则、无立场，只为了投其所好。以口头的敷衍应承，掩盖自己文化建设上的懒惰，久而久之会失去人心。

依据文化做出的理性选择，是决定企业基本定位的。比如：做什么市场，不做什么市场；推广什么技术，不推广什么技术；和谁合作，不和谁合作；谁可以做干部，谁只能当工人，谁连工人都当不了等。文化就是一种选择标准，标准有了就可以衡量，就可以做出果断和明确的决策。

文化决定做正确的事，技术和管理决定正确地做事，这就是它们的区别。

深圳有个朋友做医药流通业，公司在中国香港上市。他信佛，以前想学医没学成，但喜欢行善，所以觉得卖好药，是行善事，他选择历史悠久、品牌知名、有利于人们健康的好药引进来销售，经营得相当不错。后来遇到一个利润率很高的投资机会，是在格鲁吉亚创办烟厂，众所周知，烟草业利润很高，比卖药还有吸引力，那里经济还不太发达，市场和资金上没有问题，当地政府又给予巨大支持。但是做还是不做？他有点拿不准，拿了几百万元做了调研，也没有尽快推动。他的苦恼在哪里？从做企业的角度讲，什么项目赚钱多做什么无可厚非，追求利润是企业的本质目的。但仔细想想，这事对他也是个难题——他信佛喜欢做善事，但做烟厂卖烟鼓励人抽烟总不是个善事吧，虽然卖药和卖烟都赚钱，但这是矛盾的两件事情。这边卖好药而且还是清肺治嗓子的，那边卖烟是把肺和嗓子搞坏的，他总觉得这边干善事，那边干坏事，两个事加在一起这一辈子干的事就基本清零了。因此，当他问我该怎么办时，我说，这种决策不是根据利润原则，而是根据价值观原则来决定的，你如果不能确定自己的核心价值观或者说人生观准则，就不会知道到底做企业是为什么？不明白什么钱该赚，什么钱不该赚。他最后决定放弃了那个烟草项目，选择了集中精力、财力，持续做好善事的道路。

企业文化就是道，包括道路、道理和道德。做企业要追求功利这个终极目标，但是具体怎么追？怎么走？文化帮你来界定道路，讲清道理，坚守认可的道德。企业要赚钱，那黄、赌、毒、走私做不做？因为这些事比一般企业更赚钱。文化不同，选择各异。有 A 文化的企业选择做，有 B 文化的企业选择不做。

黄、赌、毒、走私不做，那你是否只要有钱赚，哪怕很小的买卖都做？如你的企业规模、实力很小，在同业同地做不到第一、第二，你还做不做？有的企业不在乎，无所谓大小，只要赚钱，就是排到第八百位、第一千位也做。但是，坚持"数一数二"价值观的如美国 GE 公司就不做，它认为做不到业内第一、第二地位的项目和产品就要放弃，赚小钱没意思。这就是价值观不一样。

我们一直讲企业是功利组织，那请问，不赚钱的事情你做不做？做企业有社会责任，不能光顾自己赚钱，还有做慈善，不赚钱还要花钱，要捐钱，做不做？香港的霍英东先生，是给文化教育、体育事业等捐了 150 多亿元的慈善家；大陆各地大学等机构到处是邵逸夫先生捐钱盖的逸夫会议中心。你如何看待企业的赚钱、花钱和捐钱，也是价值观问题。这是一个更宽的思考领域，是超越利润、超越功利的一种境界，但它并不否定利润、功利这个基础，这是我们必须要清楚的关键点——因为企业毕竟不是纯粹的慈善组织。比尔·盖茨创立了世界最大的基金会，投入几百亿美元，做了很多慈善事业，但是微软公司依然是每天能赚很多钱的公司——赚钱的源泉和捐钱的出口之间是一个很好的配合：这边微软公司是实现功利目的的企业，那边基金会是实现慈善目的的事业，两者相辅相成。企业搞不好，源泉干涸，基金会的事情也不可能长期做下去。所以，人可以做好企业家和慈善家两个身份，从更高、更宽的层面和视野去思考。有文化的灵魂、有理性的选择使它能够长久、健康、持续地存活发展下去。

三、为激活精神力量——梦想

如果你在没有电灯的农村生活过，你大概会有这种经历，在没有月亮的晚上，你出门走路，伸手不见五指，深一脚浅一脚地，瞪大眼睛什么光亮都看不见，只有旁边房屋的黑影，和你记忆中的路况，你会非常害怕，有时候为了给自己壮胆，你还会喊几声。但如果前面远远的地方哪怕有个很微弱的灯光，就会让你觉得安心一些，就能壮起胆子往前走。这微弱的灯光给人一种安全感，一种精神力量。记得我多年前曾经去过一次京郊雁栖湖，以为晚上出来散散步挺浪漫的，来到酒店外边才发现眼前一片漆黑，别说道路了，任什么都看不清，一股恐惧感袭来，扭头我就跑回酒店了。

企业文化，是否有这样一盏明灯的作用呢？尤其是当企业遇到前途比较渺茫、奋斗很长时间也看不到终点的绝望时刻，企业文化就好比在黑暗里走路看到的那丝微弱的光亮一样，给员工以希望，以安全，这支队伍就能坚持走下去。

美国作家欧·亨利写过一篇有名的短篇小说，叫《最后一片叶子》，故事讲的是穷画家琼珊得了重病，在病房里看着窗外对面树上的常春藤叶子不断被风吹落，她认为最后一片叶子的凋谢代表自己的死亡，于是她失去了生存的意志，说等叶子全掉光了自己的生命也就走到尽头了。医生也认为再这样下去琼珊会很快死去。贝尔曼，一个伟大的画家，在听完别人讲述琼珊的事情后，夜里冒着暴雨，用画笔画出了一片"永不凋落"的常春藤叶，正是这片最后也没掉下去的叶子，让琼珊重拾对生命的希望，最后竟然奇迹般地康复了。

当我们遇到一些自己不能左右的事情，使人心灰意冷的事情时，文化会激发心理力量，激发梦想，文化为我们找到那线希望，找到那点灯光，找到那片树叶。引导大家走出低谷，度过那段黑暗。文化大纲中提出的愿景、使命等，给员工以希望，给工作以意义，给组织以激励。你会忘掉一天天努力产生的辛劳，不断重复反复产生的枯燥，从平淡中找到不平淡，从平凡中发现不平凡。

第三节　理念、口号、行动

一、为构建价值体系——理念

大多数企业的价值观总有一个简洁的体系。

如 IBM 的核心价值观是：成就客户、创新为要、诚信负责。三星公司的核心价值观是：人才第一，追求卓越，引领变革，正道经营，共存共赢。丰田公司的丰田纲领是：上下一致，至诚服务，产业报国，开发创造，超越时代，追求质朴，温情友爱，亲如一家，尊崇神佛，报恩感谢。麦当劳的核心价值观是：以人为本，优质、服务、清洁、价值。百事公司的核心价值观是：尊重、正直、沟通、卓越。但有的也就一句话，如迪士尼公司的核心价值观是：健康而富有创造力。

新希望集团的核心价值观包括五个方面：顺潮流而动的发展观、以实业报国的经营观、讲义利兼顾的形象观、树成本意识的管理观、创百年老店的企业观。远大公司的核心价值观为"七不一没有"，有些像行为守则：不污染环境、不剽窃技术、不蒙骗客户、不恶性竞争、不搞三角债、不偷税、不行贿，没有昧良心行为，创造客户价值。苏宁电器的核心价值观像对联：做百年苏宁，国家、企业、员工、利益共享；树家庭氛围，沟通、指导、协助、责任共当。长虹的核心价值观讲究六个同在：祖国与公司同在，事业与家庭同在，个人与集体同在，竞争与团结同在，务实与创新同在，批评与自我批评同在。华夏银行的核心价值观就四个字：以人为本。宝钢股份的核心价值观够简洁：诚信、协同。

如果把价值观分类，我们可以看到价值观体系中有四类，即核心价值观、目标价值观，基础价值观和辅助价值观，如图5-1所示。

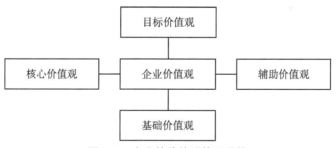

图5-1　企业的价值观体系结构

核心价值观应该是企业现在能做到，又希望长期坚持不变的，力求几代人传承的价值观，相当于信念和信仰。比如诚信，比如奋斗，比如持续改进。

目标价值观的基本内容比较理想，可能现在难以做到，或者说仅仅少部分人具有这种价值观，把它提出来，形成牵引，希望大家努力去做，未来争取做到的价值观，比如国际化，比如世界一流。比较远大的目标价值观不宜提得太多，比如说文化大纲有二十条，十几条全是目标价值观，只有两条能够做到，大家会认为提得太高了、太空了。目标价值观要坚持理想主义和务实主义相结合，以务实为主的原则。另外，目标价值观不能损害核心价值观，目标价值观的界定不能和现在的核心价值观形成大的矛盾和冲突，否则员工就不知道该怎么办了。例如，企业处于成长期，核心价值观提倡员工在比较长的一段时间内以客户为中心，聚焦工作，提倡奉献精神，加班加点。但同时企业又说：我们的奋斗目标是，既要工作又要生活，既要勤奋还会享受，搞好平衡。企业说的可能是十年以后的事，但这样会搞乱大家的思想：现在勤奋工作，万一未来享受不到生活呢？这样的提法，可能会与核心价值观冲突，让员工糊涂。如果企业能在奋斗、奉献之上再加点危机意识，加点艰苦奋斗等，效果可能更好。

基础价值观构成企业员工要遵守的底线，可能以行为守则的形式表现出来。如上文提到的远大公司的"七不一没有"就是基础价值观。

辅助价值观可能是企业长期形成的某些惯例，大家已经约定俗成，变为无意识了。辅助价值观有时没有明文规定，因此不容易传递，新来的人可能由于不了解而造成误解和不适应。这可能需要老员工做导师，通过日常工作给予指导，争取尽快养成。

二、为形成语言体系——口号

企业文化是组织文化，要传递，要宣传，要形成影响力。不能总是"讷于言，敏于行"。你说你的企业有优秀文化，那你总得给我们说一说，让我们听一听吧。你说的内容总得让我们有感触，能记住吧。虽说内容比形式更重要，但没有形式的内容是无法存在的。所以，文化建设应该形成某种口号或符号。人们一般说文化是空的，只喊口号，没有行动。只把标语贴到墙上，没贴到心上，其实文化需要一种合适的表现形式，写得好，喊得响，记得住，会很激励人心，变成大家的行动。很早以前,深圳特区刚建立时,有个口号叫"两个就是":"时间就是金钱,效率就是生命。"现在听来无所谓,当时人们听起来可是个耳目一新的口号。在 20 世纪 80 年代初期,提出重视时间、金钱、效率、生命这样的理念是个很大的进步。

我们在给深圳华侨城做《华侨城集团宪章》时,也是模仿这种"两个就是"的口号和语气,提出了"六个就是":规划就是财富,环境就是资本,结构就是效益,知识就是优势,激活就是价值,创新就是未来。这"六个就是"围绕华侨城经营管理的多方面目标追求和价值观形成体系,又采用了深圳人比较习惯的口号形式,很有效果。华侨城集团,是深圳特区中的特区,如何营造好这个 4.8 平方公里的特区,需要有自己的规划,营造好自己的环境,调整好产业结构,活用好人才的知识,需要去激活闲置资源,要不就没有价值,而且要不断创新才能抓住未来。企业不仅要有自己的特色产品和服务,还要有特色语言、口号或提法来界定或表述自己的文化。

道可道,非常道,企业文化理念可能是一致的,但如果有微妙但重要的区别,表述出来有自己的语言特色,是需要下一番功夫的。如华为公司,它的文化是通过一些有特色的语言表现出来的。通常我们说学习雷锋精神,它说"决不让雷锋吃亏,奉献者定当得到合理的回报"。企业需要从分配机制上考虑员工为企业做出的贡献,不能光口头表扬,发个奖状,企业一定要给出合理的利益回报,这样就会培养出更多的奉献者。表面上这是一个口号,但这个口号引人深思,本质上是华为公司在分配机制上一个非常重要的假设。

我们提倡艰苦奋斗精神,华为公司的口号是"思想上的艰苦奋斗",它强调的是思想上的艰苦奋斗精神,而不是物质上的。物质上的工作条件、生活条件能做多好,就努力做到多好,但是希望员工在好的物质生活条件下,依然能继续奋斗,继续为公司去拼搏。物质条件好的时候保持思想上的艰苦奋斗精神,可能比物质条件差的时候更难。一般人可能有车、有房、有钱、有势,就小富则安,不想继续奋斗了。所以这是对干部的更严格要求。

　　我们提倡企业干部能上能下、能左能右、能进能出，说起来挺简单，实际运作起来不容易。华为公司的口号是"烧不死的鸟就是凤凰"。伴随公司工作的需要，伴随工作业绩的起伏，干部的职位会不断调整，甚至降得很低，有时业绩完不成的降职可能是客观环境原因而非个人能力问题，降职是对干部的一种磨炼，看看干部能不能经住这样的压力甚至冤屈。

　　企业文化中经常有团队精神之类的提法，但是"团队"或"团结"这两个字用什么样的语言去表述才好呢？华为有个口号叫"胜则举杯相庆，败则拼死相救"。也就是说，它的团队精神、集体奋斗是围绕工作成效，目标完成好坏的需要而发动和形成的。平时每个人该做什么就做好自己的事情，需要别人帮忙、支援，需要求助时，才显出团队精神。这样就产生了一个"正向按计划去分解目标，逆向按求助去实现目标"的机制和文化，大家既做好本职工作，又用好公司平台，共同支援做好事情，而不只是"种好自己的自由地"。

　　山西富山公司，提出来一个包含很多简明易记口号的文化体系，挺有意思，叫"八大信条"。它是按照一二三四五六七八来排列的，好记、有条理、易理解。一个信念——服务健康、客户至上；两个兼顾——兼顾客户满意，兼顾企业利益；三不谈论——不谈论上级是非，不谈论同事长短，不谈论不利于企业形象的话。还有四不放过，五个坚持，六个永远，七个牢记，八个目标等，在此不再赘述。他们把这些观念、守则、追求，通过一个体系整理出来，然后在季度大会、在员工手册、在各种培训中，一遍遍让员工复述、宣誓，慢慢就变为员工熟悉的观念、语言和行为习惯了。

　　当我们去某些公司参观时，经常会看到厂区、办公室贴着各种口号、各种标语，有些让人很有感觉，你知道企业在提倡什么，反对什么，重视什么，约束什么。有的口号平淡无奇，如"建设学习型组织"，好像没啥味道，然而有的企业不是这样，它叫"时时学点新东西，处处垫高你自己"。提醒员工工作和学习不是"两层皮"，要时时事事处处用心学习，在工作中学习，不断改进改善自己的工作。如果引导员工不要把心思单纯用在挣工资上，还要考虑学到东西、不断进步时，工作的感觉应该是不一样的，员工会有成长的收获。

组织讲究"下级服从上级，工作服从纪律"等，但要使它成为一个鲜明的口号该怎么办呢？有的公司是这么说的："要么领导、要么服从、要么离开。"在公司有三种选择，做领导的要认真履行做领导的职责，带领大家努力工作；做下属的就是服从领导，坚决执行，认真完成给定的目标；如果这两个都做不到，那企业就没有你的位置了，你可以选择离开。这种口号不是提倡，更像一种提醒。还有的口号可能比这个更刺激，如蒙牛公司说："如果你有智慧，请你拿出来；如果你缺少智慧，请你流汗；如果你既缺少智慧，又不想流汗，那请你离开。"这个口号不仅是提醒，还有点警示。

口号可以根据不同的说话方式和语气，起到不同的影响作用。有的可能人情味差一点，如大家都很熟悉的一个口号，叫做"今天工作不努力，明天努力找工作"。有的企业做得很绝，为了强化这条口号，把它挂在员工上班必经的公司大门口，写在一个很大的条幅上，让员工们心里一动，赶紧往办公室或车间里走，一到办公室门口或车间门口，又看到一个对联，上边写的什么？还是那句话，"今天工作不努力，明天努力找工作"，只是变了个字体，员工心里又"扑腾"一跳，抓紧往办公桌或生产线上跑。到了办公桌和生产线前，看到面前又有一个小标牌，还是那句话，"今天工作不努力，明天努力找工作"。一天受三次刺激，感觉会怎么样？企业是想通过这个口号在这一时期强化、强化、再强化努力工作的氛围。

三、为制定行为规范——行动

我们的社会正由原来的身份制转变为协议制。在过去，是干部身份还是工人身份，是市民身份还是农民身份，是亲属身份还是外人身份，分得很清楚，今天在往协议、合同、契约制转变。协议有两种，一种是法律意义上的，另一种是文化意义上的。法律上的有劳动合同书，文化上的有干部承诺书。有些没有那么清晰，但企业文化价值观里写了，员工要成为公司的优秀员工，要被提拔为干部，就要认同这些价值观，如员工要有敬业精神、奉献精神、有责任心等。更明确一些的是企业所制定的行为规范，如员工行为规范、干部行为规范、商业交往规范等。

规范比口号更接近行动，是员工的言行准则。如有的企业规定开总结会时的"三讲三不讲"原则。开会时，与会者都要发言，但要保证建设性地开会，就规定了"讲主观不讲客观，讲内因不讲外因，讲自己不讲他人"的原则。员工要发言就按照这三条原则来，否则别说话。员工要学会自我批判，自己应该改进什么？主观上自己应该怎么努力等。

我们把这个"三讲三不讲"原则，扩展成了"六讲六不讲"，即除了前面三条之外，再加上"讲贡献不讲功劳，讲办法不讲借口，他人讲时自己不讲"。这样，会议主持人不用多讲话，与会者必须发言，又必须保证不违反这些原则，自然能保证会议的效果。

前面提到的富山公司的"三不谈论"，也是言行准则约束。不谈论上级是非，是为了维护领导权威和形象。不谈论同事长短，是反对同事间嚼耳朵，传小道消息，甚至捕风捉影，造谣生事，互相猜疑。不谈论不利于企业形象的话，是要求员工有公司人意识，不能泄私愤对外去说有损公司形象和利益的话，只要旁边有外人在，哪怕在家里，在电梯里，只要不都是公司内部人时，就不能随意说公司内部的事情，更不能涉及公司秘密。

规范也可以是规矩、作风、纪律规定，从这个角度讲的文化更像制度。在军队里更明显。如解放军的"三大纪律八项注意"，就是用一些通俗的、易于理解的、具体的条文来约束战士的言行。中共中央的"八项规定"和"六项禁令"就是规范。以前的反腐结果是越反越腐，原因之一是仅从口头上落实到文件上，没有从文件上落实到行动上。而"八项规定"和"六项禁令"就是从行动上开始的党内文化建设，从矫正行为到矫正言论，从矫正言论到矫正思想观念，再由正确的思想观念形成习惯的正确言行。治本先治标。不从治标开始，光强调治本，或者原则性地强调标本兼治，结果就什么都治不了。

八项规定

一、要改进调查研究，到基层调研要深入了解真实情况，总结经验、研究问题、解决困难、指导工作，向群众学习、向实践学习，多同群众座谈，多同干部谈心，多商量讨论，多解剖典型，多到困难和矛盾集中、群众意见多的地方去，切忌走过场、搞形式主义（以上为原则）；要轻车简从、减少陪同、简化接待，不张贴悬挂标语横幅，不安排群众迎送，不铺设迎宾地毯，不摆放花草，不安排宴请（以上为规定）。

二、要精简会议活动，切实改进会风，严格控制以中央名义召开的各类全国性会议和举行的重大活动，不开泛泛部署工作和提要求的会，提高会议实效，开短会、讲短话，力戒空话、套话（以上为原则）。未经中央批准一律不出席各类剪彩、奠基活动和庆祝会、纪念会、表彰会、博览会、研讨会及各类论坛（以上为规定）。

三、要精简文件简报，切实改进文风（以上为原则），没有实质内容、可发可不发的文件、简报一律不发（以上为规定）。

四、要规范出访活动，从外交工作大局需要出发合理安排出访活动，严格控制出访随行人员，严格按照规定乘坐交通工具（以上为原则），一般不安排中资机构、华侨华人、留学生代表等到机场迎送（以上为规定）。

五、要改进警卫工作，坚持有利于联系群众的原则，减少交通管制（以上为原则），一般情况下不得封路、不清场闭馆（以上为规定）。

六、要改进新闻报道，中央政治局同志出席会议和活动应根据工作需要、新闻价值、社会效果决定是否报道，进一步压缩报道的数量、字数、时长（以上为原则）。

七、要严格文稿发表（以上为原则），除中央统一安排外，个人不公开出版著作、讲话单行本，不发贺信、贺电，不题词、题字（以上为规定）。

八、要厉行勤俭节约，严格遵守廉洁从政有关规定，严格执行住房、车辆配备等有关工作和生活待遇的规定（以上为原则）。

可以看出，这"八项规定"是具体、可操作的。而下面的"六项禁令"就更接近规范而非原则了。

六项禁令

一、严禁用公款搞相互走访、送礼、宴请等拜年活动。各地各部门要大力精简各种茶话会、联欢会，严格控制年终评比达标表彰活动，单位之间不搞节日慰问活动，未经批准不得举办各类节日庆典活动。上下级之间、部门之间、单位之间、单位内部一律不准用公款送礼、宴请。各地都不准到省、市机关所在地举办乡情恳谈会、茶话会、团拜会等活动，已有安排的，必须取消。各级党政干部一律不准接受下属单位安排的宴请，未经批准不准参与下属单位的节日庆典活动。

二、严禁向上级部门赠送土特产。各地各部门各单位一律不准以任何理由和形式向上级部门赠送土特产，包括各种提货券。各级党政干部不得以任何理由，包括下基层调研等收受下属单位赠送的土特产和提货券。各级党政机关要严格纪律要求，加强管理，杜绝在机关收受和分发土特产的情况发生。

三、严禁违反规定收送礼品、礼金、有价证券、支付凭证和商业预付卡。各级领导干部一定要严格把关，严于律己，要坚决拒收可能影响公正执行公务的礼品、礼金、有价证券、支付凭证和商业预付卡，严禁利用婚丧嫁娶等事宜借机敛财。

四、严禁滥发钱物，讲排场、比阔气，搞铺张浪费。各地各部门不准以各种名义年终突击花钱和滥发津贴、补贴、奖金和实物；不准违反规定印制、发售、购买和使用各种代币购物券（卡）；不准借用各种名义组织和参与用公款支付的高消费娱乐、健身活动；不准用公款组织游山玩水、安排私人度假旅游、出国（境）旅游等活动；不准违反规定使用公车、在节日期间公车私用。

五、严禁超标准接待。领导干部下基层调研、参加会议、检查工作等，要严格按照中央和省委的有关要求执行。

六、严禁组织和参与赌博活动。各级党员干部一定要充分认识赌博的严重危害性，决不组织和参与任何形式的赌博活动。

作为言行准则的企业文化，是企业的基础价值观。它要求公司员工必须做到最低标准，富山公司规定为"四不放过"：第一，完不成销售任务不放过。该怎么考核就怎么考核，别说理由，不听借口。第二，贪污兼职做假账不放过。这种错误都是违法问题了，不可能姑息。家里有困难做错了，也认错了，可能值得同情，但是不能放过。第三，不服从上级领导不放过。公司是个组织，是个整体，上级领导的指令不理解也要去执行，有意见以后再说，要维护企业的执行力。第四，不执行公司决定不放过。这一条是针对领导的。公司集体决定的事情，不论是谁，必须执行，以保证公司决策的权威性。四个"不放过"说的都是按规则去做，就是一种底线原则，遇到这样的行为绝不手软。这不是在整谁，而是为了按规矩办事，不搞下不为例。

建设企业文化不是为了修身养性。读者可以思考这样一个问题：你赞成"严于律己，宽以待人"的观念吗？在家里自我要求可以，在现代企业组织里，这种观念是很有问题的。首先，面对同样的规则，处理时对别人宽一点，对自己严一点，那结果怎么能公正？其次，想宽就能宽些，想严就能严些，证明规则定得太模糊，伸缩空间很大，最基本的底线都不清楚，怎么操作？最后，如果对己对人能不同要求，那么对事不对人的原则又跑哪去了？听起来是个不错的观念，细想起来想做个好人可以，要做好组织的领导会有问题，因为对己严，对人宽，是用在修身养性上的，不是用在企业管理上的。个人修养和组织文化要有区分。

但是，我们认为，从企业文化建设角度看，严，用来管干部，宽，用来管员工，则是可以的。正如任正非所言："我们对待员工，包括辞职的员工都是宽松的，我们只选拔有敬业精神、献身精神、有责任心、使命感的员工进入干部队伍，只对高级干部严格要求。""不必要求一般员工那么纯洁，花上这么多精力去审查他们，高标准要求他们，他们达不到也痛苦。他们只要做好自己的本职工作就可以了。"

第四节 纽带、土壤

一、为强化组织联系——纽带

企业文化是一条把组织从上到下、由内到外联结起来的纽带，尤其是当企业做大了以后，成为企业集团，有公司总部，有各个部门，还有各个子公司。行业还可能多元化，而且分散在全国各地，甚至世界各地，这时企业文化的纽带就显得尤为重要了。集团企业的纽带一般包括七条。

第一，资本纽带。投资者是一家，通过资本的联系，使大家感觉到亲近和团结。如日本的财团企业三井系、住友系、丸红系、三菱系等。中国也有中信系、招商系、清华系等。

第二，人事纽带。有资本投资就可以派人去担任董事长、董事、总经理或者财务总监等，通过人事安排形成联系。如某老板作为控股股东，担任集团内多个公司的董事长。

第三，市场纽带。通过在市场宣传，设立办事处、物流中心、分店、经销商等，形成市场和营销活动上的联结。

第四，技术纽带。通过共同研究、合作开发、技术交流、专利共享、技术标准制定等形成技术平台。

第五，信息纽带。通过担当董事了解公司高层的各种信息，通过各种文件、信息方面的传递，让大家有更密切的联系。

第六，地域纽带。通过如华东区、东北区、西北区等各种区域内外合作，也可以形成一种纽带。

第七，文化纽带。通过文化建设、价值观认同、习惯养成，辅之以着装、共同语言、共同的故事等，使大家虽然不在一个地方工作，不经常见面，也能感觉是一家人。

俗话说，不是一家人，不进一家门。文化的纽带作用不仅是在企业内部，在企业间发生业务关系或者实行兼并重组时，文化的纽带作用更为关键，如很多文章讨论中国企业"走出去"的跨文化管理问题，讨论并购重组企业的文化整合问题。

文化可以比作纽带，也可比作血型。不同文化的人在一起，就好比不同血型的人输血，弄不好要患溶血症。韦尔奇曾经说过："我们放弃了许多高科技企业的收购，就是因为这些企业和我们的文化不一致。"企业成长必须保持自己文化的统一性，不能一缺血就胡乱输血！某并购对象有技术、有产品、有前途，但文化上不能统一，话说不到一起，就坚决不做。韦尔奇把保持 GE 的文化统一放到并购考虑的第一要素。

以并购重组见长，并取得很大成功的美国网络业公司思科，就有五条并购原则：

第一，并购双方必须有共同的愿景。愿景是企业文化的核心点之一，双方想做成一个什么样的企业，未来走的道路要一致，否则就不要并购。

第二，并购后短期内应该获得被并购公司的普遍认同。要让被并购公司员工信任。如果并购后很长一段时间大家还互相较劲，互不信任，这次并购就有问题。相互认同和信任，是重要的文化要素。

第三，双方长期战略应该一致。这是战略要素。

第四，并购双方应该有文化上的一致性。这是一个狭义的文化要素。如各公司历史上形成的一些工作习惯、仪式、领导风格和工作氛围等。如果差别太大，也会导致以后的冲突和矛盾。

第五，大宗的收购对象距离上不要太远。这是地理因素。

五条原则中有三条属于文化要素。思科公司的策略是，只满足其中三条原则的坚决不碰，能够满足四条的方案可以再等等看。因此，并购时一定要符合一条到两条文化要素。按照思科公司老板钱伯斯的观点，并购买的是人。人的价值观、人做事情的思路和态度是决定并购能否成功的重要因素。我国一些企业并购失败的原因，就是没仔细考虑并购对象和自己公司的文化契合度，只是看财务报表合并、工厂扩张、技术进步，甚至只是为了拿对方一块地，最后大家心合不到一起，路走不到一起，难以发挥并购重组的相乘效果，最后可能不欢而散。

组织间的结合是有机结合而不是机械组合，靠的是文化要素起作用。中日之间搞不好关系，表面上维持友好的氛围，到一定阶段就发生冲突，原因之一是中日间在文化上有着巨大差异，表面的共同利益会形成短暂的合作氛围和政策，涉及核心利益时就各唱各调了。中日之间是文字近似、面相近似、文化不同。如中国重善恶，日本重输赢；中国崇尚儒家，日本崇尚神道；中国人尊士，日本人尚武；中国人斗强，日本人欺弱。

捆绑不成夫妻，政府出面的拉郎配重组合并容易失败，也是文化问题。和义化相关的并购重组有三难：

第一，评估资产容易评估文化难：文化一致性当然可以事前调研分析，甚至定量测评，但往往是一起共事一段时间才能真正了解。但可能为时已晚。

第二，并购组织容易并购人心难：铺盖卷搬到一起，办公室搬到一起容易，但在并购重组公司，谁吃掉谁了？谁和谁是一个单位的？谁是自己人，谁是外人？面和心不和的心态普遍存在，很难真正地互相理解、互相包容。

第三，融合资产容易融合文化难：财务报表容易合并，工厂、设备等融合容易，但如果大家工作追求不一样，理念和做事态度不一样，就很难融合到一起共事。

二、为培育人才种子——土壤

人才是种子，做企业文化是刨松土壤，让人才能够生根发芽，开花结果。我们认为，在目前中国的企业，应该说不缺种子，人才很多，但是怎样才能让人才真正发挥聪明才智，脱颖而出，就需要有一个好的平台，一种机制，这是我们的弱项。像华为公司提出，只有企业到了不依赖人才，不依赖技术，不依赖资金的情况下，才能真正进入自由王国。刚才说人才是种子，现在又说不依赖人才，好像有点矛盾，其实不然。管理，不是强调任何一个要素，而是建立一种平台、一种机制、一个氛围、一种文化，从而吸引人才、吸引技术、吸引资金，并让人才、技术和资金能够充分发挥作用。试想，如果一个企业连人才、技术、资金这几项一般企业求之不得的要素都不依赖，它到底靠什么来生存发展？其实，它靠的是综合协调各种因素的机制和文化。机制是有形的，文化是无形的，文化通过机制起作用。资源是会枯竭的，唯有文化生生不息。机制和文化建设都是在刨松土壤，有利于人才成长。

企业爱才，取之有道。企业爱才并不是唯才是举，取之有道就是认同文化。像联想公司的"入模子"培训，就是取之有道的一种做法。新员工进来时，不管其原来在社会上、学校里是什么样的，到联想公司来，一定首先进行联想文化培训，要成为联想公司需要的"形状"，融入联想公司做人、做事、思考的模子才行。华为公司在员工试用期间，提倡他们重新决定自己的选择，不要浪费自己宝贵的青春。就是要员工在试用期间，再次把公司的核心价值观和自己的价值观进行比对，看到底认同不认同公司的价值观，如果认同，接受，就留下来。如果不认同，也不要强求自己。这就是华为的自由雇用制，选择做什么员工要自主自愿。

企业选才靠的是核心价值观认同，就好比选对象结婚一样，要门当户对，志同道合，这样才能使员工和企业共同成长。山东电力集团提出两条干部原则，一要干事，二要干净。干事就是要把业绩拿出来，要有能力。干净就是一定要廉洁、奉公。换句话讲，干事是要改造客观世界，要做事情，要创造财富；干净是要改造主观世界，有自律并为组织做出贡献。所以企业爱才，取之有道，是让文化来决定到底谁是企业人，谁不是企业人，文化是企业选人的一种标准。

| 第六章 |
How：如何想明白？

第一节　从根基上开始

一、人性假设的根基

如果说企业文化涉及人的价值观，那就一定和人性假设有关系了。企业假设员工是什么人性，或者假设企业需要什么人性的人，就会去建设适合这种人性的企业文化，并选择这种人性假设的人。文化表面看是宣传口号，深入看植根于企业的组织、流程、制度、政策等方面，再深入分析就可以看到其背后的人性假设。

西方较早的人性假设是"经济人"，其来源于经济学，随着管理学的发展，人们又提出了"社会人"、"自我实现人"、"复杂人"、"竞争人"以及"决策人"等假设。

在中国的企业管理实践中，有不同于上述西方研究的角度——善恶观人性假设。善恶观人性假设有以下三种。

第一，人之初，性本善假设。人性是善的，是勤奋的，企业不用怎么去约束、激励，员工也能积极主动地完成工作目标。站在我们的角度，《惠普之道》的假设就是"性本善"。它认为："我们相信任何人都在工作中追求欢乐、完美和创造性，只要赋予他们适宜的环境，他们就一定会成功"。性本善假设，认为人的本质是积极主动的，追求成功，追求成就，有事业心，但是需要环境条件，企业给他创造条件就可以，不用去管理、去限制、去惩罚。

第二，人之初，性本恶假设。人性是恶的，是懒惰的，不去约束他、惩罚他，他可能会偷懒。这种假设，会使企业围绕防备人的"坏"去设计制度，执行也很严格无情，迟到早退、出点问题就罚款，到处都是摄像头监督员工的行为。假设性本恶的企业认为，"顾客是猎物，对手是敌人，员工是嫌疑犯"，你不干掉他，他就干掉你！你不盯着他，他总会磨洋工。这种企业观念就是把市场当战场，把竞争当斗争，容易挑起恶性竞争和做违规违法的事。

第三，人一生，性可塑假设。这种认为人性可塑造、可改变的企业管理者，有一些教育家的情怀，如一般企业的干部原则是"有才无德，限制录用；无德无才，坚决不用"！这个企业却是"有才无德，修德敢用；无德无才，老板没用"。根据这样的观点，企业文化的作用就包括了对人的教育、塑造、引导、培养等功能。

人性假设不同，企业所采取的管理政策手段就不一样。

二、华为的奋斗者假设

在此，我们特别提出"奋斗者假设"。

我们认为，华为公司的人性假设是"奋斗者假设"，但不排斥其他假设。它既不认为人性本善，也不认为人性本恶，也不认为人性可塑。而是认为人性多样化，公司根据核心价值观选择不同的人，放在合适的岗位上发挥作用。华为公司在"奋斗者假设"的管理上，有三个不同。

第一，从组织层面假设人性。以往的人性假设都是从个体层面出发，根据个人需求和动机进行界定，而奋斗者假设的提出则是从组织层面对人性假设进行分类和评价，并提出组织文化可以引导和约束人的需求和动机，并采取措施促进个体目标向组织目标的趋同。

第二，从特定立场假设人性。以往的人性假设都是从抽象的、一般的人出发，根据其一般需求和动机进行分析，而奋斗者假设则是从具体的、有着特定身份和立场的人出发，从其特定需求、动机与企业目标、使命一致认同的角度进行分析，并进行制度设计，从而更接近管理的实践。

第三，不同人性不同激励制度。华为把员工分为劳动者和奋斗者，基于不同的人性假设匹配不同的报酬制度，强调了组织文化和组织机制对不同人的需求和动机的影响，使不同人性的员工都能各得其所，具有组织包容性。

奋斗者假设和传统人性假设有什么不同呢？奋斗者假设似乎接近于竞争人假设，不同的是竞争人以对手为中心，奋斗者以客户为中心。奋斗者假设看来还接近于经济人假设，不同的是经济人更接近交易人格，奋斗者更接近投资人格。

如此看来，华为的奋斗者假设还是很有新意的。并且有一个成体系的管理机制：

第一，奋斗是一种精神。

一个没有艰苦奋斗精神支撑的企业，是难以长久生存的。华为要生存下去，干部就永远不能懈怠。我们要更多地寻找那些志同道合、愿意和我们一起艰苦奋斗的员工加入我们的队伍。我们要唤醒更多的干部认识到艰苦奋斗的意义，以艰苦奋斗为荣。任正非说：华为给员工的好处就是"苦"，没有其他。"苦"后是什么？有成就感、收入有改善、看着公司前进方向有信心……这就是吸引员工的地方。考核干部，要看奋斗意志，要看干劲，不能光看才能。

第二，奋斗是为客户的。

以奋斗者为本的本质其实就是以客户为本，奋斗者应该是为客户而奋斗。为客户服务，为客户创造价值。公司要团结的是有意愿、有能力、能干成事的员工，不是为了团结而团结。

第三，奋斗是群体的。

华为文化的真正内核就是群体奋斗。华为是靠企业文化、精神黏合的。在于它的组织方式和机制，不在于它的人才、市场、技术等。华为是有良好制约机制的集体奋斗。

下一个时代是群体奋斗、群体成功的时代。这个群体奋斗要有良好的心理素质。别人干得好，我们为他高兴；别人干得不好，我们帮帮他，这就是群体意识。

要实现团队的奋斗，协同的奋斗。要从考核激励上将以客户为中心的"胜则举杯相庆，败则拼死相救"的光荣传统制度化地巩固下来。

狼的三大特性之一就是群体奋斗。不能坚持团队奋斗的人，终将被华为淘汰。

第四，奋斗者中也有投资者。

奋斗这个词的含义是很丰富的，以奋斗者为本，不光包含了劳动者，也包含了投资者，投资者也在奋斗，他把自己的钱拿出来，参与其中，他就要承担风险和责任。

第五，奋斗精神是学来的。

我们都是向共产党学的，为实现共产主义而奋斗终生，为祖国实现四个现代化而奋斗，为祖国的繁荣昌盛而奋斗，为把家乡建设得更美丽而奋斗，生命不息，奋斗不止。

第六，用钱来衡量奋斗。

手段上由于华为公司民营体制的局限性，不可能有别的办法，只能是用钱来做度量衡，来测量员工的奋斗。员工是奋斗者，就给他股票，给他奖金。我们不能倒过来，为了股票和奖金而奋斗。如果这样价值观就倒退了。所以我们以奋斗者为本，辅以一些物质激励的手段。

20多年来华为基本是利出一孔的，形成了15万员工的团结奋斗。

第七，分配体系向奋斗者倾斜。

员工在华为公司改变命运的途径有两个：一是奋斗，二是贡献。员工个人奋斗可以是无私的，而企业不应让雷锋吃亏。"以客户为中心，以奋斗者为本，长期坚持艰苦奋斗"就是一种利益驱动机制。以奋斗者为本的文化可以传承的基础就是不让雷锋吃亏，对那些有使命感、自觉主动贡献的人，组织不要忘了他们。

公司的价值分配体系要向奋斗者、贡献者倾斜，给火车头加满油。

公司的薪酬制度不能导向福利制度。如果公司的钱多，应捐献给社会。公司的薪酬要使公司员工在退休之前必须依靠奋斗和努力才能得到。如果员工不努力、不奋斗，不管他们多有才能，也只能请他们离开公司。

"……奋斗者和劳动者薪酬可以不同。我们强调对劳动者要严格按法律来保护。比如说要有带薪休假，超长的产假……什么都行，但是你的工资水平只能与业界相比，而不是华为的内部标准；只拿固定的年终奖励。奋斗者要自愿放弃一些权力，如加班费……但他们可以享受饱和配股，以及分享年度收益。他们的收入是波动的，效益好，他们收入应该很高，效益不好，他们收入比劳动者差。他们的付出总会有回报的。"

第八，激励持续奋斗者。

"只要前头这批人是冲锋的，对他们的激励到位了，剩下的人就前赴后继地跟上，我们就会越打越强……人力资源体系就是要做到导向队伍去奋斗。人力资源体系要导向冲锋，要让队伍去持续奋斗。如何让队伍持续奋斗？怎么考核他，考核方法是什么，这是关键。我们的考核方法，不仅考虑员工和别人比，更要考核他和自己比，看是不是进步了。没进步，自己就下台，换个人上台，这样我们就能新陈代谢，流水不腐。"

"奋斗就是要让基层员工有饥饿感，中层员工有危机感，高层干部有使命感。奋斗精神永远都不能改变，使命感、危机感、饥饿感永远都不能改变，对基层员工可以开放加班申请，要求加班可以给他多安排些加班，让他多挣点钱。中层干部的危机感，就是要硬性淘汰 10%。高层干部要有使命感，高层干部是选拔出来的，不是考核出来的……在奋斗这个问题上我们不容妥协，不奋斗的人，明哲保身的人，该淘汰就坚决淘汰，否则无法保证公司的长治久安。"

三、自我批判的根基

灵魂深处做文化！文化建设涉及清脑和换脑，但不是洗脑。清脑是指干部针对核心价值观的确认，换脑是指干部针对核心价值观的自我批判。这不同于来自外部力量的强制洗脑。

奋斗者是选出来的，不是改造出来的，奋斗者是自愿的，不是被迫的。奋斗者是"自我实现人"，更确切地讲是"自我修正人"。正如任正非所言：人是受动机驱使的，如果完全利用动机去驱使，就会把人变得斤斤计较，相互之间没有团结合作，没有追求了。文化的作用就是在物质文明和物质利益的基础上，使他超越基本的生理需求，去追求更高层次的需求，追求自我实现的需要。但是，作为奋斗者的自我实现人，更微妙地讲应该是自我修正人、自我调整人、自我优化人，华为叫做"自我批判人"。

华为认为，"一个企业长治久安的关键，是企业的核心价值观要被接班人所确认，同时接班人要有自我批判能力"。他们把自我批判能力提高到了前所未有的高度——只有长期坚持自我批判的人，才有广阔的胸怀；只有长期坚持自我批判的公司，才有光明的未来。自我批判让他们做到了今天，他们还能走多远，取决于他们还能继续坚持自我批判多久。

第一，没有自我批判，他们就不会认真听清客户的需求，就不会密切关注并学习同行的优点，就会陷入以自我为中心，必将被快速多变、竞争激励的市场环境所淘汰。

第二，没有自我批判，他们面对一次次的生存危机，就不能深刻反省，自我激励，用生命的微光点燃团队的士气，照亮前进的道路。

第三，没有自我批判，他们就会故步自封，不能虚心吸收外来的先进东西，不能打破"游击队"、"土八路"的局限和习性，把自己提升到全球化大公司的管理境界。

第四，没有自我批判，他们就不能保持内敛务实的文化作风，就会因为取得的一点成绩而志得意满、忘乎所以，掉入前进道路上遍布的泥坑陷阱中。

第五，没有自我批判，他们就不能剔除组织、流程中的无效成分，建立起一个优质的管理体系，降低运作成本。

第六，没有自我批判，各级干部不讲真话，听不进批评意见，不学习不进步，就无法保证做出正确决策和切实执行。

奋斗者的自我批判，不是围绕管理者的，而是围绕客户的。奋斗者的自我批判，不是提升个人修养的，而是为客户创造价值的。奋斗者的自我批判，不是增长自卑心的，而是发现更大发展空间的。

企业的变革分三块：换人，换脑，换规则。具体从哪个开始换起合适？要看企业是想解决什么问题。

企业文化的建设，就是换脑，也就是认同企业的核心价值的过程。进入一个组织，如果员工没有融入组织文化，就会觉得十分别扭，经常挨批评。所以首先要认同组织文化，自觉地改造自己，去适应核心价值观，认同了，接受了，工作起来就有意思，有干劲，学得快，就能跟上企业发展的目标导向和节奏。

有的人有才能，工作有业绩，但不大认同企业的核心价值观怎么办？那就换规则，把文化导向详细渗透和落实到考评考核制度中去，如国际化、集体奋斗、求助系统、自我批判、以客户为中心等，光有个人业绩但不符合各种规则导向，考核出来的分数会影响员工的利益、职位等。规则具有一定的强制性，为了自己的利益员工"假积极"也可以。长期假积极你觉得累，算算账你觉得不值，就可以辞职走人。于是，换规则会鼓励一批贡献者、奋斗者跟上来，也会筛选掉一批不认同企业价值观的人。换脑不换，换规则不干，那就只能是换人了。对于新员工，可以先把企业的核心价值观讲出来，让新员工在试用期间思考是去还是留，然后签合同；对于拟提升的后备干部，要把干部的更严格文化要求提出来，可以在观察期间让他决定是升还是不升，然后签承诺书。

革命式的变革从换人开始，改良式的变革从换脑开始。革命不能从容不迫，建设文化比较适宜温、良、恭、俭、让的方式，慢慢引导，持续改进，不能搞运动。重大的变革可能需要三年至五年，甚至更长的时间。所以，文化变革一般是从换脑开始，然后换规则，最后以换人结束。否则会影响稳定，没有了稳定，就什么事情也干不成了。图 6-1 是开始于换脑的改良式文化变革三阶段。

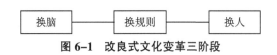

图 6-1　改良式文化变革三阶段

四、文化的根与制度的干

谈到企业文化，就离不开制度（换言之是前面所讲的规则）的话题。前面我们讲到了企业文化的洋葱模型，认为企业文化分理念层、制度层、行为层和物质层，这是文化的四个表现形式。在企业的实践中，制度除了表现文化理念之外，还有另外的很多内容。从逻辑上说，制度要体现文化，但制度不都是文化，不等同于文化；反过来，文化也不等同于制度。因此，企业文化建设中，一定要明确文化和制度的关系。

我们先区别一下制度和文化的不同。从导向上来讲，强制性的国家法律也好，中性的企业内部规章也好，更宽容一些的行为守则也好，都是要求人必须达到的最低标准，达不到就要惩罚。这就是制度的属性。但文化有时不是强调底线，而是引导人们往更高层面看齐，号召人们追求更高标准，它不是强制性的，做到了有奖励，做不到不惩罚。就好比一个人有责任不损害别人，不偷、不抢、不杀人，但是没有责任必须要为他人做好事，要牺牲自己帮助他人。文化不是责任，也不是义务，文化是提倡的一种精神。道德可能比文化更高一点，讲的是要做一个高尚的人，一个纯粹的人，一个为人民服务的人，一个伟大的人。在社会上就是雷锋精神，在企业组织里就是优秀干部员工。

那么文化和制度到底有什么样的关系呢？我们认为有四种关系。

第一，以文化来指导制度的建立和完善。企业有文化，制定制度时就要考虑如何和文化保持一致性，以文化为核心和指导原则来形成制度、完善制度和修改制度。

第二，以文化来弥补制度的不足。在不断变化的竞争环境中，制度很难做到十分完备，有时是有缝隙的，文化就是靠自觉自律来弥补制度缝隙，文化的氛围会影响到大多数人。员工迟到、旷工，靠制度只能罚款，但不能挽回市场机会的损失。有了文化的力量，员工可以主动加班甚至提前上班！产品的问题靠制度只能在流程和技术改造上去解决，有文化的话，员工可以积极主动去发现问题，提出建议，把问题消灭在萌芽状态，或者预防问题发生。如果非要按制度规定的去要求，不是员工的职责他可能装作看不见，多一事不如少一事，如果员工有责任心的话，他会主动去提醒和维护企业的利益。

第三，以制度来引导文化认同和合法化文化认同。文化有了，原则有了，号召有了，但有时变不成行动，很多人跟不上，或做不到，所以文化认同需要制定评价制度、承诺制度等来引导，通过明确的制度条文来激励和合法化。决不让雷锋吃亏，分配要向优秀员工倾斜，就是用物质文明巩固精神文明。如对员工宽容一些，对干部严格一些的原则，也可以在干部制度上表现出来。员工加班有加班费，干部要按照成果目标考核，完不成目标的加班不算加班费等。

第四，以制度来避免文化的过度动荡。没有制度流程，以人为本可能变成以领导为本，一朝天子一朝臣。领导换人，原来的文化、战略、项目都不承认，推倒重来，就可能引起组织动荡。如果有程序化的制度，把文化建设和修订的程序、组织、时间周期详细规定下来，就能保证不发生企业内的"文化大革命"，制度化地保证接班人对文化的认同，接班人的自我批判能力，使文化具有延续性、继承性，以及文化再造的合理性、合法性。

文化、制度和绩效的基本关系如图6-2所示，文化之根，通过制度之干，促进绩效之果。

图 6-2 文化与制度的关系示意图

第二节 在目的上明确

一、权力智慧化目的

文化建设首先是权力智慧化的过程。企业创始人在企业成功发展到一定阶段后，会掌握绝对的权力和威望，个人色彩、人格魅力、一言一行都会产生巨大影响力，但同时，个人权威主义可能会导致一言堂，个人经验主义可能会影响对环境的应变，成功中会萌发失败的芽苗。文化建设就是要淡化企业家和过去功臣的个人色彩，把企业家式的行为转变为职业经理人的行为，将抓机会为主变为抓战略为主，通过规范的组织运作，来避免企业家行为中的情绪波动、知识局限、能力不足等造成的决策失误。好比"把权力装进文化和制度的笼子里"，靠民主决策、集体管理，来约束个人权力，发挥高层集体智慧。如按照战略目标建立各种决策委员会，如实行从贤不从众的谨慎决策机制，如坚持继往开来，反对一朝天子一朝臣的组班子原则等，就会较好地解决权力调整和人员调整时可能产生的动荡问题。

二、理念落地化目的

企业文化建设会提出某些做企业、做人、做事、做产品的理念，理念落地就是根据企业的使命、愿景和核心价值观等理念，来确定处理企业基本矛盾及内外重大关系的原则和优先顺序的过程。如《华为公司基本法》的特点就是花了很大篇幅明确了公司的基本经营政策、基本组织政策、基本人事资源政策和基本控制政策，有了这些政策，才把第一章公司的宗旨，也就是狭义的企业文化部分的内容，落实到了和具体业务部门工作相关的层面。比如第八条提出的质量理念是：我们的目标是以优异的产品、可靠的质量、优越的终生效能费用比和有效的服务，满足顾客日益增长的需要。质量是我们的自尊心。第七十八条就提出了具体细化的质量方针：①树立品质超群的企业形象，全心全意地为顾客服务。②在产品设计中构建质量。③依合同规格生产。④使用合格供应商。⑤提供安全的工作环境。⑥质量系统符合ISO9001标准的要求。

理念有时讲得比较虚，只给大家一个大致方向，落实到政策，则会形成一个相对具体的导向、具体的约束，因此，企业文化建设过程，也是把理念变为政策的过程。

三、行为规范化目的

企业文化建设一般会形成一个基本法、管理大纲，或者行动纲领，其中有两部分是涉及行为规范的：一是指导企业的组织建设，业务流程建设，使企业在投资、研发、权责利划分等方面形成行为约束。二是在干部行为守则、员工行为守则以及对内对外交往礼仪品行等方面形成规范。解放军的《三大纪律八项注意》就是行为规范中典型的典型。三大纪律：一切行动听指挥，不拿群众一针一线，一切缴获要归公。八项注意：说话和气，买卖公平，借东西要还，损坏东西要赔，不打人骂人，不损坏庄稼，不调戏妇女，不虐待俘虏。清晰明确，直接落实到具体行为，一般战士都容易理解执行。

有的公司模仿解放军制定了自己的"三大纪律八项注意"。三大纪律：懂得服从，结果说话，公私分明。八项注意：坚守岗位，认真做事，承担责任，精神饱满，团结互助，维护荣誉，遵守契约，不断学习。但仔细读来，感觉原则性太强，与具体行为关联较差，对员工的行为指导和约束程度应该不如解放军的"三大纪律八项注意"有效。

四、形象美誉化目的

上述三条都是朝向内部的，企业文化还有一个外在的作用，很多企业也非常关注，做企业文化是为了给企业树立一个良好的外在形象。如广东移动建设文化时认为，除了它内部的员工素质，外树形象也是它很关注的一点。尤其一些与日常消费者有密切关系的企业、服务性企业，一些代表社会形象的企业，更是如此。所以，很多企业就思考如何通过企业文化建设，把企业的理念告诉社会，告诉客户，告诉想到公司来工作的员工，告诉想和企业做生意的供应商、合作的伙伴、银行等。如华侨城集团为人们"创造新的生活品质"的追求，就适合营造一个特区中的特区的旅游房地产形象，联想公司的"让每家都有一台电脑"的口号，是它提升人们生活品位的公司形象追求。

五、文化价值化目的

我们经常讲到麦当劳，分析它到底是卖什么的，从企业文化的角度来讲，说它不仅卖汉堡、薯条和送给小孩的玩具，还是在卖文化。它的文化是什么？有各种说法，其中一条就是快餐文化、效率文化。当然它的这种文化也有人反对，美国的快餐文化一到欧洲有人就提出来要反对，针锋相对地提倡慢餐文化——要享受吃饭的时间。赞成不赞成不要紧，这就是它根据自己的价值观提倡的东西。所以从这种角度来讲，经营一个企业，不仅是卖汽车、卖房子、卖汉堡、卖电视，而是站在客户需求角度看满足了客户什么价值？

卖产品赚钱，卖服务也赚钱，卖技术更能产生价值，卖品牌也可以——只要品牌比别人亮，价格就能高。同样一个包，没品牌卖 100 元，有品牌卖 200 元，豪华品牌卖 1000 元，奢侈品牌可能卖 10000 元，说是艺术品就成无价宝了！也可以卖管理。管理到位的公司别人会跟你长期合作，供应商认证体系其实就是在考核管理，而不是公司一时一事的产品质量。也可以卖形象、卖声誉，自然也可以卖文化。优秀的企业文化可以感染人、激励人，有时给员工的工资低也愿意干。一个企业有很好的文化，投资者也会找你。因为投资者有时不仅是在找一个项目，而是在找一个团队，有文化、有理想的优秀团队就能吸引投资者。如果你没有追求百年老店，追求企业健康、可持续发展的文化，别人就不会信任你，不会买你的产品，你的设备，如果你搞机会主义，打一枪换一个地方，今天做这买卖，明天又干别的去了，售后服务谁来做？你只想享受政府三免两减半的税收政策优惠，不断地把公司搬来搬去，你和政府的合作关系也就难以建立。有着共同发展、持续经营的相同价值观的人，才会走到一起。

我们前面讲的很多是与心理、社会、价值观相联系的，但我们毕竟讲的是企业文化，它不同于一般的社会文化。我们认为企业文化的本质与企业组织的本质应该密切相关，离开企业组织的本质，谈企业文化就成"两层皮"了。企业的本质是营利组织，投入产出要算账，也可叫做功利组织，与企业相关的人群以及人群的态度、观念都离不开经济效益，离不开功利目的。因此，我们所讲的企业文化应该是功利性或功利色彩很强的文化，与传递知识的学校文化不一样，与军队、政府、慈善机构的文化更不一样。文化是企业经营的手段，不是目标。企业在乎是否赚钱，不是在乎有无文化，因此企业文化不能做虚了。

企业文化价值化必须围绕两个基本点。

一是有利于提升企业盈利。企业文化的投入是为了帮助企业盈利、绩效提升，这是企业文化的目标，氛围建设当然要，但不能是"你好我好大家好，家园乐园一家人"，最后企业效益不好搞砸了。办公环境、标语口号等表面功夫当然要做，但好比只是店员长得很漂亮，商品质量不行，可能只是招来街头小混混，招不来真正买东西的客户，这不是建设企业文化的目的。

二是有利于提高管理效率。管理就是流程化组织建设，每个人在自己的岗位上做出应有的贡献，迅速实现端到端的客户价值，不要形成流程中的"肠梗阻"。好文化也不能是态度好不出活！中国足球成绩不好，有一阵子提倡"态度决定一切"，还真进了世界杯。但后来也提倡"态度决定一切"，成绩却没上去。其实，一个态度原因怎么会决定一切呢？有些干部员工劳动态度很好，不迟到，不早退，天天加班，三过家门而不入，把企业当成自家玩儿命工作，每天累得都快散架了，甚至牺牲健康，确实是态度好。但辛辛苦苦，做的事情没效率，客户不满意，我们认为这个态度是虚的。劳动态度是什么？我们认为是"能够不断改进劳动绩效的努力"。商店的店员不能光微笑服务，要高效服务，不能让客户排很长的队等着付款。如华为公司推行"五个一工程"（订单前处理1天、从订单到发货准备1周、所有产品从订单确认到客户指定地点1个月、软件从客户订单到下载准备1分钟、站点交付验收1个月），其目标是为了构筑履行交付周期的相对竞争优势和运营资产效率的卓越经营，而不是一场运动。

第三节　文化必须有特色吗？

经常有企业领导说，你这文化没特色！和很多公司说的一样。从我们的经验说，这可是个不可忽视的大问题！企业文化必须有特色吗？更广义地说，企业管理必须有特色吗？这涉及企业管理的根本目的问题。经营企业不是为了有特色，而是为了创造客户，产生绩效。如有一种文化或管理，经过多少年众多优秀企业的经验证明是有效的，企业需要另辟蹊径，与其不同吗？那不是故意走弯路吗？华为公司的成功就是走在了西方优秀跨国公司过去的路上！华为提倡的很多文化理念、管理理念，其实就是常识！

所谓特色，所谓创新，都是手段，最终目的是为了实现高绩效！

一、没有"没有文化"的企业

三流企业没文化，二流企业学文化，一流企业建文化。但有人说，做企业就是只想赚钱，只想赚钱也是一种文化，因为那就是他的价值观、他的追求。确实如此，我们说三流企业没文化，其实是说这类企业只知道赚钱，不知道利润之上还有别的追求，不知道君子爱财取之有道。就好比一个孩子只知道自顾自地吃好睡好玩好，不知道还要帮家人朋友做点事，不知道还要读书学习长本事。如果文化就是价值观的话，那么有人就有价值观，所以任何企业都是有文化的，只要是一个由人组成的团队、组织，不管说得出来，说不出来，都有自己的文化——没有"没有文化"的企业，只有不同文化的企业，只有是否把文化"明文化"的企业。

有关不同的文化类型，已经有太多的研究成果：

美国麻省理工学院的沙因教授（Edgar H.Schein）对于文化本质和文化层次等内容的分析，特别是提出的组织文化本质的五种深层基本假设（自然和人的关系、现实和真实的本质、人性的本质、人类活动的本质和人际关系的本质），成为企业文化研究的重要理论基础。

奎因和卡梅隆的研究划分出等级型文化、市场型文化、宗族型文化和创新型文化等四个类型，四类文化的特征是：①等级型文化：具有规范的、结构化的工作场所以及程序式的工作方式。②市场型文化：这类企业的核心价值观在于强调竞争力和生产率，更关注外部环境的变化。③宗族型文化：有着共同的目标和价值观，讲究和谐、参与和个性自由。这类企业更像是家庭组织的延伸。④创新型文化：创新型文化是知识经济时代的产物，它在具有高度不确定性、快节奏的外部环境中应运而生。创新型文化的基本观点认为创新与尝试引领成功。

瑞士洛桑国际管理学院教授丹尼森，在经过对 1500 多家样本公司的研究后，提出了一个丹尼森模型：通过外部关注还是内部关注，灵活性还是稳定性两维，把文化分成四个象限，分别命名为适应性（Adaptability）、使命（Mission）、参与性（Involvement）与一致性（Consistency）四种文化特征，又将每一种文化特征细分出三个共 12 个考察维度，即参与性从授权、团队导向与能力发展三个要素进行考察；一致性从核心价值观、配合、协调与整合三个要素来考察；使命从愿景、目标、战略导向与意图三个要素来考察；适应性从组织学习、顾客至上、创造变革三个要素来考察。他认为利用这 12 个考察维度，能够比较准确地确定某一组织的文化类型与明显特征，如图 6-3 所示。

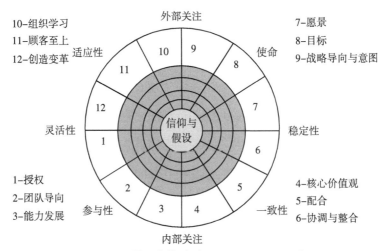

图 6-3　丹尼森模型（The Denison Model）

克拉克洪—斯托特柏克构架是在分析文化差异时引用较多的方法之一。这一矩阵式构架确定了六项基本的文化维度：与环境的关系、时间取向、人的本质、活动取向、责任中心和空间概念，研究者或调查者可根据每个维度各自不同的三种状态，来判断自己企业文化的特征和差异，如表 6-1 所示。

表 6-1　克拉克洪—斯托特柏克构架

价值维度	变化		
与环境的关系	控制	和谐	屈从
时间取向	过去	现在	未来
人的本质	善	混合	恶
活动取向	存在	控制	做
责任中心	个体主义的	群体的	等级的
空间概念	隐私的	混合的	公开的

荷兰人霍夫斯泰德提出了一个文化维度模型，后来加上加拿大人迈克尔·哈里斯·邦德的研究成为五维模型。他们采取的是社会学的分类法，从五个不同的维度切入，仔细区分不同国家的文化在这五个维度上的异同。五个不同的维度是指权力距离、个人主义—集体主义、男性化—女性化、不确定性的规避、长期取向—短期取向，它们共同构成了国家文化维度模型。不过他们研究的是国家文化差异模型，和企业文化有不小的距离，用在跨国公司管理上更合适一些。

弗恩斯·特朗皮纳斯（Fonts Trompenaars）则同样是研究跨国公司中国家文化的区别。根据他的组织文化维度将组织文化形象地分为四种类型：家族型组织文化、保育器型组织文化、导弹型组织文化、埃菲尔铁塔型组织文化。家族型组织文化可能是最古老的一种文化，这是一种与人相关的文化，而不是以任务为导向的。保育器型组织文化是一种既以人为导向，又强调平等的文化，典型的代表是在硅谷。导弹型组织文化是一种平等的、以任务为导向的文化。埃菲尔铁塔型文化就是因为具有这种类型文化的组织结构看起来很像埃菲尔铁塔，等级较多，且底层员工较多，越到高层人数越少。每一层对于其下的一层都有清晰的责任，所以组织员工都是小心谨慎的。对组织的任何不满都要通过一定的章程和实情调查才有可能反映到高层管理者那里。

较早在我国进行文化量化研究的是台湾大学的郑伯埙教授，他在沙因研究的基础上设计了组织文化价值观量表（Values in Orgnizational Culture Scale，VOCS），量表包含科学求真、顾客取向、卓越创新、甘苦与共、团队精神、正直诚信、表现绩效、社会责任和敦亲睦邻九个维度。在对九个维度进行因子分析后，发现了两个高阶维度：外部适应价值（包括社会责任、敦亲睦邻、顾客取向和科学求真）和内部整合价值（包括正直诚信、表现绩效、卓越创新、甘苦与共和团队精神），也就是回到了两分法的基本思维模式。

文化类型的划分还有很多，我们不再一一列举。研究者尽可以根据自己的理解和目的，运用自己认为合适的方法，形成自己的文化模型。

不过，这些研究成果基本是适用于学界内的，似乎对企业文化建设的实践和绩效取得指导作用不大。

二、卓越企业的一般文化特征

模型分类方法偏向学术研究，卓越企业的文化特征方法研究则偏向应用研究，这个领域多年来也形成了很多成果，兹介绍一二。

《追求卓越》一书中讲了卓越企业的八个特征，多数与文化有关。

（1）崇尚行动——文化要素；

（2）贴近顾客——文化要素；

（3）自主创新——技术要素；

（4）以人促产——文化要素；

（5）价值驱动——文化要素；

（6）不离本行——战略要素；

（7）精兵简政——组织要素；

（8）宽严并济——文化要素。

《基业长青》这本书则是从九个角度来总结长寿公司的特征。

（1）造钟而非报时——机制要素；

（2）利润之上的追求——文化要素；

（3）保存核心，伺机进步——战略要素；

（4）远大的目标——文化要素；

（5）教派般的文化——文化要素；

（6）择强汰弱的进化——组织要素；

（7）自己家的经理人——组织要素；

（8）永远不够好——文化要素；

（9）终点就是起点——文化要素。

《竞争力》一书主要探讨文化对企业的竞争力的影响。一种观点说，现代企业最大的竞争力来自文化，或者说现代企业最高层次的竞争，就是文化的竞争。

这个提法好像高了一些。但是如果说在企业的其他方面，如技术、人才、资金、设备等要素和竞争对手相比差不多的场合，这话还是很有道理的，最终比较的就是人的精神，人的追求。《竞争力》这本书为我们总结了八条准则。

（1）领导以身作则——文化要素；

（2）以客户为中心——文化要素；

（3）培育学习型组织——组织要素；

（4）尊重员工和合作伙伴——文化要素；

（5）重视利益相关者——伦理要素；

（6）基于事实的管理——文化要素；

（7）基于绩效的管理——文化要素；

（8）良好的企业公民——伦理要素。

这些研究成果是调研归纳出来的，我们看到了企业文化要素在这些卓越公司、长寿公司和有竞争力的公司中的巨大作用。

但是，如果一个企业存在所有这些优秀文化的共同点，那这个企业就不得了了。事实上不可能。是研究者把 A 企业的头，B 企业的胳膊，C 企业的腿，D 企业的鼻子，E 企业的皮肤，F 企业的曲线等，凑到一起得到的结果，像"样板戏"一样，正面人物都是"高大上"，白马王子都是"高富帅"，梦中情人都是"白富美"。现实中的企业并不同时具备这些优秀特征，它们只按照自己的目标追求、业务特色和战略需求，具备了其中的几个重要特征而已。

三、卓越企业的特殊文化关切

那么，单体企业是怎样突出自己的文化特征的呢？从企业文化大纲等文件中可以管窥一斑。如《华为公司基本法》叫基本法，基本内容突出政策；《华侨城宪章》更像行为纲领；《惠普之道》简洁得更像原则；《联合利华的商业准则》顾名思义离文化有些距离，与企业伦理相关性更强。

与研究者写的书不同，具体企业是按照文件格式表明文化关切的，有着自己的思考框架。我们简单介绍一下典型的文化大纲，看看他们的有关文化到底思考了一些什么。

《华为公司基本法》先提出企业的宗旨，包括七条核心价值观，四条基本目标，四条成长管理和五条价值分配。然后用宗旨指导具体的各项政策，包括基本经营政策、基本组织政策、基本人力资源政策和基本控制政策。最后是接班人和基本法的修改。洋洋洒洒103条，既有务虚的远景追求，又有务实的实施操作；既有翔实的内容梳理，又有特色的语言形式。

海尔公司另有特色。首先提出海尔的愿景，然后再提出核心价值观。核心价值观又分成两部分，一个是海尔的精神，另一个是海尔的作风，这是比较有原则的内容。但到一系列海尔的理念体系，就非常详细具体了。海尔提出了竞争理念、用人理念、生存理念、出口理念、品牌理念、营销理念、市场理念、研发理念，质量理念等，每个理念后都有很有意思的口号，来支撑核心价值观。

广东移动作为中国移动集团的一家地方性电信运营商，首先要与集团的文化保持一致，同时还要有自己的特色。先提出企业使命、奋斗目标，再提出核心价值观、企业精神和管理模式。其中一条比较独特，就是把企业形象当成重要因素，它"内强企业素质、外树企业形象"的提法，是一个服务型企业的必需要求。

英国的沃达丰，也属于电信服务公司，在这个世界知名的电信服务商的文化中，先提出企业愿景，后提出核心价值观，核心价值观包括了企业目标和基本原则两部分，企业目标细化为：市场目标、客户目标、队伍建设目标等；基本原则包括了员工观、客户观、企业观、社会观等，比较像西方国家企业文化文件的通用结构。

《惠普之道》有两大部分，一部分是企业的价值，共有五条：第一是我们信任并尊重个人；第二是我们关注高层管理的成就和贡献；第三是我们坚持诚信经营、毫不妥协，就是按诚信经营走；第四是我们通过团队精神来实现目标；第五是我们鼓励灵活性和创新精神。另一部分是企业目标，共有七条：第一是利润，企业怎样赚钱；第二是客户，为客户服务，客户价值；第三是事业领域，关注什么样的领域；第四是成长，成长目标怎么去定、去把握；第五是员工，我们如何看待员工；第六是管理，包括管理者和管理原则；第七是企业公民，强调企业的公民意识、社会责任、社会义务。

三星（中国）则具有东方企业的某些特征。包括企业使命，企业愿景，经营理念，还有与其他公司不大一样的一条，叫道德规范行为准则，它把企业伦理的内容放在了这里。

这些案例表明，每个企业按照自己的特殊关切、战略目标、当前问题或未来愿景，形成自己的文化体系，各有千秋！当企业认为文化不是个人文化，而是组织文化；不仅是为了赚钱，而且有职业追求；不是打一枪换一个地方，而是想做百年老店；不仅是约定俗成，而是有意识构建时，文化建设就成为这些企业管理中的一个重要组成部分了。

第四节　文化之化

一、文化的“三化”

我们反复提到过，追求成为世界级企业的华为公司认为：一个企业能否长治久安的关键，是企业的核心价值观被接班人确认，同时接班人具有自我批判的能力。没有自己的核心价值观，就很难建立起一个志同道合的团队，因为要让人认同，就必须首先说清楚企业的核心价值观。没有核心价值观的存在，就无法建立一个思想统一的平台，就没有一个权力分配的基础——没达成企业文化共识就实施权力下放，公司极有可能分崩离析。如果没有文化，企业就没有一个综合平衡各方利益、各种资源和机会的基础；如果没有文化，就无法实现狼群的综合平衡——领导是一匹狼，靠领导只能抓机会，群体奋斗靠的是高度的团结和统一，而要保持这种高度团结和统一，靠的是有共同价值观及对其的认同。

企业文化建设可以从以下三个维度进行，如图 6-4 所示。

第一是企业家文化组织化。把创业初期形成的企业家个人魅力、胆略、企业家精神和个人推动力等，通过文化建设变为组织氛围，淡化企业家的个人色彩，强化职业化管理。也就是文化变为干部队伍认同的班子文化，再变为影响多数优秀员工的组织文化。

第二是隐含文化文字化。企业中存在着很多大家约定俗成的好习惯，一个眼神就能明白的默契，记忆中过去的典型故事、典型人物等，过去是在员工的脑子里，别人不了解、不理解，或者靠领导在会议上今天讲到一些，明天讲到另一些，都是散点式的，可能只有有当时经验的人才能了解，只有以身作则才能传递，效果比较差。文化建设就是把它们写成故事、编成案例、整理成文化大纲、录成视频等，然后写入教材，放到网上。这种文字化、可视化的载体有助于新员工学习、理解。也有助于外部合作伙伴尽快和深入了解企业的追求和风格。

第三是分散文化系统化。企业可能有很多部门，各自业务职能不同，考核目标不一。如果是集团公司，各子公司之间有自己的文化氛围和规矩，如果分散在各地甚至各国还会受当地文化的影响。不放权企业对市场反应的灵活性会变差，放权的话可能各唱各的调，山头林立，产生组织内部冲突更危险。因此，企业需要按照企业整体或者公司总部的要求，建立一种超越职能层面、业务层面、地域层面的共同认可的文化理念，形成思想上的统一，使大家围绕文化的灵魂和主线

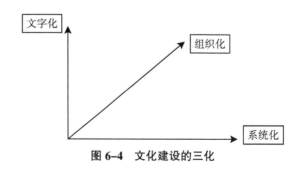

图 6-4 文化建设的三化

去做好本职工作。

二、关键在"化"字

企业文化是一种口号，说出来是给别人听的，制作成标语挂起来是给别人看的，但是我们一定要界定清楚，这个口号具体是对谁讲的？如以前日本企业都把产业报国放在文化纲领中，但当他们的企业国际化了的时候，就不好再用产业报国了，让外国客户看起来不舒服，让外籍员工看起来也莫名其妙，他到底要报哪个国？有个商店搞文化建设，店里贴出来大幅标语，上书"拼搏、团结、创新、敬业"。顾客大概会想，这个商店是要和谁拼搏？拼搏针对竞争对手可以说，那是商店内部的事，贴到面对顾客的场所，感觉就怪怪的。顾客需要的应该是服务行业微笑待客、细致入微。不动脑筋，不理解其内在含义的话，就会说错话。所以，搞企业文化不是照猫画虎，随便弄出个口号来就可以的。也不是非要来个标新立异，搞个古怪的口号。如把恶性竞争当原则，非要挂一个"宁肯累死自己，也要饿死对手"的标语也不像正常企业的做法。

多年做企业文化咨询的经验告诉我们，企业文化没有相当的语言表述能力、文字概括能力是很难的，因为这需要把企业家和企业追求的深层次思想准确地表述出来，要透过现象看到本质，又要给这种本质合适的语言形式。当语言仅仅停留在文字层面，用一些大而空的花哨辞藻的话，就会形成语言和思想之间、文字和员工感受之间的"两层皮"，大家看到没感觉，可能还觉得不可信。不但不认同企业文化，甚至会认为企业做事华而不实，起到副作用，这是需要特别注意的。

企业文化最重要的还是实事求是、祛除杂念，按照客户需求、企业本质属性、管理的客观发展规律去描述。例如，不是说企业"非要"做成什么样，而是"不得不"这么去做；不是要在语言表述上有什么新意、个性，而是贴近自己每天工作的感受。文化的关键不是文，是"化"——化为客户的价值，化为员工的动力，化为合作伙伴的合作，化为社会的贡献。这才是企业文化的核心。

三、化文化为力量

过去的传统文化中讲究"财聚人散，财散人聚"，不少公司也提倡这一观念，但是，现代企业管理中好像不是这么简单的因果关系。有时财聚人散，财散人更散。企业挣到大钱了，分给员工，提高福利，突然间大家都成了富人，反而不努力工作了。典型的例子就是公司上市，股票变现，大家成了百万千万亿万富翁，再去努力工作挣几万元钱就没感觉了。因此，给钱就能吸引人是有限度的，没有共同的文化基础，散财可能出现养懒人，甚至赶人走的效果。没有共同的文化认同，无论是散财，还是分权，都是很危险的。

蒙牛集团说，聚的时候，"先聚心，后聚人，再聚财"，散的时候，"先散心，后散人，再散财"，他们认识到了企业管理的关键点在心。三角集团提出的经营哲学是：企业是人，企业经营人。经营他人，更要经营自己。我们再加一句，经营人就是经营人心，经营人的价值观。

其实，文化与其说是人和钱的问题，不如说是思想和权力的问题。前者是价值分配问题，后者是权力分配问题，权力分配更接近于组织的核心。只有思想凝聚，才能权力下放。思想凝聚越强，权力下放越到位。这是一个张力结构，缺一不可。只考虑统一思想，强化凝聚，就成了"光做人不做事"；只考虑放权，强化扩张，就成了"光做事不做人"。

文化不仅是凝聚力——拳头攥起来不打出去是没有价值的。没有文化不行，文化强调过多也不行，关注人、考核人有利于收敛，关注事、考核事有利于扩张。文化建设关注人，关注价值观，所以一般是倾向于凝聚的，但企业经营不仅要凝聚，而且要扩张。建设文化的凝聚力和考核业绩的扩张力呈耗散结构，才有动力，才创造价值。如果仅有凝聚，没有耗散，企业也会出问题。如果过分强调产业报国，强调民族产业、民族企业，也可能形成狭隘的民族自尊心，会影响更为广泛的国际化的开放合作。过度强调自主创新，可能会形成封闭的技术研发系统。过度强调对企业要无限忠诚，也会使员工产生狭隘的企业自豪感，谁都看不上，客户也不放在眼里，也难以听进客户的需求，不可能向同行去学习好的东西。只有破除了狭隘的民族自尊心，才能真正走向国际化；只有破除了狭隘的公司自豪感，才能产生不断进步的职业意识；只有破除了狭隘的品牌意识，才能促进企业的成熟。

| 第七章 |

How：如何说明白？

第一节　文化建设三部曲

企业的文化建设过程，主要包括"讲道理，讲故事，讲规矩"三个阶段，我们叫它文化建设三部曲。"讲三讲"的顺序可以不同。我们认为有两种三部曲。

一、从故事、道理到规矩

一种是"做了再说"的三部曲。

也就是从讲故事开始，把企业中已经有人做到的事例，提炼成文化理念或价值观，再去宣贯，讲道理。最后形成制度——讲规矩。

如海尔地瓜洗衣机的案例，就是做了再说。故事是来自市场基层的——客户买了海尔的洗衣机，它除了洗衣服，还被拿去洗地瓜了，地瓜比衣服脏多了，又是泥又是须根，一般洗衣机出水口的地方小，一下子就堵住了，于是客户就投诉，说你们的洗衣机怎么老堵出水口，市场人员上门维修，发现顾客的洗衣机不但洗衣服，还用来洗地瓜，这当然会堵住了。根本不是洗衣机的问题。但是，海尔的市场人员并没有指责客户，说这是洗衣机不是洗地瓜机，而是把这个事例当成了客户需求反馈到公司。讨论下来海尔认为，既然客户有需求，那就按照这种需求开发产品，做一种既能洗衣服，也能洗地瓜的机器不就行了吗！实际革新非常之简单，主要是把出水口弄大些，用石头也堵不住，于是海尔的又一款新产品出来了。顺便说一句，有人怀疑海尔是否真做过洗地瓜机，海尔为此还做过解释，说确实做过。

历史证明，其实很多创新不是人的主观故意，而是由一次偶然行为甚至事故激发的。除了洗地瓜，海尔还有"打酥油洗衣机"、"洗龙虾洗衣机"、"削土豆皮洗衣机"、"洗荞麦洗衣机"等多种神器，实际就是满足客户需求的一机多用。

但海尔的工作没有就此结束，而是通过这个例子，提炼出服务客户的新理念——客户永远是对的，我们的工作就是满足客户需求，只要顾客有需求，我们就想办法满足，绝不能去抱怨、去指责。更进一步的理念就是：做市场不仅是卖给客户产品，更是带回客户需求。最后，海尔还形成一系列相关规章制度。

做了再说，是把企业优秀员工切实做到的东西和认同的想法，认真总结、提炼、归纳和系统化出来，不去增加太多花哨、新鲜、"高大上"的东西。如不少企业建文化是先让员工讲故事，写案例，填问卷，收集员工认为的企业文化特色。平时工作就有感觉，现在只是实事求是地说出来、写出来而已。因为本来企业就是这么做的，所以大家比较容易认同。但不足的是，这种做法的牵引力和导向性不强。

二、从道理、故事到规矩

另一种是"说了再做"的三部曲。

即第一步，讲道理，由企业高层首先提出导向式的文化理念或价值观。

第二步，讲故事，推出典型的事件和人物来诠释这些理念或价值观。和企业志同道合的人，比较了解企业导向的人，一讲理念就会明白知道该怎么去做，但是并不是所有人都能马上或全面理解这种理念或价值观。

第三步，讲规矩，即形成制度和规则的保证。用利益、考核去约束人，所以先提出理念和价值观，再推出典型人物和事例，再用制度和规则来考核和保证，让文化能够固化下来，在组织更大范围内普及。

海尔也有很多"说了再做"的三部曲。当领导层有意识地建设和引导组织氛围和行为方向时，就是先说再做，让干部员工跟上来，这一般用在要创新观念时。如海尔有一个理念，叫做"有缺陷的产品就是废品"。从常识讲，缺陷产品应该是次品，怎么成废品了？当时有人不接受这种理念，认为市场商品短缺，缺陷产品不影响基本功能，便宜点卖掉不就行了！既能占领市场，又能多赚钱！"有缺陷的产品就是废品"的理念有些超前，大家不理解，为了让大家理解和接受，必须靠有冲击性的行为，这就是著名的"砸冰箱"事件。通过这一事件，把"有缺陷的产品就是废品"的抽象理念具体化了，形象化了。海尔要做品牌战略，就要有产品的高质量，就一定要消灭缺陷，消灭次品。要动真格！员工理解了，以后如果还出现有缺陷的产品，公司会坚决不让它出厂，影响公司的品牌。有人经过这样的事件冲击，觉悟了，但依然有人无动于衷，于是海尔进入第三步，定制度，讲规矩，用考核来约束人。如果生产中哪道工序出现有缺陷的产品，那就检查出多少罚多少，罚的钱给检查出来的人，成为他的激励。没人会不在乎自己的利益，于是制度约束力就有了。逐渐地，冰箱的缺陷会越来越少，都成正品了，后面的人也检查不出什么了。那么检查的人少了收入怎么办？质量好了，品牌好了，价格高了，自然公司效益就上来了，全体员工的收入水平就可以提高了，源自文化理念的质量保证体系也建成了。

说了再做，是前瞻性地提出目标价值观，或者树立业界标杆，引导员工去学习、去实现。但总有些员工对企业提出来的观念和未来愿景，有一定的怀疑，如果企业愿景提得太远、太空了，员工还会觉得那是企业的梦想，和自己没什么关系，因而不起作用甚至起反作用。有时员工对企业提出的业界标杆有看法，认为人家是人家，我们学不了！

因此，到底应该是做了再说，还是说了再去做，也就是用推动力还是用牵引力，先讲故事还是先讲道理，各有利弊，需要我们处理好两者的关系。

我们认为，做企业文化以提炼总结的"做了再说"为主，以设立目标价值观和标杆的"说了再做"为辅。为主为辅，到底怎么操作？如果非要给它一个比例的话，我们认为是三七分。也就是未来追求的目标价值观内容大概占三成，提炼已有的核心价值观内容大概占到七成。当然，根据企业情况，也可以是二八分或者四六分。总之，文化建设应该做得比较踏实，要一步一步来，不要太理想主义。

三、重在实事求是

企业文化建设应遵循实事求是、循序渐进的原则，不能提过高、过虚、过于理想的东西。如把企业文化提高到政治、伦理层面，有了治国安邦情结，圣人情结，就会过高、过虚。世界上怕就怕"实事求是"四字，成功的企业家最讲实事求是。任正非经常讲，华为公司的成功就在于坚持了实事求是，华西村集团的吴仁宝更是如此，他对外界介绍经验时反复讲，华西村的成功秘诀就是实事求是。他说人遇到任何困难，只要实事求是地对待它，就会大难变小难，小难变不难，实事求是起决定性的作用。华西村靠的是实事求是，从实际出发，而不是靠某种理论、某种理想。

真正的企业文化建设，表面看起来是写一些文字，出一个纲领，实际是寻找企业发展的客观规律。客观规律不是那么容易就明白、就悟透的，需要我们花大时间、花大精力、动苦脑筋，不是人云亦云。华为提倡决不让雷锋吃亏，说到底是讲实事求是。任正非讲道："让一个人在最佳角色、最佳贡献、最佳贡献时间段，得到他最合理的报酬。不能等到七八十岁再给，最佳时间段过去了再给也没有太大用处。"公司位置少，不能给级别，给奖金也行。

不能光讲奉献精神，还要有个激励机制；不能光讲帮助他人，还要做好本职工作；不能光讲雷锋精神，还要考虑雷锋能力，这就是实事求是。既要提倡爱祖国、爱民族、爱公司，又要爱家人、爱自己，这就是实事求是。

第二节　文化建设"三针对"

实事求是地建设企业文化，就是要使文化的内容和形式对内对外都接地气。对内要有针对性，不能脱离现实工作，不顾实际问题，"目中无人"地唱文化高调。对外要有协调性，不能与政府、股东和社会文化理念唱对台戏。根据我们的经验，实事求是的文化建设主要抓"对内三个针对，对外三个协调"。

文化的作用首先是对内的。任正非曾经就《华为公司基本法》说过，出台这个基本法不是为了对外宣传，而是为了统一内部的思想。花两年时间制定基本法的过程，就是干部员工统一价值观的过程，基本法出台了，它的基本使命也就结束了，外边的人怎么看对我们不重要。

文化落地是落在企业内部的地上，不是落在外部的地上。企业文化建设不能"种了别人的田，荒了自己的地"，像有一段时间的东北地区的工厂一样，光提供"先进经验"，不出产"经济效益"。文化建设的"三针对"原则如下。

一、针对企业中心工作

文化不能离开企业的中心工作和生产经营活动，文化建设必须处于市场一线，现场一线。文化建设的目的要始终围绕为客户创造价值，不能为客户直接和间接创造价值的部门为多余部门、流程为多余的流程、人员为多余的人员。同样，不能为企业中心工作服务的文化活动为多余的文化活动、口号为多余的口号、行为为多余的行为。这种多余的东西，非但帮不上忙，还会分散精力和浪费资源，掣肘企业有效运作。文化建设其实就是去掉不能为客户创造价值的多余和冗余，让全体员工聚焦工作，力出一孔。

如工程建设、核电、矿山等企业的中心工作是安全，那就要围绕安全意识、安全培训、安全管理、安全机制等推动文化建设，因此提出了"本质安全"的概念。如当前的中心工作是市场扩张，那就要针对如何激励冲锋，如何鼓励做事，如何不惧失败等，来建设有扩张力的文化氛围，因此有的企业提出了"屡战屡败，屡败屡战"、"烧不死的鸟是凤凰"的文化理念。如招商银行的工作是客户服务，一切工作要围绕客户转，于是就提出了"向日葵"文化。

二、针对企业突出矛盾

针对企业目前的突出矛盾来进行企业文化建设，就是要确定处理企业经营中的主要矛盾关系的基本原则。如老功臣和新员工的矛盾，企业文化就不能和稀泥，要遵循企业发展战略提出自己明确的价值主张，如华为公司提出的"不迁就有功人员"，"每隔三五年时间，就要引进一批胸怀大志，身无分文的人"。如企业有对客户需求响应缓慢的突出问题，要使组织运行更灵活机动、响应速度更快，就要强化"班长的战争"的理念，高官低配，将军当连长，向基层赋能授权。如公司组织结构调整是主要矛盾，要从"以功能为主、项目为辅"的弱矩阵结构向"以项目为主、功能为辅"的强矩阵结构转变的话，就要强化"让听得见炮声的人来呼唤炮火"的理念，让前方组织有责、有权，后方组织赋能、监管。

三、针对干部思想动态

企业文化建设要针对干部员工的思想动态来进行。如干部员工关注市场一线的付出与回报的公平性，就要优先给一线作战部队和绩优员工提升工资和激励水平，充分落实"获取分享"的奖金机制，以导向冲锋；如大家关注长期奋斗，在长期激励方面，就实行让全体优秀员工尤其是中基层骨干员工更多地分享公司长期有效发展收益的制度。如员工关注成就感，就加大各层各类员工激励的差异性等。针对员工的思想，满足核心的需求，文化建设就会使企业成为吸引优秀人才共同奋斗、分享价值的事业平台。

对内的针对性原则，能帮助企业把文化落实到与自身经营活动密切相关，与员工所想、所做、所关心密切相关的层面，就不会"两层皮"，就不会"你吹你的号，他唱他的调"。

第三节　文化建设三协调

企业文化不仅要考虑内部干部员工的认同，同时也要对外部相关利益群体说得清楚，不能为追求文化特色而在用词上奇谈怪论，行为上特立独行，更不能有强烈的矛盾冲突。文化建设的对外原则主要是与政府、股东和社会的三个协调。

一、与国家方针政策的协调

文化建设一是处理好企业文化和国家方针政策的关系。尤其是国企，包括大型民企，有党的组织，有思想政治工作的传统，有国家在经济政策、行业方针、社会发展、生态文明等的导向，这一关系更为重要。国家电网公司的"四个服务"就体现了这一关系：服务党和国家工作大局、服务电力客户、服务发电企业、服务社会发展。

二、与股东经营理念的协调

二是处理好企业文化和股东经营理念的关系。三联集团提倡"三联不仅是一个企业，更是一个事业"，华为公司追求在一定利润率水平上的成长最大化，这些理念都是考虑了企业和股东的利益关系。中央企业近些年被关注要提高分红，经营团队的可持续成长追求和风投资本的获利退出追求等产生矛盾，阿里巴巴由于"同股不同权"的理念和机制不能在中国香港上市，只能跑到美国去上市等，都提醒人们企业文化导向和股东经营理念关系的重要性。经营者和股东之间、股东和股东之间、企业家和投资机构之间，都可能产生理念的不同，没有基本的文化协调就很难合作。

三、与当地社会文化的协调

三是处理好企业文化和当地社会文化的关系。企业总有社区性，全球化公司更是如此，首先要通过基于各个区域和国家的本地化运营，促进就业和增加税收，对当地社会发展做出贡献。其次要通过与当地优秀企业进行产业分工合作，将全球价值链的优势与本地创新能力充分结合，帮助当地创造发挥出全球价值。最后要遵守当地法律法规，尊重宗教和文化习俗，加强与政府、媒体等外部利益相关人的沟通和交流，让大家感知到自己是负责任的企业公民。

企业文化与社会文化密切相关，有时企业文化的建设还要充分利用好社会文化的作用。如华西村集团就是比较典型的。它提倡孝敬老人，这是传统文化中的重要理念之一，它用制度规定落地这一理念。如果员工家里有老人活到80岁，所有的子孙每人奖励100元；如果活到90岁，每个人可以拿到1000块，鼓励大家好好赡养老人，提供条件让老人长命百岁。如果老人活到百岁以上，他/她的每个子孙都可以拿到10000元的奖金，如果有30个子孙，就可以拿到30万元，就看能不能很好地照顾家里的长辈，让他/她活到百岁以上。这样，孝敬老人就不仅是理念、美德，而且有制度配合，用利益去激励。大家觉得这样挺好，都应该去做，好风气就起来了。其实大家也不会就为了100元、1000元、10000元才去做，因为他们平时收入也不少。这是通过一种社会通行的文化再加物质和制度来提升员工的集体观念、友爱观念。

这三个关系的和谐，可以为企业创造一个好的外部环境。

第四节　文化表现三形式

内容是需要表现的，有效的表现靠的是好的形式。文化的内容重要，文化的表现形式有时更重要。同样的企业文化因为有了不同的表现形式，会产生完全不同的效果。我们把企业文化的表现形式分为三种。选取哪一种或者哪几种，要看企业的传播目的、传递对象和用词习惯。

一、关键词型

较多的形式是关键词型。就是通过关键词把自己的使命、核心价值观，以及各种经营管理观念提出来。如工商银行的使命是"提供卓越金融服务：服务客户、回报股东、成就员工、奉献社会"，价值观是"工于至诚，行以致远。诚信、人本、稳健、创新、卓越"。中石油的宗旨是"奉献能源，创造和谐"，企业精神是"爱国、创业、求实、奉献"，核心价值观是"我为祖国献石油"。娃哈哈的经营哲学是"凝聚小家，发展发家，报效国家"。

关键词型的文化表现，经过高度的提炼和归纳，在语言上比较工整、对仗、抽象。有点像司训、校训。

关键词型文化，就是把企业经营中的一些核心观念描述出来。使用最多的核心观念是什么呢？据统计，最多的是诚信，排在第二、第三的有团队精神、客户满意度，其余还有人本、求实、创新等。企业文化建设有时是在描述自己的追求，如果大家都重视诚信，也说明了在诚信方面还有很多的工作要做。

二、纲领描述型

第二是纲领描述型。用一句话而不是一个词来表述，这样的做法也是很多的。比方说阿里巴巴的"让天下没有难做的生意"，华为的"丰富人们的沟通与生活"，华侨城集团的"创造新的生活品质"等，本书所附的企业文化案例，都是纲领描述型的。

企业文化如何用一个纲领体系表现出来？如《华为公司基本法》，1996年开始制定，几千人在反复讨论，1998年才把它拿出来，而且是十年不变。为什么要花这么大精力去制定一个公司的文化大纲？而且用体系的方式把它表述出来？这就是前边我们所讲到的，在二次创业的时候，需要把企业家个人的意志、直觉、创新的精神和敏锐的思想，转化为文字，转变为体系的公司宗旨和政策。有了这个纲领型的宗旨和政策，就可以传递到中层管理者队伍身上去，然后通过他们使企业能够在较长的时期内规范地经营下去。由个人的变为组织的、团队的，由个人感悟的，变为职业化规范的。这个转变过程，不是靠几句口号，不是靠领导的几次发言，而是靠一个系统的纲领文件，靠广大干部员工长时间的学习和反思。据我们的经验，这种纲领型的企业文化文件比较有效果。

三、形象化型

第三是形象化型。有理念、语言，再加上典型人物和故事，配上视觉系统，让大家能够看到、听到、感觉到，就把企业文化做到了一个形象化的层次。很多企业内部流行一些典型故事，承载着企业的历史、风格、追求，如海尔公司"砸冰箱"的故事，谷歌公司"游泳池"的故事，华为公司"戴工卡"的故事（华为当时曾流行"四大傻"的开玩笑说法，其中"一傻"就是"出门戴工卡"。因为当时华为公司已经比较出名，带着华为工卡进出关，住酒店、购物都比较有信用，有的还可以打折，于是华为员工都习惯并骄傲地把工卡挂在胸前招摇过市，但也引起了小偷和抢劫犯的频繁光顾，因为他们都知道华为员工比较有钱，专偷他们。弄得华为员工的工卡戴也不是，不戴也不是。于是人们就调侃地编出了"四大傻"的故事）。有的企业通过形象设计，包括企业建筑物的颜色，厂区规划，办公室设计，标签印刷，工作服装设计，各种对外的口号、标识等，来强化企业文化的渲染力和冲击力。

| 第八章 |

How：如何做明白？

第一节　文化建设的时机

一、不可失去的机会

　　企业文化建设什么时机做最合适？根据我们对企业成长阶段的观察，似乎应该在创业成功后的成长前期做最合适，如图 8-1 所示。

　　企业的创业期要不要进行文化建设呢？有人认为创业一开始就要做，我们认为这不是特别重要，企业家个人的文化就足够用了。创业时企业人员不多，企业家自己领导大家努力就行了，最关键的是把市场拿下来，把产品、服务和技术搞好卖出去，把钱收回来。如果感觉创业期已经基本度过，下一阶段企业可能会有很好的发展前景，市场面要铺开，组织要扩张，需要大规模进人，也需要提拔干部时，企业管理者就不能一心扑在市场和产品上，而是要为未来的上规模、大发

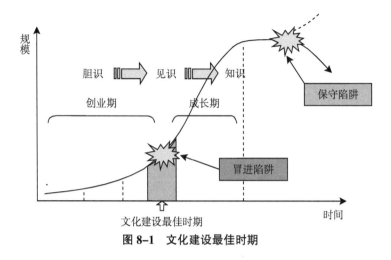

图8-1　文化建设最佳时期

展夯实组织基础，要考虑组织有无能力支撑企业的成长，管理好那么多的人。

我们在前面已经说过，没文化别扩张，没有组织和文化基础，扩张起来就会后悔——因为企业家可能进了一批志不同、道不合的人。企业做大了，大家都是功臣，在投资、用人、分配等重大问题发生分歧时，才发觉是因为以前没重视的核心价值观不一致，此时再去统一核心价值观是很难的。首先因为价值观没有对错之分，谁也说服不了谁。其次是此时的利益关系已经比较重大，大家都很难做出让步，其结果往往是不欢而散！甚至昔日朋友反目成仇！

企业文化建设的最优时期就是企业可能快速扩张的前期。这一时期需要企业花时间，花精力，甚至需要牺牲一些市场机会，也要把企业文化这个机制或平台做好。

第二次创业的转型期就是企业文化建设的最佳时期。企业家的任务已经不仅是牵引企业，指挥企业迅速扩张了，也不仅是考虑市场问题、财务问题，而要考虑到企业文化问题。在企业的创业阶段，只要有一个非常有能力的企业家，他就能够牵引企业迅速成长。这时他的个性、他的胆魄、他的眼光、他的洞察力起着很大的作用，也很有个人权威。但是企业的扩张需要大量人手，尤其是各种专业职能人才，企业可能会采取广纳天下英才的"唯才是举"方针。如果企业没有一个基本的核心价值观标准进行筛选，就难免有各种各样价值观的人进来。如有的企业想做百年企业，有人只想挣够一时的钱；有的注重企业品牌形象，有的可能只关注目前收益等，如果文化不能赶走不同价值观的人，就会埋下后患。《华为公司基本法》的制定，就是企业适时进行文化建设的典范。企业未来有大发展的可能性，在这种发展过程中就会产生干部队伍中心态、理念等的动荡，必须未雨绸缪，因此，《华为公司基本法》的出台就势在必行。

文化建设实际是一种组织的前馈控制。前馈控制发生在实际工作开始之前，是有未来导向的。培训项目、预测、预算、实时的计算机系统都属于前馈控制。前馈控制是管理层最渴望采取的控制类型，因为它能避免预期出现的问题，而不必当问题出现时再补救。管理过程理论认为，只有当管理者能够对即将出现的偏差有所觉察并及时预先提出某些措施时，才能进行有效的控制，因此前馈控制具有重要的意义。

例如，公司上市是企业发展中的重要阶段，上市可能会造成管理团队在利益、心理和行为上的巨大动荡，这是可以预测的。因此，如何及时地通过企业文化建设，设计好上市后的利益和地位分配规则，丑话说到前面，预防、控制和减少这种动荡给企业造成的损害，就是一种前馈控制。

二、无文化扩张的危险

先救谁？

茫茫大海的独木舟上坐着一位经理，左边三米外他年迈的母亲落水了，右边三米外他亲爱的妻子落水了，前面三米外他的孩子落水了。他们都在海里挣扎，但这个独木舟最多只能再容纳一个人。你认为这位经理应该先救谁？

这是决策者经常遇到的有限资源条件下的紧急决策，但这又是多么残酷的决策！

救谁都有道理。救母亲是孝顺，救妻子是爱情，救孩子就更是人之常情了。按照常规，他只有三个选择，就看他的核心价值标准为何。但无论如何，他都要忍受失去两个亲人的痛苦。他也可以痛苦到不知所措，自己也跳海不活了，一了百了。

其实，他已经失去了相对不痛苦的选择的机会。那就是在发生这种极端事情之前，形成一个家规，万一遇到这种不幸的情况，大家同意救谁的"共同价值观"。按照价值观的指引救人——比如说大家都同意救孩子，可能会让这位经理心情稍好一些——因为这也符合了没被救的亲人的愿望。

因此，比较好的结果是预先有所规定，也就是企业文化建设要做在前头，家人都掉在水里时，是没有机会征求大家意见的——机会不再来。《唐山大地震》的电影中，救儿子还是救女儿的纠结，就造成了母女间大半辈子的愧疚和记仇。但是，认为丑话说在前面有道理的中国人，一般并不会开这样的家庭会议，因为他们会认为这不吉利。所以才会有电视上那些调解家庭财产纠纷的节目，都是不制定家规，不明确家风的结果。

但是，企业文化建设应该不存在不吉利的心理障碍，在企业成长前期，抽出时间做好文化建设是企业长期可持续成长的必需工作，例如，华为公司就预见到可能有公司业绩不好的时候，在《华为公司基本法》中约定了自动降薪：第七十条，公司在经济不景气时期，以及失业成长暂时受挫阶段，或根据事业发展需要，启动自动降薪制度，避免过度裁员和人才流失，确保公司渡过难关。这种情况我做顾问时就遇到过一次。

不少企业发展到一定阶段，会感觉到成长后劲不足，于是采取各种方式激励大家继续奋斗。主要的办法就是制度考核，严格管理，或者给大家更多的薪酬激励，但发现效果并不是特别好。员工已经是小康之家了，再多一点收入也不过是保健因素，钱少了不行，钱多了没有多大激励作用，所以企业还是无法突破成长"瓶颈"，保持几千万元，或者一两亿元的收入就再也长不起来了。我们认为，除去行业因素以外，归根结底是企业没有形成一种持续成长的机制，员工队伍没有建立一个持续奋斗的氛围。这是用钱换不来的，必须换另一种角度，通过艰苦奋斗让大家有成就感。持续奋斗不是要得到什么，而是为此付出，这才能让企业进发出更大的扩张力。

大家可以看到那些长期稳健发展的优秀公司、知名企业，在它发展到一定阶段之后，都在建设企业文化。万科公司就是如此，在文化层面，甚至在伦理层面，都要形成自己的文本，海尔公司、华为公司也是如此。它们都是在企业迅猛发展的前期整合大家的思想，整合核心价值观，然后再往前冲。企业大规模扩张进人时，如果原来的优秀文化不能很好地固化下来，很好地表述出来，那么后来的人会把文化冲淡，甚至冲垮，这是非常危险的。

在适当的时机，花精力建设好文化，有时也叫做企业的二次创业。

企业创建期，靠的是企业家的个人能力、胆魄，二次创业则是让企业从个人的能力和胆魄，转向一个组织的能力、胆魄，由个人的寿命周期转向组织的寿命周期，由个人的牵引，转变为组织的支撑。在这个阶段如果不去建设企业文化，就犯了冒进的错误。不建平台、不顾风险、不管组织，只管赚钱扩张，就会掉进冒进的陷阱。我们看到某些急于扩张的企业，喊口号要翻倍扩张，要招几万名工程师，多少年之后一定要成为世界五百强等。我们还会看到一些为了快速做大而去做多元化的企业，见什么行业都想进，什么机会都想抓到手，什么钱都想赚，这是另一种形式的冒进。这个时候，企业可能要静下心来，回到原点去考虑到底追求什么？应该做个什么样的企业？应该招什么样的人？然后再考虑赚钱扩张的事。

第二节　文化建设三主体

在第三章我们已经讲到，企业文化建设必须是"老板工程"，一把手工程，老板必须是企业文化工程的总负责人。但是，具体工作总要有一个主体部门来负责组织。

从我们的经验看，由哪类部门作为责任主体，确实对企业文化建设的内容、倾向性以及效果有所影响。企业文化建设初期一般由党政、HR 和外部机构三个主体负责，文化建设工作成熟以后，就由企业文化部或企业文化中心等部门专职负责了。

一、党政部门主体

国企的企业文化建设一般是由党政部门牵头来做，由党委书记或副书记担任组长，这是顺理成章的，过去这些部门负责思想政治工作，现在一般是一套班子两块牌子，党政工作和企业文化工作合署办公。成规模的民营企业有正式的企业文化部门，但不少民营企业也建有党组织负责企业文化工作。像蒙牛乳业公司，其党委分管三项和企业文化密切相关的工作：第一是思想政治工作，这是传统上所重视的；第二是企业文化建设；第三是干部队伍建设和组织的问题。思想政治工作、企业文化建设、干部队伍建设，这三项是颇具中国特色的企业文化建设的内容。党政部门负责的企业文化内容一般会像政治型企业文化倾斜。

二、HR 部门主体

不少企业由人力资源部门来主导文化建设工作。为什么会由人力资源部门来主导呢？这是因为企业文化的很多内容与选人、用人、育人、留人、淘汰人，干部员工考核、分配这些规则制度密切相关，企业文化提倡的理念、原则、政策等，最后都必须通过人力资源制度细化、固化，才能落地，所以人力资源部门一开始就参与进来比较合适，有利于文化理念、制度的协调和一致性。

三、外聘咨询主体

请外部咨询机构帮忙也是一种普遍做法，专门机构有丰富经验，也有条件全面了解企业的情况，企业指派党政或人力资源部门配合即可。有时各部门的利益牵涉在里面，有些话不好说，有些原则不好定，外部机构在协调各部门的利益诉求上有一个天然优势，可以站在公司总体利益上考虑问题，因此，这种做法也是非常有效的。

是用企业内部部门、聘用外部机构，还是内外结合，视企业情况而定。但有一条我们是不能忽视的，就是企业文化必须是一把手工程，企业最高层领导不能不关注，不能不参与，高层领导思想上的、价值观上的东西，可不是基层、中层的干部所能够全面深入把握的，忽视这一点的企业文化建设很难成功。

因此，企业文化建设和很多其他管理工作有很大不同，一般管理可以是"民主决策，权威执行"，但企业文化正好相反，就是要"权威建设，民主执行"。这与企业文化的本质是密切相关的，谁最了解和影响企业的长远发展、战略目标，谁最坚守组织的核心价值观，谁就应该来负责这个任务，这个人一定是高层领导。否则，企业文化靠一个职能部门去做，往往是会有所偏颇的。

企业文化建设由一把手主导，以上三主体牵头组织，还要由各主要业务部门派人参与，如市场、技术研发、生产、财务、公共关系等，这是企业文化理念落地执行的基本单位，从具体业务和人员中归纳出文化的要点，再通过这些业务和人员贯彻下去。

另外，企业文化建设不是说随便从不太忙的部门抽调几个人来就行了，有两类人是要找到的：第一类是有思想的人。不但能做好本职工作，还能够思考企业长远、重大和原则性问题的人，这是建设企业文化可依赖的一批人。第二类是有权力的人。他手里有权力、有资源、有影响力，对文化的形成和将来的贯彻，会有较大作用。

第三节　文化实施六保障

文化实施需要一定的保障条件，这些内容过于具体，本书不展开讨论。我们认为至少有以下六个方面的保障措施。

一、组织保障

文化是组织行为，在一定规模的企业，文化建设工作也要有机构来负责，这个组织保障一般有两种：

（1）常设组织。很多企业设置了企业文化部，专职负责提炼、宣传、贯彻以及适应企业战略和发展要求，变革企业文化。

（2）非常设组织。不少企业由一个临时性组织负责。它是围绕一个活动、一个项目，抽调一班人来做的。不需要的时候留下业绩，解散班子。在规模比较小的企业，这种方式比较有效率。

二、人员保障

与组织设置相匹配，人员保障分为专职人员和兼职人员两种，如党政工作和企业文化工作兼职来做。各个企业可以视自己的情况、上级要求或具体工作要求来考虑设不设专职人员以及设多少人员。

三、制度保障

重视和系统实施文化建设的企业都有相关制度，一般有三个：

（1）企业文化发展规划制度。文化建设不是做完一个大纲，形成一个文本就可以了，而是要作为企业长期、持续的重要工作，因而要形成一个发展规划，即目前做什么，下一步怎么做，将来又做成什么样。

（2）企业文化考评制度。我们的文化到底如何？用什么样的标准和指标来衡量它是达到效果的？企业文化要作用于管理，作用于效益，要能衡量，否则企业文化就成空了。企业文化必须体现为看得见的价值。

（3）企业文化宣讲推广制度。文化建设过程是由个人到组织，由上层到基层，由内部到外部的。必须有人去推广、宣传、普及，对内对外展现文化，要有一个制度，变成日常工作。如日常的文化宣讲。通过各种形式，从各种不同角度，让干部员工逐步、深刻理解企业文化的内涵。

四、载体保障

文化表述需要载体。主要载体包括有：

（1）企业文化宣传手册。海尔、鲁能、华为等优秀公司都有自己的文化宣传手册。

（2）企业文化发展纲要。文化发展纲要和技术发展纲要、市场发展纲要一样，与管理业务密切结合。

（3）员工手册。可以把文化的核心内容放到员工手册里，和制度、待遇等内容放在一起，通过员工手册，让大家进行日常性学习。

（4）企业简介。对外散发一些介绍企业的小册子，可以包括企业简介、企业宗旨、价值观、追求、客户观等。

（5）内部报刊。内部报刊是宣传企业文化的重要阵地，可以刊登与所倡导文化相关的人物和故事，文化大纲也可以分期去刊登，员工有关企业文化的感想、建议等，都可以通过企业内部报刊宣传出去。

（6）网络微信。通过企业内部网和微信朋友圈，把企业文化的理念、故事、英雄人物传播出去。

（7）传统媒体。记录企业历史和故事的书籍、光盘、展览室等。

（8）实物载体。如特别纪念意义的设备、用具、房间、厂区等，每个企业都有一些实物载体承载着企业文化的信息。

五、活动保障

企业文化的活动保障一般有五种形式：

（1）管理论坛。举办企业管理论坛时，把文化管理作为其中一个部分来研讨，让大家去了解。

（2）企业文化宣传月。企业每年可以设一个企业文化宣传月，集中宣传文化理念、典型人物和事件，以及一些新的行为守则等。

（3）企业年度大会。在年度工作会议上，领导的报告一般会对该年度企业文化工作重点和成效做出强调。

（4）文艺活动。和我们平时的文艺、文体、文娱活动结合起来进行，如举办宣传企业理念的书画活动、竞赛活动、褒奖活动、交流活动等。

（5）文化外宣活动。通过参加社会和业界的各种活动，做企业形象展示，品牌宣传。展览会、社区活动等，也是宣传文化理念的有效手段。

六、经费保障

任何活动都会产生一定的经费，企业文化建设也要有一定的经费来保障。有很多企业会拨出专项经费，非常之重视。它们深知，这不仅是花钱，因为超一流企业卖文化，企业文化建设做得好，收益可能是巨大的。

| 第九章 |
How：有文化，不可怕！

　　有文化的企业其实是一个"本质上是功利组织，但又超越功利组织"的企业。做有文化的企业是一个企业历练和成长的过程，是每一位优秀企业家的不懈追求。最重要的是，文化产生的理性约束，可以提升企业和企业家的安全性。

第一节　企业有文化

一、企业的"三层"追求

我们在 2014 年出版的《成长的逻辑》一书中，专门写了"做人"一章，其内容与企业文化有密切关系。企业本质上是个经济组织、功利组织，文化不过是其实现本质属性的一种手段，而且这一手段的运用是按照企业成长阶段的不同需要进行的，我们把企业的发展阶段分成三个层次：

（1）只知道追求的文化：这种企业以追求功利为唯一目的，可能为达目的不择手段，处于创业期或生存期的企业比较多。企业定出来的目标一般是利润最大化，订单第一，占有率第一等，于是短期目标、马上见效的目标，就成为它的核心导向，赢了就是好汉！活下来就是英雄！这是第一层次的追求。

（2）知道怎样追求的文化：这种企业的经营会兼顾目的和手段的关系，以见利思义为原则，它要考虑怎样去追求利润、要多高的利润率、占有率多少为合适、与竞争对手建立怎样的关系等。例如，它的利润目标可能不是利润最大化，而是合理利润，以图维护产业链上下游的关系，求得企业的可持续生存发展，而不是一锤子买卖，赚得最多最好或者赢家通吃。华为公司讲究"深淘滩、低作堰"，并把赚的钱投入研发里去，分享到客户和合作伙伴那里。万科公司公开说超过25%利润的项目不做，它认为暴利的项目对企业人心有负面影响。再看蒙牛公司，它说一个企业利润太低了心不安，利润太高了也心不安。它追求适度的、合理的利润空间。

这个层次的企业是在进行道路选择：只知道追求的企业参与的是你死我活的竞争，知道怎样追求的企业是既讲竞争又讲合作，它会让出某些东西，自己盈利的同时让别人也能活，它开始考虑整个环境的运作，开始为自己营造一个合作的环境，大家共同开拓市场、共同研发产品、制订规则、享有利润。企业到了这个层次，同行就不再是你死我活的竞争，"友商"的概念才会出现，"竞合"的理念才会出现，企业文化建设也是在这个层面开始出现的。企业爱财，取之有道，企业经营讲愿景、讲道理、讲方法、讲途径，这样的企业开始形成一种规范，一种自律。同时它考虑三五年甚至更长时间的中期目标，在市场上它不去随意破坏规则，恶意抢夺别人的成果等。这是第二层次的追求。

（3）知道该不该追求的文化：企业做到这个层次，主要是在做"减法"，做"舍"的事情。它可能有很多资源和能力，可以做很多事情，但为了实现长远目的，它会选择放弃很多机会，放弃很多可以赚钱的项目。它考虑的是企业能给社会贡献什么，而不仅是自己的利润表。它思考的是做什么才能做到世界最优，才能对社会对人类有更大的贡献。

韩国人写的《商道》里面有一个很有意思的说法。它说一只鼎象征着一个社会，鼎有三条腿，象征着财富、权力和名誉，三条腿支起来是一只鼎。一般人认为，人生在世要成功，就是把这三样东西都得到，出人意料的是，作者说一个人应该做减法，让别人去做两条腿，自己只做其中一条，做企业家就只得财富，把名誉、权力放给学问家、政治家去得，再成功也不应该把三样东西都归到自己身上来。一个社会名利权全收，反而成了一个结构不好的社会。企业家到老了，就要连财富也舍掉，让财富回归社会。

一个企业由"只知道追求"，到"知道怎样追求"，再成长到"知道应不应该追求"的过程，就是一个企业由生存走向成长、成熟以至成功的过程，这个过程和人生阶段有些相似：先索取，再交易，后贡献。完整走完三个阶段的是成功的企业，也才是成功的人生！

二、企业的"三种"出名

企业是功利组织，以追求经济效益为主，但人们对企业的识别有时要看企业的名气，这个名气会对企业的经济效益产生不小的影响，因而企业就要考虑如何出名，策划品牌战略。其中有的企业进行企业文化建设就是为了名气，为了宣传，获得了一大堆相关奖项、成为企业文化基地等，这无可厚非，做到名实相符就行。

出名一般有三个方式：

（1）产品出名。有的产品非常有名，广告铺天盖地，人人耳熟能详，但它是谁生产的，老板是谁，人们未必清楚。如高露洁，这种企业实施的是产品品牌战略，而不是企业品牌战略，只要消费者知道产品就行。

（2）企业出名。企业在业界很有名，是世界500强，但人们并不清楚这公司生产什么产品，谁是这家企业的老板，如3M公司。这种企业可能很多元化，产品品种多如牛毛。当然企业名字和品牌名字一样的公司，如果出名就一起出名了，比如微软公司、苹果公司。

（3）领导出名。我们在各种媒体上可以看到某企业的领导到处演说，网上发帖，粉丝一片，与其说是企业领导不如说是演艺明星。如万科公司的王石曾经成为广告一哥，电视广告、机场广告都可以看到他的身影。格力电器的董明珠，还有最近TCL的李东生也亲自上电视做广告了。任志强在什么公司工作可能很多人不清楚，但在网上论坛上，"任大炮"可是很有名的，已经从企业领导成功变身进入了"大 V"行列。

我们很难说哪种出名最好，但有名总比无名好吧。华为公司和任正非属于企业和人都有名的一类，最近出了手机，产品也开始出名了——以前除了业内，很少有人能说清楚华为是做什么产品的。但任正非不是靠媒体出名，而是靠管理思想出名，他很少在媒体面前露面，也特别不喜欢照相，以至于以前人们找他张照片都很难。任正非之所以受人尊重，自然有他卓越思想言论的原因，在我听到的来自其他企业家的评价中，人们说得最多的，不是他个人因素："每位企业家都有自己的想法，但人家有华为公司这座丰碑!"

一个企业家靠什么出名流芳？不仅靠自己，还要靠身外之物。这身外之物有三个，第一个是好产品、好服务；第二个是好机制、好队伍；第三个是好思想、好行为。第一个获得客户市场的承认，第二个获得干部员工的尊重，第三个获得社会的认可。

三、企业的"三立"任务

古人讲究人三立：立德、立功、立言。鲁国的穆叔到晋国去，前来迎接的范宣子向穆叔问道："古人有言，死而不朽，何谓也？"豹闻之曰："太上有立德，其次有立功，其次有立言。虽久不废，此之谓不朽。"此后又有立业、立家、立行、立信之说。这主要是针对仁人志士的，那时还没有企业家。现代企业家的"三立"是什么呢？我们认为可以是立业、立言、立制。唐代孔颖达曾解释过："立德，谓创制垂法，博施济众。"在此认为古人的立德，对今天的企业家来讲，更合适的是取立制、创制之意为好。

企业的第一个任务是立业。没有客户，没有业绩，没有绩效，做不成事，连存活都是问题，所以立业是基础。德鲁克说企业的唯一目的就是创造客户，应该也是这个意思。

企业的第二个任务是立言。要把自己的经营理念、管理做法传递出去，把经过验证的优秀经验教给干部员工，由立业到立言。《华为公司基本法》就相当于立言。

企业的第三个任务是立制，华为公司从基本法到 IPD、ISC、财务信息化，就是由立言到立制的进化，只有用制度、规范才能形成"赋权、监管"的有效管理机制。

海尔的张瑞敏先生曾讲领导的"最高的境界是靠精神来指挥，他的部下不知道他的存在，可都会按照他的意图去干"。不靠权力，不靠自己下结论，不靠个人能力来指挥，而是靠立言形成的文化、靠立制形成的机制去推动一个组织。确实，当整个组织形成了很好的氛围、很好的文化、很好的机制导向时，组织就成了一个良性运转的"自组织"，会进入自由王国。

至于立德，这是个很复杂的问题，会由企业文化上升到企业伦理层面。如果说企业文化是将各种价值观排序，那么，企业伦理就是将价值观做取舍，如要确认什么是善，什么是恶；提倡什么，反对什么；等等。这就不仅是企业内部的问题，而要把整个社会环境要素纳入来考虑了。

有关立德，在以后我们要写的《伦理的逻辑》一书中再做详细讨论。

第二节　企业家有文化

一、企业家的"三学"

佛学讲戒、定、慧三学，这三学可以引用到企业家身上。

戒学在先。有文化的企业家要想干成事，首先得想明白不干什么事，不挣什么钱，不交什么朋友。原则是不违法、不违规、不违德，说得更通俗明了一点即不说谎、不造假、不偷盗、不懈怠、不赌博、不奢侈、不酗酒等，戒就是确定自己"言行的边线，做事的底线，交友的防线，公私的界限"。守好这些戒，人就有定力。

定学在次。"定"即不被欲望引诱去做事，不被情感迷惑去处事，不被冲动驱使去干事，按照企业家的职业要求做应该做的事。在应该做的范围内，坚定、认真地把自己的职责做好。入定的状态就是心静、正念，将外事、外力、外情吸收为己用，聚焦工作。

慧学在后。有了定力，天天思考工作和方法，反复从各个角度去研究它，就成了专家，智慧就出来了。就能够做到举一反三，触类旁通，去伪存真，心有灵犀，甚至具有未卜先知的洞察力。

企业文化的核心内容就是一种戒律，如文化建设要制定干部员工行为守则，要宣誓遵守这些守则。有文化的员工就是为自己寻找约束，并通过这些约束形成言行自律的习惯。过去的皇帝还要去天坛祭拜天地呢！皇帝的地位是所有人之上了，但他还是叫"天子"，为什么？要有一个绝对的、客观的、"天"的力量来约束他，不能无法无天，不能违背天意！

企业家其实也是如此。成功的企业家有成功的心态，他要找到自己的职业边界、时代边界，也就是找到约束，在这个位置上，他有使命感、责任感，他会诚惶诚恐、如履薄冰、谨小慎微，他就不敢胡作非为，不能胡言乱语，甚至不能胡思乱想。他知道自己至少担负着几千员工、几万员工甚至几十万员工及其家庭的"吃饭"责任。

懂得戒、定、慧三学的企业家，是不急、不贪、不高调的，知道企业生存不易，真正的事业不是一代人就能完成的，更别说八年、十年，这已经不是为了做买卖赚钱，而是要形成一个长久生存下去的企业机制。为此他会静水潜流，会耐得住寂寞，经得住挫折，抵得住诱惑。他知道自己应该做什么，不应该做什么，不狂妄，不急躁，这会在他的品格中表现出来。

动物界的景象也是如此，整天奔忙，累得要死的，都是小动物。大型动物是不会到处跑的。一只老虎的领地几十平方公里、上百平方公里，肚子饿了出去饱餐一顿，回来又休息了，它不会整天忙，但它要控制一个领地，形成一种威势，这就是老虎的生存智慧。

企业是追求功利目的的组织，企业家就是这个组织的人格化身，企业和慈善组织、学校、军队不一样，它不是捐款的，不是育人的，也不是打仗的，企业家作为企业的一家之主，应该是依赖"职业机会"来谋取利益的，而且这种谋利是依靠"市场的平等交换"的"和平"行为，所以非法的暴利不是他要干的，不透明的违规做法不是他要做的。从这种角度讲，企业家追求财富、权力，不是什么贪欲，而是职责，他要思考如何履行职业职责，增加收入、减少消费、减少浪费、增加资本、扩大再生产，再去创造更多的财富。从这一点讲，企业家精神中所包含的，是对一般人所想象的追求财富欲望的一种缓解，而不是贪得无厌。

二、企业家的"三心"

优秀企业家具有怎样的心理特质呢？市面上已经有很多"科学的"研究成果，感兴趣的朋友尽管可以花时间去分析，本书不是搞科学研究的，从亲身接触的企业家朋友看，我们认为，优秀企业家起码具备学习、成事和虔诚的"三心"。

（1）学习之心。每当在 EMBA 课堂上看到那么多做企业领导的同学们如饥似渴、勤奋学习的身影，我就对中国经济和社会的未来充满乐观和希望——这可是在日本哪怕美国都难以看到的景象。[1] 不要以小人之心度君子之腹，不要以为他们仅是拿学位来了，不要以为他们是搞关系来了，更不要以为他们是来官商勾结了！三角集团董事长丁玉华说：我读 EMBA 是事业的需要，也是自己生命的需要，尤其是在有些人曾经学会了做人，而现在却越来越不知道应该怎样做人的时候……优秀企业家每天都在主动地、不断地吸收新生事物、新生知识、学习他人的长处。环境在发展，社会在进步，如果一个领导人故步自封，觉得自己已经很

---

[1] 国外大学的 EMBA 不像中国这样庞大，但公司内教育很流行。如美国 GE 公司的"克劳顿村"，是 1956 年建立的世界上第一个大公司的管理学院。每年有 10 亿美元的培训经费，每年有 6000 名 GE 高级经理人在此学习。在日本，松下公司有自己的"松下塾"，京瓷公司有自己的"稻盛塾"等。

了不起，没什么东西可学了，什么建言、建议都听不进去了，他大概也就到达自己职业的"天花板"了。

我经常到企业去，从机场出来，企业的领导接我去公司或饭店，也不等我喘口气，在车上就开始没完没了地问起各种各样的管理问题。我心里想，这样的企业家绝对不能说他不好！他不管我累不累这在礼节上有些欠缺，但实际上这是非常优秀的一种素质，他关注的就是企业的工作，想抓紧一切机会，从我脑子里挖出他需要的知识和办法。彭剑峰教授经常用"血洗"来形容这种"学习"精神。这种企业家特别善于学习，他的脑子就像一块海绵，见水就能吸走，不断地充实自己。为什么我们的企业、我们的经济做得相当不错，其中很重要的原因就是我们的企业家在学习层面所花的力量比其他很多国家的企业家更大，学习之心是我们发展的动力源。

学习的方法不仅是向别人学习，到大学学习，更重要的还有自我反思。任正非对员工讲过：我为什么比你们聪明，就是遇到事情比你们多反思一点，多感悟一点。华为公司提倡干部的"自我批判"也是这个道理，不能自我批判的人基本就没有了进步的空间。华为公司还提倡屡战屡败、屡败屡战，通过学习积累经验，直至最后胜利的精神。

失败不可怕，关键是失败了还学不到东西。所以自我反思和自我批判很重要。也有人不善于学习，有案例为证。据报道，华东最大的纺织企业宝利嘉破产，董事长发告员工书，讲述了宝利嘉遇到的灾难性的打击，分厂招商时政府承诺的信贷资金不到位、企业被坑，现金流短缺等经营问题。

告社会各界和宝利嘉员工书

宝利嘉的各位员工和社会各界的朋友们：

今天宝利嘉遇到了前所未有的灾难，让大家受苦了，受惊了。还有部分员工的工资和福利没有拿到手，也有社会各界朋友的借款没有还清，在这里本人表达真诚的歉意。以下是造成这些现象的原因和本人的看法：

1. 自去年至今, 宝利嘉集团被各家金融机构密集收贷, 压贷计贰亿零柒佰伍拾万元整, 设备租赁费壹亿多元, 仅一年就减少了叁亿多元现金流。

2. 六安、滁州两地开发区投资协议的重要款项没有兑现, 其中六安经济技术开发区投资协议承诺为六安宝利嘉项目解决信贷资金4.2亿元, 现已投资第七个年头, 企业拿到的信贷资金仅为六安农商行的2000万元, 仅仅是协议承诺的一个零头。也因此原因, 造成宝利嘉六安公司开工率不足, 年年亏损, 也无法兑现对开发区的协议税收约定。滁州开发区也承诺解决信贷资金每完成一个车间6000万元, 去年已完成4个车间的投产, 应为企业解决信贷资金2.4亿元, 实际现在也只有滁州中行的1000万元贷款, 本来滁州工行的2000万元贷款也已在今年的6月18日全部收贷。

3. 为维持企业生计, 本人努力向社会人脉圈私人借贷7300万元, 到现在资源也全部枯萎, 还背负一身债务。

4. 金融机构无节制地收贷、压贷, 造成企业开工率严重不足, 亏损严重, 直至今天无以为继。

5. 目前六安公司仓储物资足够发放员工工资福利, 滁州库存偏少, 需依靠政府来解决问题。洪泽、太仓也需要政府来解决部分问题, 由此给员工们和社会各界带来的麻烦请多多谅解包涵。

6. 本人也希望各界金融机构能体谅企业的疾苦, 顾全大局, 不要无节制的收贷、压贷, 伤害别人也等于伤害自己, 最后两败俱伤。也希望各地开发区能诚信招商, 不能企业来投资了就什么都不管了, 所有的责任都放在企业身上。一个宝利嘉倒下去并不可怕, 如果很多企业都遇到了与宝利嘉同样的命运, 将给社会稳定带来巨大影响。

7. 因我本人原因害得大家对宝利嘉失去信心了, 我希望员工们和社会各界不要灰心, 也不要担心, 就算我没能力再经营这个企业了, 我相信未来的宝利嘉会有能力更好的老板来经营。对因本人掌控企业能力不够而造成的宝利嘉变故给社会各界朋友和员工带来的麻烦和困惑表示深深歉意!

希望大家在炎热的夏天里，消消气，好好休息，等待好消息。如果有幸还能和大家在一起，我会加倍努力地去工作，同时也希望大家能继续支持我。

我相信政府能协调和处理好眼前的这些问题，最后祝大家平平安安，顺顺利利！

宝利嘉　葛富春

2015 年 7 月 31 日

此事件中可能还有其他因素没说出来，从告员工书看，做民企老板不容易是事实，但他的反思不太到位也是事实。

第一，做企业活着是硬道理，要活着首先是做好风险管理。银行风险管理做得好，协议上可以随时抽贷压贷，而企业太注重产品和利润，忽视信贷造成的现金流风险，这不能全怪别人。

第二，做企业不能盲目扩张。政府招商引资不是帮企业经营，开发区许诺的不一定都能兑现，企业却不能"等、靠、要"，最终还是要靠自己。吃饭靠自己，睡觉靠自己，呼吸靠自己，这些事不能委托和依靠任何人。

第三，老板个人原因和经营管理原因到底是什么没有明说？华为公司认为一个企业应该努力做到三不依赖：不依赖资金，不依赖人才，不依赖技术。企业不但依赖资金，还依赖政府，没有政府的支持和优惠就无利可图，说明这个产品或企业在市场上已经有问题，能活得好吗？

看来需要真心反思才能学到东西，否则，吃一堑也不会长一智。真心反思的五原则是：说自己不说别人；说主观不说客观；说内因不说外因；说清楚不说模糊，说办法不说借口。这不容易，但不坚持就不会进步。刚才的案例说明学习之心还不够，应该反思。

（2）成事之心。领导者必须要完成任务，要做成事情，而不是解释道理，评论是非。领导者和评论家不一样，评论家是不能执政的人。评论家置身度外，见什么事都只是评论几句，划分好坏，敲边鼓，喜欢做风水先生式的模糊预测等，评论家最多成为诸葛亮，做军师。

成事之心就是建设性思维，不是批判性思维，更不是破坏性思维。在做成一件事情的过程中，总会有问题、有漏洞、有缺陷，企业家不会不关注这些问题、漏洞和缺陷，但他们是把这些当成自己的工作或任务，而不是靠提出这些东西来证明自己的聪明。所以一个优秀的企业家、管理者，是在抓到机会后不断地去解决问题，整合资源，成就事业。管理学理论上常讲"做正确的事情和正确地做事情"的关系，并认为"做正确的事情，比正确地做事情更重要"，从道理上讲这是对的，但我们认为，把事做成，才是衡量是否选了一个正确的事和选了一个正确的方法的标准。对优秀企业家、管理者来说最重要的是"成事之心"，不是"对错之心"。

有了成事之心，我们会坚定目标追求，不管遇到什么艰难险阻，一定千方百计把事做成。有了"成大事之心"，我们就会不受些许小利的诱惑，不受机会主义的困扰，不惧恶意的攻击，不吃路旁草，不采道边花，"将军赶路，不追小兔"！认认真真把自己的事情做好，以坚定的信念、执着的精神一步一步走下去。

（3）虔诚之心。在《成长的逻辑》一书中，我们曾讲到企业家定力的来源，其中之一就是来源于虔诚的职业信仰。企业家就是企业家，无法兼顾政治家的职责，去追求社会的公平正义和民主自由；也不应该像科学家那样，去追求纯粹的科研成果和人类新知识；也不应该忽视激烈的市场竞争去著书立说做专家学者；更不应该在肩负企业重大经济责任之时兼做慈善家，争当道德模范。社会分工，各有所专，一辈子做好企业家这个职业已经不容易，兼业太多了就有问题，这是对职业的虔诚和敬畏，不能随意"商而优则仕，商而优则学，商而优则善"。

虔诚之心可能来自信仰，来自使命，来自天职观念。如华为公司说基层员工要有饥饿感，中层干部要有危机感，高层干部要有使命感。使命不是我们要做的、能做的、喜欢做的事情，而是我们必须做的、不得不做的事情。这也是天职观念的表现。一个人做点小事情，在自己家里做点私事，也要有虔诚之心，诚实正直，这要求就有些高了，但如果是企业家，要履行做大、做强、做久企业的使命和职责，虔诚、敬畏、诚实、正直，就成为基本的品质了。领导忠于职守，以身作则，诚实正直，聚焦工作，下面干部员工都看得清楚，才会形成一个良好的企业氛围。否则，玩弄权术、阴谋诡计、假冒伪劣、结党营私、任人唯亲，就会失信于员工，失信于商业伙伴。虔诚之心帮助人产生敬畏：一是敬畏法律，不要有侥幸之心！二是敬畏历史，使自己的作为经得起实践和历史的检验；三是敬畏百姓，让自己做的事情对得起百姓之心，经得住百姓之口；四是敬畏人生，将来回首往事的时候不会感到后悔。

虔诚就不会过于心存侥幸，就可以防患于未然。有杂念就可能有50%的概率去说，有假话就可能有50%的概率去做，有恶行就可能有50%的概率被发现。安然公司和安达信合起来财务造假，结果两家公司全倒闭了。近期又有日本东芝公司财务造假，德国大众公司尾气检测造假等，现实中有那么多不诚信之事发生，表明在市场竞争中，诚信是常识却很难坚守，必须有一个极其虔诚的心才能靠近它，必须有一个极其虔诚的天职意识才能敬畏它。

三、企业家的"三途"

企业家要随着企业的不断成长而成长，正因为企业做大了，才需要转变提升。我们认为企业家的转变提升有"三途"。

第一"途"，自己由感性变为比较理性。学一些现代企业管理的技巧、方法、制度、用人，读一读EMBA等。学习这些东西，会使自己变得比较理性，加上原来的感性、胆魄、洞察力，就不会成为企业持续成长的"天花板"，否则不是这个企业被你压住，就是这个企业把你顶走。

第二"途"，学会跟理性的人合作。如果你不喜欢学现代管理，也不喜欢变得理性，你就是一个性情中人，那就走第二条道路——学会跟理性的人合作，照样可以很好地掌控这个企业。你可以在内部逐渐培养一批有格局、有管理技能的干部，也可以从外部引进职业经理人。对此你可能不习惯，你的创业功臣们也会有抵触，你可能需要顶着过河拆桥的骂名，企业可能会一时降低效率，还可能会失去一些市场机会，但你也得容忍，否则，你就不可能摆脱人治因素，建立流程化组织管理系统，就过不了管理关！

第三"途"，别把企业做大。有的企业家说，职业经理人我找不着合适的，我也不相信他们，他们的所谓管理做法太限制我，受不了，那么这里还有第三条路——别把企业做大。现代大企业的做法就是和小企业不一样。各种技能、知识、脾气秉性、风俗习惯的人要进来，各种价值观的人要进来，如果文化建设、制度建设跟不上，企业做大就是灾难！这并不是危言耸听！这么"死掉"的企业还真不少！与其如此，还不如做小一点，当个"百年小店"的好。既然你不能当军长，不能领导正规军，只能当胡传魁胡司令，指挥七八个人十来条枪，也是一种活法，我们认为这也叫成功。何必非要做自己做不了的事情，做大然后失败呢？每个人都需要审视自己的定位，看看自己在品格上、视野上、观念上如何，能否通过改造自己跟上企业的发展。老子曰："人法地，地法天，天法道，道法自然。"总有一些东西会限制你。要根据这个边界，来规划人事匹配。能做大就做大，不能做大就做专、做精、做久。

文化的核心本质是一种约束，言论约束、行为约束、思想约束。有了约束，再加自律，就提高了安全度，正所谓：有文化，不可怕！

| 第十章 |

典型企业文化

第一节 《华为公司基本法》[①]

一、公司的宗旨

(一) 核心价值观

(追求)

第一条 华为的追求是在电子信息领域实现顾客的梦想，并依靠点点滴滴、锲而不舍的艰苦追求，使我们成为世界级领先企业。

为了使华为成为世界一流的设备供应商，我们将永不进入信息服务业。通过无依赖的市场压力传递，使内部机制永远处于激活状态。

---

① 参与起草的中国人民大学项目组成员为彭剑峰、黄卫伟、吴春波、包政、杨杜、孙健敏。

（员工）

第二条　认真负责和管理有效的员工是华为最大的财富。尊重知识、尊重个性、集体奋斗和不迁就有功的员工，是我们事业可持续成长的内在要求。

（技术）

第三条　广泛吸收世界电子信息领域的最新研究成果，虚心向国内外优秀企业学习，在独立自主的基础上，开放合作地发展领先的核心技术体系，用我们卓越的产品自立于世界通信列强之林。

（精神）

第四条　爱祖国、爱人民、爱事业和爱生活是我们凝聚力的源泉。责任意识、创新精神、敬业精神与团结合作精神是我们企业文化的精髓。实事求是是我们行为的准则。

（利益）

第五条　华为主张在顾客、员工与合作者之间结成利益共同体。努力探索按生产要素分配的内部动力机制。我们决不让雷锋吃亏，奉献者定当得到合理的回报。

（文化）

第六条　资源是会枯竭的，唯有文化才会生生不息。一切工业产品都是人类智慧创造的。华为没有可以依存的自然资源，唯有在人的头脑中挖掘出大油田、大森林、大煤矿……精神是可以转化成物质的，物质文明有利于巩固精神文明。我们坚持以精神文明促进物质文明的方针。

这里的文化，不仅包含知识、技术、管理、情操……也包含了一切促进生产力发展的无形因素。

（社会责任）

第七条　华为以产业报国和科教兴国为己任，以公司的发展为所在社区做出贡献。为伟大祖国的繁荣昌盛，为中华民族的振兴，为自己和家人的幸福而不懈努力。

（二）基本目标

（质量）

第八条　我们的目标是以优异的产品、可靠的质量、优越的终生效能费用比和有效的服务，满足顾客日益增长的需要。

质量是我们的自尊心。

（人力资本）

第九条　我们强调人力资本不断增值的目标优先于财务资本增值的目标。

（核心技术）

第十条　我们的目标是发展拥有自主知识产权的世界领先的电子和信息技术支撑体系。

（利润）

第十一条　我们将按照我们的事业可持续成长的要求，设立每个时期的合理的利润率和利润目标，而不单纯追求利润的最大化。

（三）公司的成长

（成长领域）

第十二条　我们进入新的成长领域，应当有利于提升公司的核心技术水平，有利于发挥公司资源的综合优势，有利于带动公司的整体扩张。顺应技术发展的大趋势，顺应市场变化的大趋势，顺应社会发展的大趋势，就能使我们避免大的风险。

只有当我们看准了时机和有了新的构想，确信能够在该领域中对顾客做出与众不同的贡献时，才进入市场广阔的相关新领域。

（成长的牵引）

第十三条　机会、人才、技术和产品是公司成长的主要牵引力。这四种力量之间存在着相互作用。机会牵引人才，人才牵引技术，技术牵引产品，产品牵引更多更大的机会。加大这四种力量的牵引力度，促进它们之间的良性循环，就会加快公司的成长。

（成长速度）

第十四条　我们追求在一定利润率水平上的成长的最大化。我们必须达到和保持高于行业平均的增长速度和行业中主要竞争对手的增长速度，以增强公司的活力，吸引最优秀的人才，实现公司各种经营资源的最佳配置。在电子信息产业中，要么成为领先者，要么被淘汰，没有第三条路可走。

（成长管理）

第十五条　我们不单纯追求规模上的扩展，而是要使自己变得更优秀。因此，高层领导必须警惕长期高速增长有可能给公司组织造成的脆弱和隐藏的缺点，必须对成长进行有效的管理。在促进公司迅速成为一个大规模企业的同时，必须以更大的努力，促使公司更加灵活和更为有效。始终保持造势与做实的协调发展。

（四）价值的分配

（价值创造）

第十六条　我们认为，劳动、知识、企业家和资本创造了公司的全部价值。

（知识资本化）

第十七条　我们用转化为资本这种形式，使劳动、知识以及企业家的管理和风险的累积贡献得到体现和报偿；利用股权的安排，形成公司的中坚力量和保持对公司的有效控制，使公司可持续成长。知识资本化与适应技术和社会变化的有活力的产权制度，是我们不断探索的方向。

我们实行员工持股制度。一方面，普惠认同华为的模范员工，结成公司与员工的利益与命运共同体；另一方面，将不断地使最有责任心与才能的人进入公司的中坚层。

（价值分配形式）

第十八条　华为可分配的价值，主要为组织权力和经济利益；其分配形式是：机会、职权、工资、奖金、安全退休金、医疗保障、股权、红利，以及其他人事待遇。我们实行按劳分配与按资分配相结合的分配方式。

（价值分配原则）

第十九条　效率优先，兼顾公平，可持续发展，是我们价值分配的基本原则。

按劳分配的依据是：能力、责任、贡献和工作态度。按劳分配要充分拉开差距，分配曲线要保持连续和不出现拐点。股权分配的依据是：可持续性贡献、突出才能、品德和所承担的风险。股权分配要向核心层和中坚层倾斜，股权结构要保持动态合理性。按劳分配与按资分配的比例要适当，分配数量和分配比例的增减应以公司的可持续发展为原则。

（价值分配的合理性）

第二十条　我们遵循价值规律，坚持实事求是，在公司内部引入外部市场压力和公平竞争机制，建立公正客观的价值评价体系并不断改进，以使价值分配制度基本合理。衡量价值分配合理性的最终标准，是公司的竞争力和成就，以及全体员工的士气和对公司的归属意识。

二、基本经营政策

（一）经营重心

（经营方向）

第二十一条　我们中短期经营方向集中在通信产品的技术与质量上，重点突破、系统领先，摆脱在低层次市场上角逐的被动局面，同时发展相关信息产品。公司优先选择资源共享的项目，产品或事业领域多元化紧紧围绕资源共享展开，不进行其他有诱惑力的项目，避免分散有限的力量及资金。

我们过去的成功说明，只有大市场才能孵化大企业。选择大市场仍然是我们今后产业选择的基本原则。但是，成功并不总是一位引导我们走向未来的可靠向导。我们要严格控制进入新的领域。

对规划外的小项目，我们鼓励员工的内部创业活动，并将拨出一定的资源，支持员工把出色的创意转化为顾客需要的产品。

（经营模式）

第二十二条　我们的经营模式是，抓住机遇，靠研究开发的高投入获得产品技术和性能价格比的领先优势，通过大规模的席卷式的市场营销，在最短的时间里形成正反馈的良性循环，充分获取"机会窗"的超额利润。不断优化成熟产品，驾驭市场上的价格竞争，扩大和巩固在战略市场上的主导地位。我们将按照这一经营模式的要求建立我们的组织结构和人才队伍，不断提高公司的整体运作能力。

在设计中构建技术、质量、成本和服务优势，是我们竞争力的基础。日本产品的低成本、德国产品的稳定性、美国产品的先进性，是我们赶超的基准。

（资源配置）

第二十三条　我们坚持"压强原则"，在成功关键因素和选定的战略生长点上，以超过主要竞争对手的强度配置资源，要么不做，要做，就极大地集中人力、物力和财力，实现重点突破。

在资源的分配上，应努力消除资源合理配置与有效利用的障碍。我们认识到对人、财、物这三种关键资源的分配，首先是对优秀人才的分配。我们的方针是使最优秀的人拥有充分的职权和必要的资源去实现分派给他们的任务。

（战略联盟）

第二十四条　我们重视广泛的对等合作和建立战略伙伴关系，积极探索在互利基础上的多种外部合作形式。

（服务网络）

第二十五条　华为向顾客提供产品的终生服务承诺。

我们要建立完善的服务网络，向顾客提供专业化和标准化的服务。顾客的利益所在，就是我们生存与发展的最根本的利益所在。

我们要以服务来定队伍建设的宗旨，以顾客满意度作为衡量一切工作的准绳。

（二）研究与开发

（研究开发政策）

第二十六条　顾客价值观的演变趋势引导着我们的产品方向。

我们的产品开发遵循在自主开发的基础上广泛开放合作的原则。在选择研究开发项目时，敢于打破常规，走别人没有走过的路。我们要善于利用有节制的混沌状态，寻求对未知领域研究的突破；要完善竞争性的理性选择程序，确保开发过程的成功。

我们保证按销售额的 10% 拨付研发经费，有必要且可能时还将加大拨付的比例。

（研究开发系统）

第二十七条　我们要建立互相平行、符合大公司战略的三大研究系统，即产品发展战略规划研究系统，产品研究开发系统，以及产品中间试验系统。随着公司的发展，我们还会在国内外具有人才和资源优势的地区，建立分支研究机构。

在相关的基础技术领域中，不断地按"窄频带、高振幅"的要求，培养一批基础技术尖子。在产品开发方面，培养一批跨领域的系统集成带头人。把基础技术研究作为研究开发人员循环流程的一个环节。

没有基础技术研究的深度，就没有系统集成的高水准；没有市场和系统集成的牵引，基础技术研究就会偏离正确的方向。

（中间试验）

第二十八条　我们十分重视新产品、新器件和新工艺的品质论证及测试方法研究。要建立一个装备精良、测试手段先进、由众多"宽频带、高振幅"的优秀工程专家组成的产品中间试验中心。为了使我们中间试验的人才和装备水平居世界领先地位，我们在全世界只建立一个这样的大型中心。要经过集中的严格筛选过滤新产品和新器件，通过不断的品质论证提高产品的可靠性，持续不断地进行容差设计试验和改进工艺降低产品成本，加快技术开发成果的商品化进程。

（三）市场营销

（市场地位）

第二十九条　华为的市场定位是业界最佳设备供应商。

市场地位是市场营销的核心目标。我们不满足于总体销售额的增长，我们必须清楚公司的每一种主导产品的市场份额是多大，应该达到多大。特别是新产品、新兴市场的市场份额和销售份额更为重要。品牌、营销网络、服务和市场份额是支撑市场地位的关键要素。

（市场拓展）

第三十条　战略市场的争夺和具有巨大潜力的市场的开发，是市场营销的重点。我们既要抓住新兴产品市场的快速渗透和扩展，也要奋力推进成熟产品在传统市场与新兴市场上的扩张，形成绝对优势的市场地位。

作为网络设备供应商，市场战略的要点是获取竞争优势，控制市场主导权的关键。市场拓展是公司的一种整体运作，我们要通过影响每个员工的切身利益传递市场压力，不断提高公司整体响应能力。

（营销网络）

第三十一条　营销系统的构架是按对象建立销售系统，按产品建立行销系统，形成矩阵覆盖的营销网络。

（营销队伍建设）

第三十二条　我们重视培育一支高素质的、具有团队精神的销售工程师与营销管理者队伍，重视发现和培养战略营销管理人才和国际营销人才。

我们要以长远目标来建设营销队伍，以共同的事业、责任、荣誉来激励和驱动。

（资源共享）

第三十三条　市场变化的随机性、市场布局的分散性和公司产品的多样性，要求前方营销队伍必须得到及时强大的综合支援，要求我们必须能够迅速调度和组织大量资源抢夺市场先机和形成局部优势。因此营销部门必须采取灵活的运作方式，通过事先策划与现场求助，实现资源的动态最优配置与共享。

（四）生产方式

（生产战略）

第三十四条　我们的生产战略是在超大规模销售的基础上建立敏捷生产体系。因地制宜地采用世界上先进的制造技术和管理方法，坚持永无止境的改进，不断提高质量，降低成本，缩短交货期和增强制造柔性，使公司的制造水平和生产管理水平达到世界级大公司的基准。

（生产布局）

第三十五条　顺应公司事业领域多元化和经营地域国际化的趋势，我们将按照规模经济原则、比较成本原则和贴近顾客原则，集中制造关键基础部件和分散组装最终产品，在全国和世界范围内合理规划生产布局，优化供应链。

（五）理财与投资

（筹资战略）

第三十六条　我们努力使筹资方式多样化，继续稳健地推行负债经营。开辟资金来源，控制资金成本，加快资金周转，逐步形成支撑公司长期发展需求的筹资合作关系，确保公司战略规划的实现。

（投资战略）

第三十七条　我们中短期的投资战略仍坚持以产品投资为主，以期最大限度地集中资源，迅速增强公司的技术实力、市场地位和管理能力。我们在制定重大投资决策时，不一定追逐今天的高利润项目，同时要关注有巨大潜力的新兴市场和新产品的成长机会。我们不从事任何分散公司资源和高层管理精力的非相关多元化经营。

（资本经营）

第三十八条　我们在产品领域经营成功的基础上探索资本经营，利用产权机制更大规模地调动资源。实践表明，实现这种转变取决于我们的技术实力、营销实力、管理实力和时机。外延的扩张依赖于内涵的做实，机会的捕捉取决于事先的准备。

资本知识化是加速资本经营良性循环的关键。我们在进行资本扩充时，重点要选择那些有技术、有市场，以及与我们有互补性的战略伙伴，其次才是金融资本。

资本经营和外部扩张，应当有利于潜力的增长，有利于效益的增长，有利于公司组织和文化的统一性。公司的上市应当有利于巩固我们已经形成的价值分配制度的基础。

三、基本组织政策

（一）基本原则

（组织建立的方针）

第三十九条　华为组织的建立和健全，必须：

1. 有利于强化责任，确保公司目标和战略的实现。

2. 有利于简化流程，快速响应顾客的需求和市场的变化。

3. 有利于提高协作的效率，降低管理成本。

4. 有利于信息的交流，促进创新和优秀人才的脱颖而出。

5. 有利于培养未来的领袖人才，使公司可持续成长。

（组织结构的建立原则）

第四十条　华为将始终是一个整体。这要求我们在任何涉及华为标识的合作形式中保持控制权。

战略决定结构是我们建立公司组织的基本原则。具有战略意义的关键业务和新事业生长点，应当在组织上有一个明确的负责单位，这些部门是公司组织的基本构成要素。

组织结构的演变不应当是一种自发的过程，其发展具有阶段性。组织结构在一定时期内的相对稳定，是稳定政策、稳定干部队伍和提高管理水平的条件，是提高效率和效果的保证。

（职务的设立原则）

第四十一条　管理职务设立的依据是对职能和业务流程的合理分工，并以实现组织目标所必须从事的一项经常性工作为基础。职务的范围应设计得足够大，以强化责任、减少协调和提高任职的挑战性与成就感。

设立职务的权限应集中。对设立职务的目的、工作范围、隶属关系、职责和职权，以及任职资格应做出明确规定。

（管理者的职责）

第四十二条　管理者的基本职责是依据公司的宗旨主动和负责地开展工作，使公司富有前途，工作富有成效，员工富有成就。管理者履行这三项基本职责的程度，决定了他的权威与合法性被下属接受的程度。

（组织的扩张）

第四十三条　组织的成长和经营的多元化必然要求向外扩张。组织的扩张要抓住机遇，而我们能否抓住机遇和组织能够扩张到什么程度，取决于公司的干部队伍素质和管理控制能力。当依靠组织的扩张不能有效地提高组织的效率和效果时，公司将放缓对外扩张的步伐，转而致力于组织管理能力的提高。

（二）组织结构

（基本组织结构）

第四十四条　公司的基本组织结构将是一种二维结构：按战略性事业划分的事业部和按地区划分的地区公司。事业部在公司规定的经营范围内承担开发、生产、销售和用户服务的职责；地区公司在公司规定的区域市场内有效利用公司的资源开展经营。事业部和地区公司均为利润中心，承担实际利润责任。

（主体结构）

第四十五条　职能专业化原则是建立管理部门的基本原则。对于以提高效率和加强控制为主要目标的业务活动领域，一般也应按此原则划分部门。

公司的管理资源、研究资源、中试资源、认证资源、生产管理资源、市场资源、财政资源、人力资源和信息资源……是公司的公共资源。为了提高公共资源的效率，必须进行审计。按职能专业化原则组织相应的部门，形成公司组织结构的主体。

（事业部）

第四十六条　对象专业化原则是建立新事业部门的基本原则。

事业部的划分原则可以是以下两种原则之一，即产品领域原则和工艺过程原则。按产品领域原则建立的事业部是扩张型事业部，按工艺过程原则建立的事业部是服务型事业部。

扩张型事业部是利润中心，实行集中政策，分权经营。应在控制有效的原则下，使之具备开展独立经营所需的必要职能，既充分授权，又加强监督。

对于具有相对独立的市场，经营已达到一定规模，相对独立运作更有利于扩张和强化最终成果责任的产品或业务领域，应及时选择更有利于它发展的组织形式。

（地区公司）

第四十七条　地区公司是按地区划分的、全资或由总公司控股的、具有法人资格的子公司。地区公司在规定的区域市场和事业领域内，充分运用公司分派的资源和尽量调动公司的公共资源寻求发展，对利润承担全部责任。在地区公司负责的区域市场中，总公司及各事业部不与之进行相同事业的竞争。各事业部如有拓展业务的需要，可采取会同或支持地区公司的方式进行。

（矩阵结构的演进）

第四十八条　当按职能专业化原则划分的部门与按对象专业化原则划分的部门交叉运作时，就在组织上形成了矩阵结构。

公司组织的矩阵结构，是一个不断适应战略和环境变化，从原有的平衡到不平衡，再到新的平衡的动态演进过程。不打破原有的平衡，就不能抓住机会，快速发展；不建立新的平衡，就会给公司组织运作造成长期的不确定性，削弱责任建立的基础。

为了在矩阵结构下维护统一指挥原则和责权对等原则，减少组织上的不确定性和提高组织的效率，我们必须在以下几方面加强管理的力度：

1. 建立有效的高层管理组织。

2. 实行充分授权，加强监督。

3. 加强计划的统一性和权威性。

4. 完善考核体系。

5. 培育团队精神。

（求助网络）

第四十九条　我们要在公司的纵向等级结构中适当地引入横向和逆向的网络动作方式，以激活整个组织，最大限度地利用和共享资源。我们既要确保正向直线职能系统制定和实施决策的政令畅通，又要对逆向和横向的求助系统做出及时灵活的响应，使最贴近顾客，最先觉察到变化和机会的高度负责的基层主管和员工，能够及时得到组织的支援，为组织目标做出与众不同的贡献。

（组织的层次）

第五十条　我们的基本方针是减少组织的层次，以提高组织的灵活性。减少组织层次一方面要减少部门的层次，另一方面要减少职位的层次。

（三）高层管理组织

（高层管理组织）

第五十一条　高层管理组织的基本结构为三部分：公司执行委员会、高层管理委员会与公司职能部门。

公司的高层管理委员会有：战略规划委员会，人力资源委员会，财经管理委员会。

（高层管理职责）

第五十二条　公司执行委员会负责确定公司未来的使命、战略与目标，对公司重大问题进行决策，确保公司可持续成长。

高层管理委员会是由资深人员组成的咨询机构。负责拟制战略规划和基本政策，审议预算和重大投资项目，以及审核规划、基本政策和预算的执行结果。审议结果由总裁办公会议批准执行。

公司职能部门代表公司总裁对公司公共资源进行管理，对各事业部、子公司、业务部门进行指导和监控。公司职能部门应归口设立，以尽量避免多头领导现象。

高层管理任务应以项目形式予以落实。高层管理项目完成后，形成具体工作和制度，并入某职能部门的职责。

（决策制度）

第五十三条　我们遵循民主决策，权威管理的原则。

高层重大决策需经高层管理委员会充分讨论。决策的依据是公司的宗旨、目标和基本政策；决策的原则是，从贤不从众。真理往往掌握在少数人手里，要造成一种环境，让不同意见存在和发表。一经形成决议，就要实行权威管理。

高层委员会集体决策以及部门首长负责制下的办公会议制度，是实行高层民主决策的重要措施。我们的方针是，放开高层民主，使智慧充分发挥；强化基层执行，使责任落在实处。

各部门首长隶属于各个专业委员会，这些委员会议事而不管事，对形成的决议有监督权，以防止一长制中的片面性。各部门首长的日常管理决策，应遵循部门首长办公会确定的原则，对决策后果承担个人责任。各级首长办公会的讨论结果，以会议纪要的方式向上级呈报。报告上必须有 2/3 以上的正式成员签名，报告中要特别注明讨论过程中的不同意见。

公司总裁有最后的决策权，在行使这项权力时，要充分听取意见。

（高层管理者行为准则）

第五十四条　高层管理者应当做到：

1. 保持强烈的进取精神和忧患意识。对公司的未来和重大经营决策承担个人风险。

2. 坚持公司利益高于部门利益和个人利益。

3. 倾听不同意见，团结一切可以团结的人。

4. 加强政治品格的训练与道德品质的修养，廉洁自律。

5. 不断学习。

四、基本人力资源政策

（一）人力资源管理准则

（基本目的）

第五十五条　华为的可持续成长，从根本上靠的是组织建设和文化建设。因此，人力资源管理的基本目的，是建立一支宏大的高素质、高境界和高度团结的队伍，以及创造一种自我激励、自我约束和促进优秀人才脱颖而出的机制，为公司的快速成长和高效运作提供保障。

（基本准则）

第五十六条　华为全体员工无论职位高低，在人格上都是平等的。人力资源管理的基本准则是公正、公平和公开。

（公正）

第五十七条　共同的价值观是我们对员工做出公平评价的准则；对每个员工提出明确的挑战性目标与任务，是我们对员工的绩效改进做出公正评价的依据；员工在完成本职工作中表现出的能力和潜力，是比学历更重要的评价能力的公正标准。

（公平）

第五十八条　华为奉行效率优先，兼顾公平的原则。我们鼓励每个员工在真诚合作与责任承诺基础上，展开竞争；并为员工的发展提供公平的机会与条件。每个员工应依靠自身的努力与才干，争取公司提供的机会；依靠工作和自学提高自身的素质与能力；依靠创造性地完成和改进本职工作满足自己的成就愿望。我们从根本上否定评价与价值分配上的短视、攀比与平均主义。

（公开）

第五十九条　我们认为遵循公开原则是保障人力资源管理的公正和公平的必

要条件。公司重要政策与制度的制定，均要充分征求意见与协商。抑侥幸，明褒贬，提高制度执行上的透明度。我们从根本上否定无政府、无组织、无纪律的个人主义行为。

（人力资源管理体制）

第六十条　我们不搞终身雇用制，但这不等于不能终身在华为工作。我们主张自由雇用制，但不脱离中国的实际。

（内部劳动力市场）

第六十一条　我们通过建立内部劳动力市场，在人力资源管理中引入竞争和选择机制。通过内部劳动力市场和外部劳动力市场的置换，促进优秀人才的脱颖而出，实现人力资源的合理配置和激活沉淀层。并使人适合于职务，使职务适合于人。

（人力资源管理责任者）

第六十二条　人力资源管理不只是人力资源管理部门的工作，而且是全体管理者的职责。各部门管理者有责任记录、指导、支持、激励与合理评价下属人员的工作，负有帮助下属人员成长的责任。下属人员才干的发挥与对优秀人才的举荐，是决定管理者的升迁与人事待遇的重要因素。

（二）员工的义务和权利

（员工的义务）

第六十三条　我们鼓励员工对公司目标与本职工作的主人翁意识与行为。

每个员工主要通过干好本职工作为公司目标做贡献。一方面，员工应努力扩大职务视野，深入领会公司目标对自己的要求，养成为他人做贡献的思维方式，提高协作水平与技巧；另一方面，员工应遵守职责间的制约关系，避免越俎代庖，有节制地暴露因职责不清所掩盖的管理漏洞与问题。

员工有义务实事求是地越级报告被掩盖的管理中的弊端与错误。允许员工在紧急情况下便宜行事，为公司把握机会，躲避风险，以及减轻灾情做贡献。但是，在这种情况下，越级报告者或便宜行事者，必须对自己的行为及其后果承担责任。

员工必须保守公司的秘密。

（员工的权利）

第六十四条　每个员工都拥有以下基本权利，即咨询权、建议权、申诉权与保留意见权。

员工在确保工作或业务顺利开展的前提下，有权利向上司提出咨询，上司有责任做出合理的解释与说明。

员工对改善经营与管理工作具有合理化建议权。

员工有权对认为不公正的处理，向直接上司的上司提出申诉。申诉必须实事求是，以书面形式提出，不得影响本职工作或干扰组织的正常运作。各级主管对下属员工的申诉，都必须尽早予以明确。

（三）考核与评价

（基本假设）

第六十五条　华为员工考评体系的建立依据下述假设：

1. 华为绝大多数员工是愿意负责和愿意合作的，是高度自尊和有强烈成就欲望的。

2. 金无足赤，人无完人；优点突出的人往往缺点也很明显。

3. 工作态度和工作能力应当体现在工作绩效的改进上。

4. 失败铺就成功，但重犯同样的错误是不应该的。

5. 员工未能达到考评标准要求，也有管理者的责任。员工的成绩就是管理者的成绩。

（考评方式）

第六十六条　建立客观公正的价值评价体系是华为人力资源管理的长期任务。

员工和干部的考评，是按明确的目标和要求，对每个员工和干部的工作绩效、工作态度与工作能力的一种例行性的考核与评价。工作绩效的考评侧重在绩效的改进上，宜细不宜粗；工作态度和工作能力的考评侧重在长期表现上，宜粗不宜细。考评结果要建立记录，考评要素随公司不同时期的成长要求应有所侧重。

在各层上下级主管之间要建立定期述职制度。各级主管与下属之间都必须实现良好的沟通，以加强相互的理解和信任。沟通将列入对各级主管的考评。

员工和干部的考评实行纵横交互的全方位考评。同时，被考评者有申诉的权利。

（四）人力资源管理的主要规范

（招聘与录用）

第六十七条　华为依靠自己的宗旨和文化，成就与机会，以及政策和待遇，吸引和招揽天下一流人才。我们在招聘和录用中，注重人的素质、潜能、品格、学历和经验。按照双向选择的原则，在人才使用、培养与发展上，提供客观且对等的承诺。

我们将根据公司在不同时期的战略和目标，确定合理的人才结构。

（解聘与辞退）

第六十八条　我们利用内部劳动力市场的竞争与淘汰机制，建立例行的员工解聘和辞退程序。对违反公司纪律和因牟取私利而给公司造成严重损害的员工，根据有关制度强行辞退。

（报酬与待遇）

第六十九条　我们在报酬与待遇上，坚定不移向优秀员工倾斜。

工资分配实行基于能力主义的职能工资制；奖金的分配与部门和个人的绩效改进挂钩；安全退休金等福利的分配，依据工作态度的考评结果；医疗保险按贡献大小，对高级管理和资深专业人员与一般员工实行差别待遇，高级管理和资深专业人员除享受医疗保险外，还享受医疗保健等健康待遇。

我们不会牺牲公司的长期利益去满足员工短期利益分配的最大化，但是公司保证在经济景气时期与事业发展良好阶段，员工的人均年收入高于区域行业相应的最高水平。

（自动降薪）

第七十条　公司在经济不景气时期，以及事业成长暂时受挫阶段，根据事业发展需要，启用自动降薪制度，避免过度裁员与人才流失，确保公司渡过难关。

（晋升与降格）

第七十一条　每个员工通过努力工作，以及在工作中增长的才干，都可能获得职务或任职资格的晋升。与此相对应，保留职务上的公平竞争机制，坚决推行能上能下的干部制度。公司遵循人才成长规律，依据客观公正的考评结果，让最有责任心的明白人担负重要的责任。我们不拘泥于资历与级别，按公司组织目标与事业机会的要求，依据制度性甄别程序，对有突出才干和突出贡献者实施破格晋升。但是，我们提倡循序渐进。

（职务轮换与专长培养）

第七十二条　我们对中高级主管实行职务轮换政策。没有周边工作经验的人，不能担任部门主管。没有基层工作经验的人，不能担任科级以上干部。我们对基层主管、专业人员和操作人员实行岗位相对固定的政策，提倡爱一行，干一行；干一行，专一行。爱一行的基础是要通过录用考试，已上岗的员工继续爱一行的条件是要经受岗位考核的筛选。

（人力资源开发与培训）

第七十三条　我们将持续的人力资源开发作为实现人力资源增值目标的重要条件。实行在职培训与脱产培训相结合，自我开发与教育开发相结合的开发形式。

为了评价人力资源开发的效果，要建立人力资源开发投入产出评价体系。

五、基本控制政策

（一）管理控制方针

（方针）

第七十四条　通过建立健全管理控制系统和必要的制度，确保公司战略、政策和文化的统一性。在此基础上对各级主管充分授权，造成一种既有目标牵引和利益驱动，又有程序可依和制度保证的活跃、高效和稳定的局面。

（目标）

第七十五条　公司管理控制系统进一步完善的中短期目标是：建立健全预算控制体系、成本控制体系、质量管理和保证体系、业务流程体系、审计监控体系、文档体系以及项目管理系统，对关系公司生存与发展的重要领域，实行有效的控制，建立起大公司的规范运作模式。

（原则）

第七十六条　公司的管理控制遵循下述原则：

分层原则。管理控制必须分层实施，越级和越权控制将破坏管理控制赖以建立的责任基础。

例外原则。凡具有重复性质的例常工作，都应制定出规则和程序，授权下级处理。上级主要控制例外事件。

分类控制原则。针对部门和任务的性质，实行分类控制。对高中层经营管理部门实行目标责任制的考绩控制；对基层作业部门实行计量责任制的定额控制；对职能和行政管理部门实行任务责任制的考事控制。

成果导向原则。管理控制系统对部门绩效的考核，应促使部门主管能够按公司整体利益最大化的要求进行决策。

公司坚决主张强化管理控制。同时也认识到，偏离预算（或标准）的行动未必一定是错误的；单纯奖励节约开支的办法不一定是一种好办法。公司鼓励员工和部门主管在管理控制系统不完善的地方，在环境和条件发生了变化的时候，按公司宗旨和目标的要求，主动采取积极负责的行动。

经过周密策划，共同研究，在实施过程中受到挫折时，应得到鼓励，发生的失败不应受到指责。

（持续改进）

第七十七条　部门和员工绩效考核的重点是绩效改进。

公司的战略目标和顾客满意度是建立绩效改进考核指标体系的两个基本出发点。在对战略目标层层分解的基础上确定公司各部门的目标，在对顾客满意度节节展开的基础上，确定流程各环节和岗位的目标。绩效改进考核指标体系应起到牵引作用，使每个部门和每个员工的改进努力朝向共同的方向。

绩效改进考核指标必须是可度量的和重点突出的。指标水平应当是递进的和具有挑战性的。只要我们持续地改进，就会无穷地逼近高质量、低成本和高效率的理想目标。

（二）质量管理和质量保证体系

（质量形成）

第七十八条　优越的性能和可靠的质量是产品竞争力的关键。我们认为质量形成于产品寿命周期的全过程，包括研究设计、中试、制造、分销、服务和使用的全过程。因此，必须使产品寿命周期全过程中影响产品质量的各种因素，始终处于受控状态；必须实行全流程的、全员参加的全面质量管理，使公司有能力持续提供符合质量标准和顾客满意的产品。

我们的质量方针是：

1. 树立品质超群的企业形象，全心全意地为顾客服务。

2. 在产品设计中构建质量。

3. 依合同规格生产。

4. 使用合格供应商。

5. 提供安全的工作环境。

6. 质量系统符合 ISO9001 的要求。

（质量目标）

第七十九条　我们的质量目标是：

1. 技术上保持与世界潮流同步。

2. 创造性地设计、生产具有最佳性能价格比的产品。

3. 产品运行实现平均 2000 天无故障。

4. 从最细微的地方做起，充分保证顾客各方面的要求得到满足。

5. 准确无误的交货；完善的售后服务；细致的用户培训；真诚热情的订货与退货。

我们通过推行 ISO9001，并定期通过国际认证复审，建立健全全公司的质量管理体系和质量保证体系，使我们的质量管理和质量保证体系与国际接轨。

（三）全面预算控制

（性质与任务）

第八十条　全面预算是公司年度全部经营活动的依据，是我们驾驭外部环境的不确定性，减少决策的盲目性和随意性，提高公司整体绩效和管理水平的重要途径。

全面预算的主要任务是：

1. 统筹协调各部门的目标和活动。

2. 预计年度经营计划的财务效果和对现金流量的影响。

3. 优化资源配置。

4. 确定各责任中心的经营责任。

5. 为控制各部门的费用支出和评价各部门的绩效提供依据。

公司设立多级预算控制体系。各责任中心的一切收支都应纳入预算。

（管理职责）

第八十一条　公司级预算和决算由财经管理委员会审议，由公司总裁批准。公司级预算由财务部负责编制并监督实施和考核实施效果。各级预算的编制和修改必须按规定的程序进行。收入中心和利润中心预算的编制，应按照有利于潜力和效益增长的原则合理确定各项支出水平；成本或费用中心的预算编制，应当贯彻量入为出、厉行节约的方针。

公司以及事业部和子公司的财务部门，应定期向财经管理委员会提交预算执行情况的分析报告。根据预算目标实现程度和预算实现偏离程度，考核财务部预算编制和预算控制效果。

（四）成本控制

（控制重点）

第八十二条　成本是市场竞争的关键制胜因素。成本控制应当从产品价值链的角度，权衡投入产出的综合效益，合理地确定控制策略。

应重点控制的主要成本驱动因素包括：

1. 设计成本。

2. 采购成本和外协成本。

3. 质量成本，特别是因产品质量和工作质量问题引起的维护成本。

4. 库存成本，特别是由于版本升级而造成的呆料和死料。

5. 期间费用中的浪费。

（控制机制）

第八十三条　控制成本的前提是正确地核算产品和项目的成本与费用。应当根据公司经营活动的特点，合理地分摊费用。

公司对产品成本实行目标成本控制，在产品的立项和设计中实行成本否决。目标成本的确定依据是产品的竞争性市场价格。

必须把降低成本的绩效改进指标纳入各部门的绩效考核体系，与部门主管和员工的切身利益挂钩，建立自觉降低成本的机制。

（五）业务流程重整

（指导思想）

第八十四条　推行业务流程重整的目的是，更敏捷地响应顾客需求，扩大例行管理，减少例外管理，提高效率，堵塞漏洞。

业务流程重整的基本思路是，将推行 ISO9001 标准与业务流程重整和管理信息系统建设相结合，为公司所有经营领域的关键业务确立有效且简捷的程序和作业标准；围绕基本业务流程，理顺各种辅助业务流程的关系；在此基础上，对公司各部门和各种职位的职责准确定位，不断缩小审批数量，不断优化和缩短流程，系统地改进公司的各项管理，并使管理体系具有可移植性。

（流程管理）

第八十五条　流程管理是按业务流程标准，在纵向直线和职能管理系统授权下的一种横向的例行管理，是以目标和顾客为导向的责任人推动式管理。处于业务流程中各个岗位上的责任人，无论职位高低，行使流程规定的职权，承担流程规定的责任，遵守流程的制约规则，以下道工序为用户，确保流程运作的优质高效。

建立和健全面向流程的统计和考核指标体系，是落实最终成果责任和强化流程管理的关键。顾客满意度是建立业务流程各环节考核指标体系的核心。

提高流程管理的程序化、自动化和信息集成化水平，不断适应市场变化和公司事业拓展的要求，对原有业务流程体系进行简化和完善，是我们的长期任务。

（管理信息系统）

第八十六条　管理信息系统是公司经营运作和管理控制的支持平台和工具，旨在提高流程运作和职能控制的效率，增强企业的竞争能力，开发和利用信息资源，并有效支持管理决策。

管理信息系统的建设，坚持采用先进成熟的技术和产品，以及坚持最小化自主系统开发的原则。

（六）项目管理

（必然性）

第八十七条　公司的高速增长目标和高技术企业性质，决定了必须在新技术、新产品、新市场和新领域等方面不断提出新的项目。而这些关系公司生存与发展的、具有一次性跨部门特征的项目，靠已有的职能管理系统按例行的方式管理是难以完成的，必须实行跨部门的团队运作和项目管理。因此，项目管理应与职能管理共同构成公司的基本管理方式。

（管理重点）

第八十八条　项目管理是对项目生命周期全过程的管理，是一项系统工程。项目管理应当参照国际先进的管理模式，建立一整套规范的项目管理制度。项目管理进一步改进的重点是，完善项目的立项审批和项目变更审批、预算控制、进度控制和文档建设。

对项目管理，实行日落法控制。控制项目数量以实现资源有效利用和提高组织整体运作系统。项目完成验收后，按既定程序转入例行组织管理系统。

（七）审计制度

（职能）

第八十九条　公司内部审计是对公司各部门、事业部和子公司经营活动的真实性、合法性、效益性及各种内部控制制度的科学性和有效性进行审查、核实和评价的一种监控活动。

公司审计部门除了履行财务审计、项目审计、合同审计、离任审计……基本内部审计职能外，还要对计划、关键业务流程及主要管理制度等关系公司目标的重要工作进行审计，把内部审计与业务管理的进步结合起来。

（体系）

第九十条　公司实行以流程为核心的管理审计制度。在流程中设立若干监控与审计点，明确各级管理干部的监控责任，实现自动审计。

我们坚持推行和不断完善计划、统计、审计既相互独立运作，又整体闭合循环的优化再生系统。这种三角循环，贯穿每一个部门、每一个环节和每一件事。在这种众多的小循环基础上组成中循环，由足够多的中循环组成大循环。公司只有管理流程闭合，才能形成管理的反馈制约机制，不断地自我优化与净化。

通过全公司审计人员的流动，促进审计方法的传播与审计水平的提高。形成更加开放、透明的审计系统，为公司各项经营管理工作的有效进行提供服务和保障。

（权限）

第九十一条　公司审计机构的基本权限包括：

1. 直接对总裁负责并报告工作，不受其他部门和个人的干涉。

2. 具有履行审计职能的一切必要权限。

（八）事业部的控制

（方针）

第九十二条　事业部管理方针是：

1. 有利于潜力的增长。

2. 有利于效益的增长。

3. 有利于公司组织与文化的统一性。

（绩效考核）

第九十三条　事业部是利润中心，在公司规定的经营范围内自主经营，承担扩张责任、利润责任和资产责任。

对事业部的考核指标主要为销售收入、销售收入增长率、市场份额和管理利润。考核销售指标的目的是鼓励事业部扩张；考核管理利润的目的是兼顾扩张、效益和资产责任。公司将按照对各事业部的不同发展要求，通过调节与事业部销售收入、销售收入增长率和管理利润各部分挂钩的利益分配系数，影响事业部的经营行为。

事业部的全部利润由公司根据战略和目标统一分配。

（自主权）

第九十四条　我们的方针是，只要符合事业部控制的"三个有利于"原则，就对之实行充分的授权。

事业部总经理的自主权主要包括：预算内的支出决定权和所属经营资源支配权，以及在公司统一政策指导下的经营决策权、人事决定权和利益分配权。

（控制与审计）

第九十五条　公司对事业部的控制与审计主要包括：

1. 事业部的总经理、财务总监、人力资源总监、审计总监由公司任免。

2. 依据经过批准的事业部预算对事业部的收支进行总量控制。

3. 公司统一融资，事业部对资金实行有偿占用。

4. 对现金实行集中管理，事业部对自身的现金流量平衡负责。

5. 事业部定期向公司财经管理委员会提交财务绩效报告。

6. 公司审计部对事业部履行审计职能。

（服务型事业部）

第九十六条　服务型事业部的职能是以低利方式提供内部服务，以促进整体扩张实力。内部运作实行模拟市场机制。

（联利计酬）

第九十七条　事业部实行按虚拟利润联利计酬的报酬制度。在事业部的报酬政策上，公司遵循风险和效益与报酬对等的原则。

（九）危机管理

（危机意识）

第九十八条　高技术的刷新周期越来越短，所有高科技企业的前进路程充满了危机。华为公司的成功，使公司组织内部蕴含的危机越来越多，越来越深刻。我们应该看到，公司处于危机点时既面临危机又面临机遇。危机管理的目标就是变危险为机遇，使企业越过陷阱进入新的成长阶段。

（预警与减灾）

第九十九条　公司应建立预警系统和快速反应机制，以敏感地预测和感知由竞争对手、客户、供应商及政策法规等造成的外部环境的细微但重大的变化；处理公司高层领导不测事件和产品原因造成的影响公司形象的重大突发事件。

六、接班人与基本法修改

（继承与发展）

第一百条　华为经年积累的管理方法和经验是公司的宝贵财富，必须继承和发展，这是各级主管的责任。只有继承，才能发展；只有量变的积累，才会产生质变。承前启后，继往开来，是我们的事业兴旺发达的基础。

（对接班人的要求）

第一百零一条　进贤与尽力是领袖与模范的区别。只有进贤和不断培养接班人的人，才能成为领袖，成为公司各级职务的接班人。

高、中级干部任职资格的最重要一条，是能否举荐和培养出合格的接班人。不能培养接班人的领导，在下一轮任期时应该主动引退。仅仅使自己优秀是不够的，还必须使自己的接班人更优秀。

我们要制度化地防止第三代、第四代及以后的公司接班人腐化、自私和得过且过。当我们的高层领导人中有人利用职权牟取私利时，就说明我们公司的干部选拔制度和管理出现了严重问题，如果只是就事论事，而不从制度上寻找根源，那我们距离死亡就已经不远了。

（接班人的产生）

第一百零二条　华为公司的接班人是在集体奋斗中从员工和各级干部中自然产生的领袖。

公司高速成长中的挑战性机会，以及公司的民主决策制度和集体奋斗文化，为领袖人才的脱颖而出创造了条件；各级委员会和各级部门首长办公会议，既是公司高层民主生活制度的具体形式，也是培养接班人的温床。要在实践中培养人、选拔人和检验人。要警惕不会做事却会处世的人受到重用。

我们要坚定不移地向第一、第二代创业者学习。学习他们在思想上的艰苦奋斗精神，勇于向未知领域探索；学习他们的团队精神和坦荡的胸怀，坚持和不断完善我们公正合理的价值评价体系；学习他们强烈的进取精神和责任意识，勇于以高目标要求和鞭策自己；学习他们实事求是的精神，既具有哲学、社会学和历史学的眼界，又具有一丝不苟的工作态度。走向世界，实现我们的使命，是华为一代一代接班人矢志不渝的任务。

（基本法的修订）

第一百零三条　《基本法》每十年进行一次修订。修订的过程贯彻从贤不从众的原则。

在管理者、技术骨干、业务骨干、基层干部中推选出 10% 的员工，进行修改的论证，拟出清晰的提案。

　　然后从这 10% 的员工中，再推选 20% 的员工，与董事会、执行委员会一同审议修改部分的提案。并将最终的提案公布，征求广大员工意见。

　　最后，由董事会、执行委员会、优秀员工组成三方等额的代表进行最终审批。

　　《基本法》是公司宏观管理的指导原则，是处理公司发展中重大关系的对立统一的度。其目的之一是培养领袖。高、中级干部必须认真学习《基本法》，领会其精神实质，掌握其思想方法。

第二节　《华侨城集团宪章》①

　　华侨城集团的崛起，是中国改革开放壮美进程的缩影，是几代创业者艰辛奋斗、开拓进取的见证。面对新的更严峻的挑战，为了集团的可持续发展，有必要提炼经验，整合理念，明晰战略，统一意志，优化行动，特制定本宪章。

　　本宪章以未来 10 年为时间跨度，以知识经济、经济全球化和中国经济体制转轨变革为宏观背景，以制度创新、经营创新和管理创新为主题，以变革为核心，提出集团产权革命和经济形态升级双重战略任务，确定集团未来发展的一些重大战略选择，以及运行机制、管理体制变革的基本思路；阐明集团的价值主张和文化取向。该宪章是华侨城集团面对环境变化所做出的主动、系统并具有未来意义的回应。

　　本宪章是各级管理人员的行为纲领；是指导各项经营管理工作的基本准则；是统领其他管理制度、政策、规范、战略、对策等的基础法则。

　　本宪章来源于实践智慧的长青之树，将指引、帮助华侨城人推开新世纪的成功之门。

---

　　① 参加《华侨城集团宪章》起草的有施炜、彭剑锋、杨杜、甄源泰、杨瑞龙。

一、集团定位

第一条　基本性质

华侨城集团公司是具有独立法人地位的企业组织，是自主经营，自负盈亏的市场竞争主体。

华侨城集团是由华侨城集团公司作为核心企业发起的，以及由其投资的子公司即全资、控股和参股企业所组成的企业集团。

第二条　使命和愿景

华侨城集团致力于人们生活质量的改善、提升和创新，以及高品位生活氛围的营造，致力于将自身的发展融入中国现代化事业推进的历史过程。

华侨城集团是企业家创新的舞台，是明星企业的孵化器，是创业者梦想成真的家园，是具有高成长性和鲜明文化个性的国际化企业。

第三条　主要目标

华侨城集团追求实现可持续成长和确保业界的一流地位。在未来 10 年内（自 2000 年起），总体发展目标是：资产规模以提高资产质量、优化资本结构为前提迅速增长，净资产达到 300 亿元人民币的总量水平；同时，在经济发展质量上，实现经济形态的升级，提高主营产业竞争力。

三大主导产业的发展目标是：

（一）消费类电子工业：康佳集团的主体产品按市场占有率指标排名居全国前两位，并具有国际竞争能力。

（二）旅游业：将"旅游城"打造成为中国大陆主题公园旅游景区第一品牌，与境外同类景区交映生辉。

（三）房地产业：在华侨城开发区内外开发建成具有国内房地产业发展典范意义的"中国二十一世纪生活居住示范区"。

第四条　基本经验

华侨城集团成立 14 年来，经历了奠定基础、产业突破和发展壮大三个阶段，在消费类电子业、旅游业、社区综合开发及房地产业三大产业领域形成了市场优势。应继承的基本经验有：

（一）经营理念和战略选择。"规划就是财富"、"环境就是资本"、"结构就是效益"等超前、创新的经营理念以及开发区开发建设模式是华侨城人经营智慧的结晶，是集团成功的内在根据。产业领域选择的合理和产业结构的优化，是集团高速成长的关键之一。

（二）市场导向行为。坚守企业本位，遵循市场规律，立足于企业的长远发展；逐步剔除政企合一的遗传基因，摆脱惯性思维的掣肘，不追求与企业目标相背离的其他目标。

（三）著名品牌培育。在资源配置上向重点行业、重点企业、重点品牌倾斜，在 10 余年时间内培育出康佳、锦绣中华、世界之窗、中国民俗文化村、欢乐谷、华侨城地产等著名品牌以及"康佳 A"、"华侨城 A"等著名国内资本市场品牌，为民族工业、旅游业的发展增添了光彩。

（四）社会资源整合能力。在具有中国特色的社会主义市场经济环境中，在经济体制转轨和特区经济发展宏观背景下，充分利用多种资源并优化资源组合，驾驭多种矛盾关系，敏锐抓住市场机遇，超常规、高倍速发展。

（五）不良资产退出机制。内部资产的调整和重组，产业结构调整和资产结构调整的有机结合，是集团快速发展的重要手段。尤其是不良资产的清理，突破了国有资产存量调整的制度性障碍，保证企业肌体的健康和集团经济总体质量的提高。

（六）多民族移民文化。华侨城人（其中包括归国华侨）来自五湖四海，既有中华民族优秀文化的渊源，又有国际化文化的背景。在经济特区的环境里，在艰苦创业的实践中，孕育产生了充满创造力和活力的华侨城文化。开放意识，创新精神，包容心态，变革勇气，是华侨城之魂。主题公园等多项国内首创，是华侨城创新文化的结晶和象征。

二、文化品格

第五条　文化基调

华侨城集团在汇集中华民族优秀文化的基础上，吸收借鉴世界优秀文化，创造了充满活力的文化生态。

源远流长、博大浩阔的中华民族文化，乃至全人类文化是华侨城集团成长的无尽源泉；民族化和国际化是华侨城文化的基本取向；热爱祖国、走向世界是华侨城文化的基点——"中国心，世界情，华侨城"。

第六条　宗旨和核心价值理念

集团的宗旨是：致力于顾客利益的最大化；致力于所有者权益的充分实现；致力于与员工共同成长；致力于为社会做出贡献。

集团的核心价值理念是：创造新的生活品质。

集团的基本价值主张是：贯通中西文化；重视知识资本；坚守市场导向；强调责任意识；倡导敢为人先。

第七条　企业精神

全体员工应认同和信奉的企业精神是：同根、同心、求实、求精；敬业、合作、学习、创新。

第八条　品牌的文化个性

华侨城集团是以文化含量高为特征的企业，"华侨城"这一品牌综合的文化特色是：

时尚——雅俗交融，恢宏气派；

典雅——品质高贵，追求一流；

现代——开放文明，面向未来。

第九条　企业文化的积累和建设

华侨城人重视企业文化的积累和继承光大；诚挚总结、提炼企业前辈所创造的优良文化基因，使之成为集团发展的底蕴。还将吐故纳新，对企业文化进行滋养、丰润和淘洗，永葆企业文化的青春活力和对环境的高度适应性。需要防范和消除小生产文化、封建文化对企业发展的制约。

每位员工都应该有培育、认同、维护、发展和传递企业文化的使命和责任。

集团以统一的企业文化指导、规范内部企业子文化；同时，允许并鼓励企业子文化的培育、创造和个性发展。企业子文化的成熟、健康发展是集团企业文化向纵深发展的坚实基础。

第十条　组织氛围

集团营造公平、公正、公开的组织氛围，遵循人权理念和相互尊重、人格平等的人际关系准则；在理性的基础上，按法治的原则确定组织伦理（价值分配原则和用人基本准则）；创造内部有效沟通的体制和制度环境；形成管理者和被管理者融洽配合的良性互动。

第十一条　文化是土壤，人才是种子

集团将企业文化作为吸引人才的重要机制，同时，为优秀人才尤其是企业家人才提供丰富的企业文化营养和优良的企业文化环境，使之在成长过程中摆脱滞后的文化理念的制约，不断开阔视野，提升境界，增强竞争力。

三、运行机制

第十二条　制度变革

集团追求企业制度的变革和创新，对其中不适应企业发展和环境变化的部分进行大胆的改革，保持企业制度的超前性，并以此获得超额收益。

第十三条　内部产权革命

根据产业结构调整和内部机制转换的双重要求，集团将在部分产业及企业推行产权置换，实现产权结构的多元化；逐步扩大企业股份中员工尤其是经营管理人员和高科技专业人员持股的比例，使员工的"主人翁"地位具有产权上的依据。

第十四条　新分享经济

集团重视并承认经营者和员工尤其是知识劳动者对企业价值创造的重要作用，并在企业收益分配中予以体现。

集团依据知识经济时代劳动尤其是智力劳动的贡献法则，进行以劳动价值论为渊源的企业分配制度的创新，对智力劳动起决定性作用的部分高科技和现代文化经营领域实行分享制度，即企业经营者及员工除工资性报酬之外，可分享企业利润。分享比例视不同情况由集团公司派驻的产权代表、企业经营者和员工代表协商确定。

第十五条　资产责任人格化

集团公司确定子公司中所属资产的人格化责任主体，并将其公布于众。责任人的个人利益，与资产的保值增值状况密切关联。若群体共同负责，则要具体划定群体中各人的责任边界。

第十六条　经营者选拔考核的市场化、外部化

市场化和外部化是集团公司选拔子公司经营者的有效途径之一。可选择公开方式，可引入出资人和经营者之间的谈判机制；可邀请集团外部专家或委托社会专业机构对候选人进行评价，提出咨询意见或参与决策。对子公司经营者考核时，同样可以通过外部化方式，依据市场标准进行。

第十七条　经营者选拔的连带责任机制

凡参与子公司经营者选拔的决策者，无论集团内还是集团外，均需承担用人不察之责。用人不当时，决策者要承担收入、职权、机会、声誉等方面的损失。

第十八条　经营者激励与监控

集团公司通过目标责任制向子公司经营者传递资产保值增值责任，使其报酬与业绩直接挂钩。

经营者激励形式主要有：享受年薪，参与赢利分配，持有企业股票（包括股票期权）等形式，以及其他配套的长期报酬政策。不同成长周期，不同规模和效益水平，不同性质的企业，其经营者激励形式和力度不同。

对子公司经营者的监控由该企业董事会、监事会实施，主要方式有：

（一）绩效考核制。在目标管理制度下，以实体绩效考核为基础，以个人绩效考核为基准来监控经营者的工作表现，分析评价个人的贡献与失误。

（二）财务监督制。对企业的经营、财务运作情况及经营者行为进行有效的过程检查和审计。

（三）企业监察制。以企业的管理哲学、管理制度、管理规范为准绳，核查、监督企业经营者的工作行为。

四、管理体制

第十九条　集团公司领导体制

集团公司经营机构即集团公司经理层，是集团公司经营管理决策中心。集团公司总经理是集团公司法定代表人。

集团按《中国共产党章程》以及中央有关政策、规定建立党组织，充分发挥党组织的作用。集团公司党委是集团的政治核心。

集团公司经理层和集团公司党委成员可双向进入，互相兼任。

第二十条　集团公司职能

集团公司根据资本经营和实业经营相结合的经营性质定位，具有财务投资和产业统筹的双重角色，主要行使投资决策、资本经营、子公司监管、资金资产管理和战略管理等职能。

根据集团公司的职能定位，其职能部门包括：战略研究部门、投资管理部门、企业管理部门、财金管理部门、人力资源管理部门、行政管理部门等。

第二十一条　集团公司和子公司管理关系

集团公司以产权关系为依据确定与各类子公司及委托管理的企业之间的管理深度和分权方式。对子公司的管理，集团公司依据以下原则：

（一）集团公司对于具有法人资格的子公司的独立经营地位和独特经营个性，给予充分的尊重；通过相应的管理制度，保障子公司对其法人资产拥有占有权、支配权、处分权和收益权。

（二）集团公司与子公司之间的管理关系主要在集团公司与子公司董事会之间发生。集团公司职能部门与子公司职能部门之间的管理关系主要是业务系统内指导与被指导的关系。

（三）集团公司和子公司之间的授权关系严格按《公司法》规范确定。对于有弹性的部分，如投资项目审批权限等，将按子公司的资产存量、经营规模、经济效益、发展阶段等不同情况，在集团公司、董事会、经营班子之间作适当的划分。基本原则是：在监管约束有效的前提下充分授权。

第二十二条　完善子公司法人治理结构

集团公司保障和推进子公司董事会和监事会的规范化有效运作。集团公司向子公司选派合格的董事和监事。集团公司的决策意志通过子公司董事会中的董事来体现；集团公司的监管目标通过子公司监事会中的监事来实现。

集团公司未来的一项重要战略任务是：培养、发掘、引进能胜任董事和监事之职的高级人才。同时，建立健全董事、监事的评价考核、激励约束制度。

集团公司所派董事、监事需维护集团权益，忠于执行集团公司的决策，尽职尽守，并不断提高决策及监管水平。

集团公司将在子公司董事会中逐步导入外部董事制度。

第二十三条　集团公司对子公司的监控

集团公司对子公司的监控以不影响子公司活力及正常的经营活动，保证所有者权益为原则。控制方式包括：

（一）股权控制。集团公司作为出资人，以资本纽带，行使公司法中规定的股东权力，包括管理监督权、利益分配权、股份处分权等。

（二）财务控制。集团公司按"大财务"理念对子公司的投资规模和方向、资产结构、资产安全、成本利润等实施监督、指导和调节。

（三）人事控制。集团公司向子公司派出董事或监事作为产权代表，同时透过子公司董事会掌握子公司重要管理职位的任免权，集团公司也将不断完善产权代表管理制度。

（四）制度控制。按照国际惯例对子公司实施定期报告制度，实体考核制度，监督审计制度等。

（五）信息控制。集团公司凭借信息网络动态掌握情况，及时发现问题并做出反应。

第二十四条　集团公司职能部门的创新功能

变革创新是集团公司职能部门最基本的功能和存在的主要理由。职能部门务必保持危机意识、变革冲动和创新激情，成为集团新的运行机制、管理体制、经营战略的设计师、倡导者和推进器。

五、持续成长

第二十五条　经济形态升级

鉴于集团所拥有的资源条件变化和环境的变化，经济形态升级是未来几年内统揽集团发展全局的战略任务，是集团持续经营变革的主题。

经济形态的升级，意味着集团经济质量的根本改善和提高，经济内在活力的增强和新的增长点的培育、形成，以及集团整体竞争力的提升。它有两方面的含义：

（一）从资源型经济向知识型经济转变。即从主要凭借得天独厚的土地资源以及其他物质资源发展经济转变为主要凭借文化资源、科技资源以及智力资源发展经济；进言之，发挥知识资本的决定性作用，增加经济中的科技、文化含量。

（二）从区域型经济向跨区域型经济转变。即从主要在华侨城开发区范围内开发经营转变为在更大的空间范围（国内、国际）内投资经营。集团经济要从拥有政策优势转变为拥有企业优势，要走出华侨城，走向更广阔的市场，进入更为复杂、更富挑战性也更加充满机会的新环境。

第二十六条　知识就是优势

根据经济形态升级的战略要求，集团要通过良好的体制、文化环境、富有吸引力的机制和政策，强有力的投入，着重开发、培育、保护、增加知识资源，在国内形成知识资源优势，同时营建走向世界的知识资源基础平台。

集团的核心竞争力表现为组织的整体经营智能和科技创新能力。前者具体表现为学习能力，决策能力，管理输出能力，创造具有市场优势的运作模式和业绩的经营能力。后者具体表现为专有技术以及新产品等的开发能力。

集团提倡营造"工作+学习"的工作氛围，比别人更善于学习是华侨城人核心竞争力的关键。

第二十七条 激活就是价值

激活资本要素，即物质资本、无形资本和人力资本，是集团经营管理的核心命题。激活是指将沉寂的资本要素转为充分利用和充分实现的价值；以现有的资本要素为基础，在更为广阔的空间内整合利用更为丰富和博大的资源，即以"小资本"驱动"大资本"，以"无形资本"驱动"有形资本"；重新发现和评估资本要素的价值；以更加积极的态度进入波澜壮阔的国内外资本市场。

集团通过各类资本的综合营运，通过资本在集团内部、外部的流动和交易，提高集团整体资产的市场价值。资本经营运作时，依照实业经营与资本经营相结合，战略调整和资产重组相结合，内部重组与外部重组相结合，资产重组和金融运作相结合，资产重组与管理整合相结合的基本原则。

集团将充分利用内地、中国香港及国际资本市场，拓展融资能力。通过资产重组及金融创新，顺利进入新产业，退出部分经营领域，迅速实现技术水平的提升，扩大利润来源，提高资产收益。

第二十八条 创新就是未来

创新是集团经营管理过程中恒久不变的主旋律。在经营创新方面，重点之一是资源模式的创新——以新的方式和途径开发、增加集团所拥有的各类资源，尤其是具有独特价值的资源；重点之二是商业模式的创新——改变市场游戏规则，创立或导入新的商业运作方式；重点之三是产品模式的创新——开发新的产品和项目引导市场潮流。

员工的创新意识、组织的创新机制和团队的创新能力是三位一体的创新基本结构。对这三项要素，集团需采取有效、有力的方式进行改善和提升。集团需力求成为创新项目生根、开花、结果的沃土。

第二十九条　国际化战略导向

集团在国际市场背景下，审视自己的位置，练就自身的能力，增强与国际市场的互动，取得了生存与发展的机会和空间。国际化包括市场的国际化——现有产品生产和营销外移，选择主要面向国际市场的新兴产业，开发具有国际竞争力的产品，以及旅游游客构成的国际化等；包括研发的国际化——到国外嫁接或组建高科技研发平台；还包括资本运作的国际化、企业管理的国际化以及人才队伍的国际化等。

国际化并不仅是一种战略选择，而且是集团在经济全球化和中国加入世贸背景下的必由之路。在实施过程中，要循序渐进，量力而行，防范风险。

第三十条　产业结构和新的增长点

依据"结构就是效益"的成功法则，集团在产业结构选择上以"专业化为主，多元化为辅"为指导思想。在不断提升主营产业核心竞争力的基础上，按照市场统一性或技术统一性或资源统一性原则，实现相关产业的多元化。

继续保持以消费类电子工业、旅游业和房地产业为主导产业的格局不变，同时逐渐开拓和进入一些新的产业领导。由此，新的经济增长点一方面来自现有主导产业的经营深化——产品升级换代，以及拓展经营宽度——产品的相关多元化；另一方面来自新的产业领域：

（一）具有"大产业、大市场"前景的高科技产业；

（二）适应集团资本经营要求和资源积累要求的新金融项目，以及收购兼并等资产重组项目；

（三）与主导产业关联性强的诸如影视、媒体、演出等文化产业。

集团努力提高各产业的科技水平和科技含量，提高各产业的抗风险能力和长期的竞争能力，以高科技打造长寿公司。

第三十一条　主导企业和新兴企业

与产业格局相适应，集团将形成以三大企业集团为主体，以新兴企业及其他有关企业为辅的子企业结构。其中主体企业集团为：消费类电子工业集团；旅游文化投资集团；房地产开发集团。

新兴企业包括高科技投资企业（主要负责集团高科技项目的投资以及整合、协调)、金融服务企业（主要负责以集团为客户的投资银行服务以及有关资本经营项目的操作）等。

集团知识经济的组织载体和组织依托以主体企业为主，同时重视和扶持具有良好前景的中小型高科技项目和企业。集团在未来将努力书写出中小企业从丑小鸭到白天鹅的精彩篇章。

第三十二条　华侨城，旅游城

华侨城开发区集中外文化、生态环境、先进科技于一体，以旅游为主体概念，将成为具有未来意义的"中国 21 世纪生活居住示范区"。要把华侨城开发区建设成为城市环境优美，服务功能齐全，社会风尚健康，管理先进，富有文化内涵的文明社区。

在华侨城开发区的建设和管理过程中，需真正重视以服务导向的软环境的营造，保持鲜活和富有生机的整体形象。

六、人力资源

第三十三条　基本劳动关系：契约制

华侨城集团与员工之间建立以竞争、自由选择和契约为基础的长久合作关系，双方结为同命运共成长的利益共同体。契约制破除注重个人资格品位的"身份制"，承认市场交换关系，尊重、维护、保障员工权益。

劳动契约和心理契约是联结集团与员工的双重纽带。前者是双方利益关系的基本规则，后者则是双方精神上的依恋和融合。

第三十四条　人本主义

人力资源是集团成长的第一要素。集团发展的目的之一在于提高员工素质，拓展员工发展空间，保障并提高员工经济所得，充分实现员工的价值。提高人的积极性是集团全部管理工作的中心之一。

全体员工要遵守职业道德，强化责任意识和角色意识，努力提高自身素质和技能。集团内各级管理者和被管理者要形成相互尊重、融洽配合、理性高效的良性互动关系。

第三十五条　功绩原则

功绩原则是集团人力资源政策和人力资源管理的基础原则：以业绩多寡论英雄，业绩面前人人平等。

从功绩原则出发，集团建立客观、公正、有效的人才选拔机制、绩效考核管理体系和价值分配制度。

第三十六条　人力资本优先投资

造就出一支谙熟市场脾性、具有创新精神和竞争力的企业家队伍，一支具有企业经验、善于经营管理的职业经理队伍，一支掌握科技知识、精通专门技术的科技及专业人才队伍，一支具有熟练的岗位技能、精力充沛的基层员工队伍，是集团持续、长期的任务之一。要加大对人力资本的投资力度，并将其放在优先考虑和安排的位置，为广大员工创造、提供学习和训练的机会，使集团成为工作、学习一体化组织，使集团整个人力资本迅速增值。

全体员工需强化自我人力资本投资意识和终身学习意识，不断提高自身素质和技能。

第三十七条　内部竞争机制和内部创业机制

集团创建公开招聘、公开竞争、竞争上岗、内部劳动力市场等形式的人才内部竞争机制，向集团内部传递市场压力，发现优秀人才，适当淘汰不合格人员；集团防范和消除机构臃肿、剩余人员沉淀等组织老化现象；妥善安排和处理新老员工及管理人员的交替。集团向具有创业意愿和能力的员工提供创业资源和创业机会，鼓励员工内部创业。

第三十八条　价值分配

集团以市场原则、功绩原则为价值分配的基本准则，运用支付月薪、颁发年薪、赋予职权、提供个人发展机会及培训学习机会、持有股份等形式以及不同的报酬组合，满足员工多元化混合需求；同时，作为调节集团内部利益关系和激励机制的多重手段。

集团针对不同类别的员工实行分类分层的分配制度。不同类别的员工各自行走在彼此有一定对应关系的收入轨道上；每类员工又区分为若干分配层次；伴随着员工的职业生涯，其收入具有丰富的变化空间。

忠诚企业、肯于奉献、精通业务的经营管理骨干和专业技术人才是企业的中坚力量，要在发展机会、经济利益、组织权力等方面明确地向他们倾斜。

第三十九条　企业家的摇篮

基于集团的经营性质和战略任务要求，集团要花大力气发现、培养企业家尤其是青年企业家人才。提供高层次的培训和经营实践机会，是企业家人才培养的主要途径。

少年的华侨城呼唤少年英雄。华侨城集团将培育出面向新世纪的青年企业家群体，保证事业后继有人。

七、管理方略

第四十条　成长风险管理

华侨城人应始终居安思危，在高速成长中对风险进行有效的控制。

（一）规模控制。严格执行集团产业政策，遵循已达成共识的投资理念；遵守效益优先，适度扩张的准则，力戒头脑发热的思维方式和"大跃进"式的发展情结。尤其在集团高速成长阶段，要对风险防微杜渐，保持足够的控制力。

（二）财务保守。恪守稳健的财政政策，保持合适的负债率和良好的资产结构。规范集团公司与子公司的资产关系和责任限度，防范子公司将债务负担转嫁到集团公司。

（三）冲突缓解。在集团快速发展过程中，通过制度规范及时有效地调整组织内部利益关系，通过疏导沟通化解可能造成风险的各类冲突和矛盾。

（四）危机处置。设立风险预警系统；设定危机处理的程序；明确危机事件的处置责任人；提高处理危机事件的能力。

（五）领导架构。实践充分证明，领导班子的稳定是降低、消除企业风险的重要条件。集团要通过制度，保证领导体制的规范，领导政策的稳定，领导人的平稳过渡和理念、政策、战略的延续。

第四十一条　决策管理

决策管理的目的在于保证决策过程的科学性和决策结果的有效性。主要原则有：

（一）在各级决策主体之间规范而明确地划定各自的决策权限范围，避免越级决策或推诿责任的现象出现。

（二）各级经济实体的决策主体均按法定的决策程序决策。任何人不得搞非程序决策。

（三）各级决策主体决策时，每个参与决策的人员均需承担相应的决策责任。各项决策，均需保留可核实和查证的记录。

（四）决策中主张多体现民主，决策后强调体现集中。对决策过程、执行情况、实施结果要进行制度化的监控。

（五）决策应广泛汲取集团内外各方面的智慧源泉，尤其对利用外脑给予充分重视，并视为顺应知识经济的明智之举。

第四十二条　信息网络管理

信息管理是新世纪企业管理的核心内容。集团重视采用计算机和网络新技术，改进企业管理手段。

（一）导入数字化管理概念，积极发展和推进电子商务。在集团内部各企业构建信息网络平台，提高内部信息资源共享的程度；对外与国际互联网络高速互联，逐步实现集团业务管理和商务活动电子化，信息流转扁平化，从而提高对市场的反应速度和运行效率，增强信息时代的适应能力和前瞻行为能力。

（二）以超前的思维、积极的态度和实用高效的原则建设信息网络。在信息网络系统运行管理上，明确各环节的责任人和操作规范，注重信息的真实性、安全性和时效性。

（三）充分利用集团在互联网上的信息窗口，宣传集团形象与品牌，加强与顾客的联系和沟通，为未来发展寻找机遇。

八、附则

第四十三条　宪章的制定和修订

集团公司负责制定本宪章及其相关的制度、政策文件，推动本宪章实施。

本宪章将随着集团的发展而补充、完善。原则上每五年修订一次。修订的程序、方式和责任人由集团公司决定。

本宪章由集团公司或由其指定的职能部门负责解释。

第三节　《鲁能足球文化大纲》①

一、核心价值观

第一条　愿景追求

鲁能泰山足球俱乐部的追求是在文化娱乐业满足球迷的需求，丰富球迷的生活，实现球迷的梦想。我们的愿景是使俱乐部成为一个具有亚洲乃至世界一流水

---

① 参加起草的中国人民大学专家组有杨杜、耿冬梅、王长斌、杨剑锋、金明虎、马琳。

平的百年俱乐部。

人类的足球运动源于蹴鞠，蹴鞠源于山东。我们要携先人的骄傲，建今天的基业，造明天的辉煌。

要么不干，要干就干最好！我们需要的是一个真正具有一流实力的、成熟的百年俱乐部。这需要好几代人勤勤恳恳、锲而不舍的努力。我们既要有压倒一切的雄心壮志，又要有一颗平常心，致力于真正提高水平，提高实力。

我们不急功近利，我们永不言弃。

第二条　文化娱乐业

俱乐部的主业定位是文化娱乐业。俱乐部的经营宗旨是通过最大限度地满足球迷公众的足球竞赛的表演观赏需要来实现价值最大化。俱乐部要通过营造足球氛围，引导消费趋势，提高足球的娱乐性、观赏性和文化品位，把鲁能的足球产业打造成名副其实的文化娱乐行业，使"看鲁能足球，享健康人生"成为生活时尚、消费时尚。

我们提倡快乐足球，这是鲁能泰山的足球观。

第三条　俱乐部性质与使命

职业足球俱乐部是一个向社会提供足球竞赛表演服务以及相关产品的企业化组织，是通过满足球迷公众需求而实现价值最大化的现代公司组织，是自主经营、自负盈亏、自我约束、自我发展的企业法人实体。

俱乐部的使命是实现企业价值和社会价值的最大化，比赛成绩是实现俱乐部使命的重要手段。

第四条　比赛观

比赛即产品。俱乐部的核心产品是比赛，赢球与否、精彩与否是衡量产品质量好坏的主要标准。只有打出气势，拼出精神，敢于胜利并取得胜利，才能满足球迷和公众的需求，并不断满足围绕俱乐部所形成的各利益主体的需求。

职业足球比赛给人们提供的核心是精神满足，为社会创造的核心是无形价值。精彩的比赛能激发所在城市或地区的球迷观众和社会各界的自豪感，振奋其精神，提高其凝聚力，促进全社会物质文明和精神文明建设的进程。

第五条　成绩观

一支球队存在和发展的理由就是它的成绩。鲁能泰山要建一流俱乐部、百年俱乐部，就必须拿到好的比赛成绩。

好成绩只有通过不屈不挠的努力和全身心的投入才能获得。

比赛成绩好和过程精彩是相辅相成的。足球运动的魅力在于比赛结果的不确定性，我们不能保证场场赢球，我们能够做到尽心尽力。我们不能垄断胜局，我们保证过程精彩。

第六条　四个两重性

职业足球运动由俱乐部、球迷、球员和竞争对手四个主要主体构成，足球俱乐部运营的复杂性和独特性产生于四个主体的"四个两重性"。

俱乐部具有企业性和公众性的两重性；球迷具有服务对象和球星崇拜者的两重性；球员具有生产要素和企业资产的两重性；同行俱乐部具有竞争者和合作者的两重性。

俱乐部、球员、球迷和同行俱乐部的"四个两重性"一起构成了职业足球俱乐部不同于一般企业的特殊内涵和复杂属性。职业足球俱乐部的特色来自俱乐部较强的公众性、球迷较强的忠诚度、球员较强的资产性和同行俱乐部较强的合作性，而一般公司更强调营利企业性、员工要素性、顾客服务性和市场竞争性。我们必须深刻理解足球俱乐部运营的复杂性和独特性，形成全新的思维模式、理念和运作模式。

第七条　俱乐部的两重性

企业性要求职业足球俱乐部按市场经济规律要求进行一般性企业经营运作。公众性要求俱乐部为美化城市或地区形象，丰富城乡人民生活做出贡献，完成属于公共领域内的某些使命，具有一定的社会公益性质。

足球是现代社会最具影响力的体育运动之一，作为足球运动的发源地和体育大省，我们有责任通过足球为山东经济、社会和文化的持续发展凝聚人心、鼓舞士气；通过足球弘扬山东人豪爽、诚信、大气的传统精神，树立理性、现代、开放的时代形象；通过足球为建设"大而强，富而美"的新山东增光添彩。

对足球俱乐部公益性做深层理解，我们需要洞察足球运动富涵的政治意义、政治效益或者政治责任，使足球运动为精神文明、物质文明和政治文明建设服务。

对社会责任、市场、球迷、比赛、成绩、媒体、球员、竞争和文化等九大方面，鲁能泰山足球俱乐部有着自己的基本观念。

第八条　社会责任观

足球俱乐部属于企业公民。

俱乐部在追求企业经济价值的同时，必须站在社会公众的立场上讲求社会价值，承担社会责任。俱乐部的经营管理者必须谨慎地避免企业价值和社会价值可能发生的冲突，并且，在目前国情条件下，当企业价值与社会价值发生冲突时，保证社会价值要优先于保证企业价值。我们必须深刻地认识到，只有坚持这一原则，才能真正保证俱乐部长远价值最大化。

第九条　公共关系管理

俱乐部要重视充分挖掘和整合相关的社会资源、政府资源，包括球迷影响、媒体影响、政府政策、许可、优惠、融资、资助、补助等，要重视俱乐部公共关系的运作，努力为俱乐部建立一个大的公共关系平台。

第十条　市场观

俱乐部的一切工作要以市场为导向。

足球市场的直接主体有三个：球迷观众、竞争对手和赞助商。俱乐部承诺严格遵守足球市场的基本游戏规则，对球迷观众尽职尽责、诚实守信；对竞争对手公平竞争、优胜劣汰；对赞助商满意服务、平等互利。

赞助商是俱乐部的重要客户，冠名费、广告费等是俱乐部的重要收入源，俱乐部要积极开发赞助商资源，强化赞助商关系管理，为赞助商提供满意服务。

建设一流俱乐部必须有一流赞助商的合作，我们要积极寻求并建立与优秀赞助商的长期战略合作关系。

在以市场为导向的前提下，俱乐部遵守中国职业足球业界的所有法律、法规和合理规则。

第十一条　球迷观

球迷，只有球迷，才是职业足球俱乐部长期稳定发展的基础，只有满足球迷需求才能保证俱乐部的生存。球迷是职业足球俱乐部的衣食父母，服务的对象。

我们所说的球迷包括所有关注和可能关注鲁能泰山足球俱乐部和球队的人。球迷即观众，球迷即顾客，球迷即市场。

以"球迷公众第一"作为一切行为的准则，以球迷公众满意与否作为经营管理的评价标准。对责任部门，我们将以球迷结构的优化、球迷数量的增加率和球迷满意度提高率等作为重要考核指标。

第十二条　媒体观

媒体是俱乐部联系和影响球迷的纽带和力量，是树立俱乐部形象、增值俱乐部价值的重要盟友。

我们要按照"俱乐部互动媒体，媒体引导球迷"的思路，逐步加强和保持俱乐部与媒体以及球迷的交流与合作。制定系统的、妥善的媒体战略，建立俱乐部统一的媒体沟通窗口，完善俱乐部官方发言人制度，积极和有计划地派遣官员、教练和球员参与电视、报刊、网站等媒体节目。

俱乐部互动媒体，就是要加强俱乐部与新闻媒体的联系与沟通，主动而不是被动地宣传俱乐部的理念，了解媒体的需求，征求媒体的看法，引导与俱乐部有关的舆论，把握俱乐部相关新闻的导向。

俱乐部要处理好立场不同媒体之间的关系，谨慎避免卷入无谓的新闻纷争，保护俱乐部的形象安全和利益不受侵害。在不断开拓媒体的视野和报道的力度与深度的基础上，实现俱乐部与媒体的双赢。

媒体引导球迷，就是要充分发挥社会媒体和自办媒体的作用，加大俱乐部和球队、球员的包装策划、市场运作力度，不断提高职业足球的娱乐性、观赏性、新奇性、刺激性，激发更多球迷观众的消费欲望，培育和提高球迷的欣赏情趣和水平。

第十三条　球员观

职业球员既是俱乐部的生产要素，又是俱乐部的资产。作为组织的一员，球员要服从组织、服从教练、服从规则，与俱乐部资金、经营管理人员以及运动场地等生产要素相结合，投身于为市场提供竞技比赛的服务之中，并在竞技比赛中实现自身价值。

从转会市场和球星品牌角度看，球员是俱乐部的人力资产和俱乐部的商品。俱乐部和球员都有义务保护这些资产，并探讨球员资产保值增值的科学途径。

第十四条　竞争观

职业比赛的双方球队，既是对手，又是盟友。是对手，就要在比赛中战胜对方；是盟友，就要共同服务于球迷观众，携手为他们贡献精彩的比赛，使哪怕是输球一方的球迷观众也可以回味过程的精彩。

足球比赛极其完美地体现了世界的对立统一规律——黑白相间的足球、两种颜色的球衣、攻防转换的队形、输赢难测的结果。一个俱乐部无法构成职业比赛，必须有对手的参与。而且彼此水平越接近，对抗越激烈，比赛结果越具有不确定性，对观众的吸引力才越大。正所谓：一个优秀的将军的敌手也一定是个优秀的将军。

第十五条　竞合理念

足球竞赛的这一本质特点决定了职业足球俱乐部的竞争观念和策略不同于一般企业，也有别于一般文化娱乐性企业。体育竞赛不同于一般市场竞争，更接近于竞合理念。比赛双方是对立统一体，是竞争着的合作者。足球比赛是和平理性的竞争，不是残酷无情的战争；足球比赛是强者之间的挑战，不是排斥竞争的垄断。

我们要深刻理解足球比赛的这种特殊的复杂性、微妙性，从中感悟足球规律，制定俱乐部发展的"大战略"。

我们深知，只有大多数"足球人"正确理解和实践足球的竞合理念时，中国的足球文化才能够显现成熟。我们将努力实践这一理念，我们会耐心期待和逐步推进这一过程。

第十六条　文化观

俱乐部追求的文化是高绩效文化。为了摘取高绩效之果，我们必须关注高绩效之因。文化的核心是价值理念，价值理念决定态度，态度决定行为，行为决定绩效。在我国足球运动的职业化、市场化、产业化水平还不太高的情况下，俱乐部要谋求长远发展和稳定的高绩效，就要反对急功近利，就要建设自己的文化，从明确自己的核心价值理念，明确对待足球事业、对待球员、对待球迷等的态度和言行做起。

一时的好成绩靠运气，稳定的好成绩靠实力，靠俱乐部的队伍建设和文化建设。

第十七条　文化的价值

足球俱乐部需要文化。

任何俱乐部都不希望被公众看成是只知道争名夺利的组织；任何投资者和赞助商都不希望自己的品牌与没有文化品位的球队联在一起；任何球迷都不希望看到一场毫无激情、假球黑哨的比赛；任何球员都不希望被人们看作知识贫乏、素养不高的"糙哥"。

没有文化的俱乐部是缺少灵魂的俱乐部；没有文化的球队是缺乏激情的低能球队；没有文化的足球是毫无生机的沙漠足球。我们希望文化成为俱乐部发展的精神支柱，成为强化俱乐部生命力、驱动力、凝聚力和约束力的杠杆。

二、俱乐部运作方针

第十八条　管理体制

我们采取股份制改组、商业化运营、规范化管理和职业化建设的有效措施，虚心学习世界级优秀职业足球俱乐部的经营管理经验，确保俱乐部的运作成功。

俱乐部的治理结构是影响俱乐部运营的要素之一，我们要积极而慎重地探索俱乐部治理结构不断完善、改进的道路。我们不认为投资者是俱乐部经营好坏的唯一决定要素，我们认为球员、教练、管理者和投资者共同为俱乐部创造着价值。经营足球俱乐部的关键是看出不出成绩，出不出效益。搞得好都是社会的财富，搞不好都是社会的包袱。

第十九条　"四自机制"

为实现俱乐部的永续发展，我们要不断探索改变主要依靠赞助、捐款等维持俱乐部经营模式的途径，逐步由"输血式"俱乐部转型为"造血式"俱乐部，逐步建立起完善的"自主经营、自负盈亏、自我发展、自我约束"的机制。

第二十条　利益共同体

我们要秉承开放合作的发展原则与各利益主体搞好合作，处理好俱乐部与投资者、赞助商、各级政府和地方组织、足协、媒体、球迷协会、同行俱乐部和足校等的关系。我们主张大家结成利益共同体，争取双赢和多赢，共同推动中国职业足球事业的发展。

第二十一条　安全管理"4S"

作为当代第一大运动，足球中隐含着复杂的经济因素、文化因素、社会因素和政治因素等，足球在舆论媒体的特殊地位有时会带来巨大的社会影响。我们要善于谨慎地管理俱乐部，建立健全危机管理机制，保证俱乐部的政治安全、经济安全、比赛训练安全和形象安全。

第二十二条　工作重点

俱乐部的工作重点是眼睛向内，苦练内功，通过强化管理和文化建设，实现球队成绩最优化，实现公司价值最大化。我们要顺应环境和体制变革的大趋势，保持管理体制和组织变革的循序渐进和持续改良。

第二十三条　三大中心目标

俱乐部以效益为中心，球队以成绩为中心，足校以人才为中心。

俱乐部要利润不唯利润，为股东和企业创造持续性的价值。赚取利润是手段，持续发展是目的。

球队要成绩不唯成绩，为球迷和社会提供多样化的满足。比赛胜负是手段，服务球迷是目的。

足校育球星不唯球星，为青少年学员提供广泛的成才机会。成为球星是手段，服务社会是目的。

第二十四条 "四抓一创"

我们坚持"四抓一创"的工作思路，即抓队伍、抓管理、抓成绩、抓效益、创一流。

成就俱乐部的百年大业，从根本上靠的是队伍建设和文化建设，我们抓队伍，就是要抓好一支经营管理队伍、一支教学科研队伍和一支职业运动员队伍。使这三支队伍逐步达到自我激励、自我约束、自我教育、自我改造的"四自"状态，成为有鲁能泰山特色的、有极强战斗力的、永不言败的、高素质高度团结的队伍。

我们认为抓管理是取得好效益和好成绩的最佳结合点，规范化管理是俱乐部未来一段时间的重点工作之一。

球队成绩提升和俱乐部效益提升是相辅相成的。

创一流将是俱乐部的不懈追求。俱乐部的发展目标分为中国一流、亚洲一流、世界一流三个阶段。一流的核心标准包括由成绩构成的鲁能泰山足球俱乐部在国际足球历史与统计协会（IFFHS）所做职业足球俱乐部排名位置，也包括成绩以外的品牌价值、球迷网络和财务实力。

第二十五条 综合指标群

我们要用全面而不是片面的考核指标体系来引导和落实俱乐部的短期和中长期目标。指标是有权重和相互联系的。

1. 球迷指标群（市场指标群）。以市场为导向，就必须以球迷观众为中心，踢出成绩、踢出气势、踢出精彩、踢出风格，满足球迷观众观赏需求，提高球迷满意度。

2. 管理指标群。要满足球迷需求，就必须强化俱乐部球员队伍和管理队伍的建设，提高俱乐部（包括球队和足校）的运营和管理效率，重视俱乐部公共关系管理，提升俱乐部形象，形成俱乐部品牌。

3. 财务指标群。财务指标是俱乐部作为一个企业的本质追求，也是俱乐部存在和发展的物质保证。

4. 进步指标群。争创一流、提高效率、改善形象和形成品牌的前提是坚持俱乐部所有成员的不断学习和进步。一步一个脚印地走向百年优秀俱乐部的辉煌目标。

第二十六条　用指标强化管理

建设一流俱乐部，看的是指标，靠的是管理。我们要通过指标引导管理，通过管理促进指标。

1. 将员工（包括球员和职员）的日常工作与俱乐部的长期战略目标之间建立自然的联系，使百年俱乐部的发展目标有系统保障。

2. 使每位员工明白自己的工作和努力是在为实现俱乐部的战略目标在做贡献，激发成就感、荣誉感。

3. 为各部门和核心员工制定工作和努力目标的沟通过程，有利于提高俱乐部的凝聚力，强化员工的认同度。

4. 通过建立和关注这一全面的指标体系，使高层领导系统掌握俱乐部各个部门的运作情况。

5. 坚持 PDCA 循环，重视点点滴滴，持续改进。

第二十七条　超前应对

面对中国足球的职业化进程和中超联赛开始的巨大变革，我们必须有一种积极的精神风貌，有一个正确的态度行动，有一套超前的应对措施，来顺应足球俱乐部职业化、市场化、产业化发展的潮流和规律，以实际行动和业绩塑造鲁能泰山的品牌和形象。

第二十八条　国际化视野

我们绝不封闭发展。我们要分别为中国一流、亚洲一流、世界一流目标的实现找到学习标杆。我们要向曼联学习俱乐部管理，向 NBA 学习商业运营，向阿贾克斯学习足校建设。我们要持续加强和国外俱乐部之间的友好交往，向一切优秀职业俱乐部学习，虚心借鉴他们优秀的管理经验、训练经验和比赛经验。

外事无小事。我们要处理好与外籍教练和球员的关系，发挥好他们的作用，虚心学习他们良好的职业意识和技战术风格。

我们要坚定不移地、虚心地向外教学习，坚持开放性。但是，我们要清楚，中国足球走向世界，最终还是要靠自己。

第二十九条　足球三大规律

职业足球相关规律是十分复杂的，目前，我们对它的认识还停留在初级阶段，我们还不得不努力地顺从甚至盲从这些规律。但我们并不是无所作为的，我们要通过实践和研究，力求认识和把握职业足球俱乐部发展规律、职业球员成长规律和职业足球运动规律、力争早日成为职业俱乐部经营管理的专家群体。

第三十条　顶天立地

顶天，就是要放眼百年，立地就是要脚踏实地。我们要以科学的精神，办好足球，办好俱乐部。以平和心态对待胜负，以职业素质对待足球，不以物喜，不以己悲，不急功近利，坚定地走好建设百年俱乐部的每一步。

三、球队建设与管理

第三十一条　球队观

企业文化的实质是组织文化，球队是俱乐部最核心的组织单位。俱乐部关心对球队队员成长规律的研究，关注球员的培养，关心球员的未来，重视球员与俱乐部关系、球员与球队关系、球员与球迷、媒体关系的处理。我们认为球队建设和球员管理是一个特别重要的问题，是一个关系到俱乐部可持续发展的战略性问题，也是一个关系到足球职业化、产业化的大问题。

第三十二条　球队建设目标

我们要建设一支纪律严明、作风顽强、技艺精湛、球迷喜爱的足球强队。

我们要在一线队、预备队、后备队之间形成合理的"塔型结构"，支撑俱乐部的可持续发展。

第三十三条　球队管理原则

我们要不断摸索科学、有效的球队管理原则，形成俱乐部特有的管理模式。

集思广益原则：会上讲，会下不讲；技战术讲，其余不讲；拍板定夺主教练讲，他人不讲。

言行自律原则：不议论领导和教练的是非，不议论同事和他人的长短，不说有损俱乐部形象的话。

四有四不原则：有议论不争论；有困难不退缩；有问题不推诿；有责任不回避。

三不放过原则：不服从教练领导不放过，严重违约不负责任不放过，贿赂赌球打假球不放过。

思想工作原则：有抵触情绪，认识不到位不放过；状态不稳定，原因不明确不放过；放松了要求，影响了训练比赛不放过。

三公原则：制度公开——纪律、规定、条例公布于众；机会公平——位置靠竞争，竞争凭素质，收入看贡献；执行公正——制度规则面前人人平等，不迁就有功人员。

第三十四条　个人与团队

没有团队，就没有足球。

球员个人事业的发展要和俱乐部、球队的发展协调起来。我们提倡踢足球、爱足球、精足球。俱乐部尊重个人价值的实现，尤其是关注长期的个人价值实现。我们要让个人价值实现带来俱乐部无形资产的升值。

我们承认某一时间、某一个人在球队成绩和俱乐部成功中的独特作用，但我们不容忍任何人居功自傲，我们反对凌驾于团队之上的无组织、无纪律的个人主义行为。

管理者和球员都应该努力避免个人利益与俱乐部利益发生冲突，并努力将问题消灭在萌芽状态。

第三十五条　领队工作

领队是球队建设与管理的重要枢纽岗位。领队对内要做好俱乐部与球队、主教练与球员、球队与俱乐部各部门的沟通与协调，通过细致的思想政治工作和管理，保证球员处于良好的思想和精神状态，保证球队训练、比赛和日常管理的顺利进行。对外要处理好与球队活动相关各方面的关系和事务。

第三十六条　形成球队的文化风格

球队必须养成自己的文化风格。我们聘请教练和引进球员的原则是要与球队文化风格相适合，尽管教练会在很大程度上影响球队的文化风格，但我们要保持球队文化风格的连续性、稳定性，这是形成球队核心竞争力的基础。

第三十七条　教人与用人

教练要既会教人，又会用人。教人就是让球员在训练中感到有所成长，有所提高，不断增强对比赛的信心。用人就是善于根据球员状态和比赛要求组队，善于根据球员状态和比赛要求用人，善于识别和发挥人的长处。教人需要传道、授业、解惑，要重视教练和球员的交流；用人需要慧眼、客观、魄力，要清楚任务和球员是否适合。

第三十八条　考评方式

考评应是按照俱乐部明确的目标、制度和工作合同要求，对每个球员和员工的工作绩效、工作态度和工作能力进行制度性的考核和评价。工作绩效的考评侧重在绩效改进上，宜细不宜粗；工作态度和工作能力的考评侧重在长期表现上，宜粗不宜细。

工资考评主要和球员的业务能力挂钩，促进球员业务能力的提高；奖金考评主要和球员的业绩挂钩，促进球员做出更好的业绩；退役金考评主要和球员工作态度挂钩，使球员工作态度不断改进；医疗保险待遇侧重考虑球员的贡献；生活福利待遇侧重考虑球员的工龄长度。

第三十九条　待遇和报酬

我们靠俱乐部的宗旨和文化吸引人才，我们为认同俱乐部宗旨和文化的成员提供成就和机会，我们会按照成员的素质高低和责任结果好坏给予合理的、有竞争力的待遇和报酬。

我们要把员工（包括管理者、教练、教师和球员）的成绩和利益与俱乐部的业绩和效益紧密地联系起来，提倡在报酬和待遇上向优秀球员和员工倾斜，以物质文明促进精神文明，提升员工对俱乐部的关切度。

奖金的分配与球队（部门）和个人绩效改进的考评挂钩；福利保险、退役金等的分配和工作态度的考评挂钩。基本工资实行基于能力和素质的职能工资制度。工资和其他收入的比例设计要有足够的激励性。

分配原则和制度公开透明，分配结果为公司秘密。

第四十条　退役后的出路

俱乐部关注球员退役之后的出路，关注球员整个职业生涯的成功。俱乐部将为对俱乐部做出贡献的退役队员举办退役仪式，俱乐部帮助但不替代球员设计职业生涯。俱乐部鼓励球员对今后的人生做出构想，让运动员对自己运动生涯结束后的出路选择或"第二次创业"有一些思考，俱乐部会给他提供适当的帮助，以改善足球运动员在社会中的形象和地位，提高足球运动员的自身价值，提高俱乐部的品位。

第四十一条　足校定位

足球学校建设是俱乐部百年构想的战略布局之一，是俱乐部充足的、持续不断的后备人才资源库。足球学校不仅为鲁能泰山俱乐部输送人才，也努力为中国以至世界足球界输送人才，也只有如此，才能实现足球学校的建设目标。

足球学校的建设目标是：建成亚洲一流、世界知名的足球学校。

第四十二条　足校文化

足球学校将坚守"要做球星先做人"的校训，强化"团结、负责、拼搏、创新"的校风，"严谨、求实、热忱、进取"的教风，和"勤学、苦练、自信、争先"的学风。通过科学化管理，规范化运作，市场化运营，文化体育并进，与国际接轨，培养高素质新型人才。

足球文化的突破点在足球学校，实现点在一线球队。足球学校期间培养的足球观念、基本技能、职业素养等，是衡量新队员能否进入一线球员队伍的重要标准。足校育文化，一线树形象；足校打基础，一线出成绩。

第四十三条　教学科研

足球学校是俱乐部发展所依靠的三大队伍之一的教学科研队伍的基地，足球学校要建立强大的教学科研队伍，进行优秀足球人才培养的理论与实践的领先研究，早出成果，多出成果。

第四十四条　鲁能精神

我们崇尚的鲁能精神是：自我加压的负责精神，精诚团结的团队精神，奋不顾身的拼搏精神，追求卓越的创新精神。

第四十五条　鲁能体育精神

鲁能泰山的体育精神是：参与、竞争、健康、向上。

第四十六条　球队口号

球队的核心口号是：扬鲁能精神，振铁军雄风，争中国第一。严格管理、严格训练、严格比赛。敢想、敢拼、敢于胜利。

四、足球风格与训练

第四十七条　探索鲁能泰山的足球风格

风格、整体与精神，是足球组队的三要素。

我们要在今后的工作中不断摸索鲁能泰山特色的足球风格，使我们的足球风格有连续性和一贯性，成为俱乐部的核心竞争力，成为赛场上取得成功的根本和基石，成为选择教练和球员的标准之一。

鲁能泰山队的风格受着山东文化的强烈影响。山东文化中，儒家文化与绿林文化交互在一起，前者使山东球员比较传统，做事中规中矩，留有余地，同时纪律严明，战术配合好；而绿林文化又使山东人具有勇猛顽强的作风和不服输的精神，有利于打整体配合的全攻全守型足球。

探索独特和有效的足球风格是我们的一项长期任务。

成功的比赛是能够发挥鲁能泰山风格的比赛，是能够掌握比赛节奏和主动权的比赛。

第四十八条　重视每一个细节

一切成功来自对每一个细节的把握和处理。我们要从每一个细节入手，从每一个动作入手，搞好训练和比赛，养成良好的职业习惯。不重视细节的处理，就难以成为一支技术精湛、素质超凡的球队。

大事必做于细，难事必做于易。唯有有理想、有志向的人才真正懂得兢兢业业、勤勤恳恳、敬业做实的意义。

第四十九条　重视过程

我们的成功需要点点滴滴的积累，需要锲而不舍的努力。踢好一个联赛取决于踢好每一场球，踢好每一场球取决于踢好每一脚球，踢好每一脚球取决于做好每一天的训练，做好每一天的训练取决于日常生活中的状态保持和训练前的认真准备。

第五十条　小成功积累大信心

要想赢得比赛，首先要相信自己的球队有赢得比赛的能力。而信心只来源于已经展现出来的实力。

哪怕是极小的成功也能极大地帮助人们增强自信。

成绩目标是由一步一步实现的阶段性目标累积起来的。我们的训练并非一切围绕最终目标，我们要设定一系列马上就可能实现的目标。例如，我们将成为一支激情的球队，我们将成为一支拼搏的球队，我们将成为一支团结的球队。

第五十一条　寻找独特优势

我们要不断研究探索中国球员、鲁能泰山球员的真正优势，形成核心竞争力。

我们抓球员人才建设，抓俱乐部经营管理人才建设，就是要找到一套培养中国足球运动员的做法，找到一套有自己独特优势的打法，找到一套能够发挥中国人聪明才智的足球理论。

我们研究有中国特色的足球理论，树立有鲁能泰山特色的足球理念，制定符合球员生理和心理特征的培养模式和技战术方针。我们要以足球理论促足球成绩，使球队富有风格，球迷富有满足，球员富有成就，俱乐部富有前途。

第五十二条　科学的训练体系

我们深刻理解，职业球员在孩童时期扎实的基本功训练、成年后高强度职业联赛熏陶，以及对职业足球和足球内涵的感性认识和理性思考的必要和重要性，我们要针对中国球员的客观现状提出符合运动员成长规律的、可操作的训练规划和方案。

包括不断摸索不同年龄段球员的训练重点、训练强度、训练方法，专业训练与文化学习的合理安排，运动员状态的调整和运动生命的延长，个性化球员的训练和培养，整体战术安排和个体的创造性结合，体能、技战术与比赛规则综合利用等，逐步建立起一套发现挖掘、训练培养以及输送使用优秀足球运动员的科学的、制度化的训练体系。

贯彻行之有效的"从难、从严、从实战出发、大运动量"的训练原则，通过引进优秀外籍教练等方式积极吸收国际上科学有效的训练方法，探索以"有球训练"为中心，协调地将身体素质训练、技术训练和战术训练等融合在一起的科学方法。

我们要随着科学化管理和职业化素质的提高，摸索由集训制到半走训制和走训制的可行性。

第五十三条　训练外的训练

球员的培养毫无疑问主要是在训练场上解决，但是，我们还要关注那些不在训练场上解决的问题，我们提倡训练场外的训练。

训练外的训练，即在球场训练过后，通过个人反思、回顾，把训练时学的东西在脑子里再过一遍，力求多感悟些东西的训练方式。这也可以通过球员和教练，以及球员之间的对话、讨论等方式进行。训练外的训练模式适合目前我们球员的智能和体能状况，是形成俱乐部差异化战略的重要一环，也是塑造俱乐部文化的重要措施。我们关注的是球员的全面成长，而不仅是球场上的训练，球场训练是教练的职责，球员成长则与整个俱乐部有关，教练负责训练中的，俱乐部配合训练外的。

第五十四条　思考式足球

我们提倡运动员通过实战性训练提高，也重视通过模拟性训练感悟。通过观摩精彩的进球集锦、著名或典型球赛，学习著名球星成长史，利用有教育意义的电影等进行案例教学、电视教学，将球员技能训练和职业生涯学习结合起来，实践"思考式足球"。

思考式足球设想是为提高球队足球水平着想，也是为球员长远发展着想。我们要通过一两代球员的努力，来逐渐落实这个设想，逐渐形成一种训练加学习的氛围。

第五十五条　PDCA 训练法

PDCA 训练法是将训练身体和训练头脑结合起来的全方位、持续改进的训练法。

俱乐部推行 PDCA 训练法，即形成一个计划、执行、总结、改进、再计划的循环，不断推进球队的技战术水平和基本素质。四个环节中，目前最需要强化的是总结和改进两个环节，我们要分配给这两个环节更多的时间。

第五十六条　用脑子踢球

每一个鲁能泰山球员都应该明白：你比你自己想象的要聪明得多，你应该发挥出自己的智力优势，你应该做到脑子比腿跑得快，比腿反应得快。用脑踢！你最棒！

第五十七条　去除杂念

用脑子踢球是一个悖论。

一是可能用脑误事。比赛变化复杂，机会转瞬即逝，思考反而延误战机。用脑子踢球是指在平时悟性思考和实践经验积累的基础上，在瞬间有意识和无意识完成的技战术组合或足球动作。

二是可能脑子用歪。思考式足球并不是胡思乱想。聪明人主意多的同时杂念也多，如训练时偷懒耍滑，比赛时畏首畏尾，传球时照顾关系，失误时胡乱表演等。

科学的思考式足球，首先重视选择心理素质好、心智模式好的人才，其次是心理训练。辅之以心智训练、意念训练和暗示训练等，将有助于球员将私心杂念转化为系统思考。

第五十八条　智勇双全

我们强调用脑子踢球，绝不是不讲拼搏精神。只有在"智"的基础上勇于拼搏，才能无往而不胜。我们相信足球是"圆"的，只要敢于拼搏，在任何强队面前，我们都有胜的可能。我们不会因对方的强大而失去信心，影响技战术的发挥；也不相信在弱队面前胜利会轻易到手，而不用去拼搏。我们的口号是：为胜利拼搏每一秒钟。

第五十九条　精神力量

我们强调精神的力量。精神力量是极其冷静的态度、高度集中的精力、富有创造的足球意识和极强的团队意识。精神的力量会使球员充分发挥个人的才能，在队员之间保持相互配合，并形成凝聚力、战斗力。精神力量的核心是心理层面的，不是生理层面的。是平静和定力，是深水潜流，不是表面的轰轰烈烈。

态度冷静和精力集中就能少犯错误，就能对每种情况做出基本正确的处理，就有可能抓住对方的失误获得胜利的机会。

第六十条　传统文化中的弱点

孙子兵法"不战而屈人之兵"的最高战略，在以满足球迷需求为目的的职业足球运动中是行不通的。

我们要发扬儒家文化中讲究仁、义、礼、智、信的传统，尊重裁判，尊重观众，尊重对手，公平竞争。同时又要扬弃儒家文化中不善竞争，放不下架子的意识，做到敢想、敢拼、敢于胜利。遇上弱旅，要尊重对方，更要放下架子努力踢球。遇上强队，要打出气势，奋勇拼搏永不言败。两军相遇勇者胜，该出手时就出手！

第六十一条　球队礼仪

礼仪是文化的体现。任何活动一旦固化和升华为礼仪，便赋予了象征意义，具有很强的精神内涵。我们要不断完善和丰富鲁能足球的礼仪和仪式，通过各种礼仪和仪式传播鲁能足球文化，弘扬鲁能精神，使鲁能足球文化更具特色，从而提高鲁能足球的影响力和辐射力。

凡重要并且可能经常出现的活动、场合，都要举行各种必要的礼仪。例如，球队各类庆典仪式、对功勋球员的表彰仪式、各类奖杯的定位仪式、新球员入队仪式、老球员退役仪式、比赛活动的入场式和退场式、球迷见面会等。各种礼仪要举办的既简便，又庄重，不走过场，不草草了事。

第六十二条　学习型俱乐部

要让学习和进步成为俱乐部和球队的一种风尚，我们要建设一个促进持续学习和持续进步的机制。我们的持续进步观是：成绩不能永保第一，管理可以持续改进；足球不能垄断胜局，鲁能泰山永远进取。我们的口号是："今天比昨天做得好，明天比今天做得更好"。

俱乐部要成为学习型的俱乐部，球队要成为学习型的球队，部门要成为学习创新的部门，个人要成为终身学习的个人。

重视学习进步不是为了一时的成绩获得，而是为了整体素质的提升，从而带来稳定、持久的一流成绩。

只有学习才有成长。个人成长促进球队成长，球队成长有利个人成长。俱乐部将强化鲁能泰山足球文化理念的培训、规章制度的培训，强化球员的足球技战术和训练比赛理论学习、外语保健体育学习、足球相关政策法规学习和文化课学习。鼓励不影响训练和比赛的球员自学。

五、球员成长管理

第六十三条　球员

职业球员既有俱乐部组织成员的一面，又有俱乐部资产和商品性的一面。尽力、尽心、有绩效的球员（员工）是俱乐部的宝贵财富。

我们重视培养足球队员三大必备要素：技术战术、身心素质、思想道德。重视培养球感，熟悉球性。

我们承认踢好足球是需要杰出才华的。但球队的有用之才并不总是那些名气最好和最有才华的球员，而往往是那些了解取得成功需要做什么并且为之付出不懈努力的球员。

我们所需要的球员不是个性相符、情投意合的人，而是具有强烈的求胜激情、志同道合的人。

我们认可的球员，是那种在训练和比赛中有勇有谋、有大局观的球员。球员在训练场和比赛场上，要善于发挥自己的智慧，审时度势，在理解和完成教练所布置的战术方针前提下，做出具体技术和战术上的最佳选择。不因自私表现破坏团队合作，不因自以为是破坏整体攻防，不因鲁莽冲动损害球队利益。

我们的球员要为国家、为山东、为俱乐部、为家人和自己而奋斗！

第六十四条　优秀球员与球星

俱乐部的核心必须由一批高水平、高素质、高境界的优秀球员所组成。德才兼备、出类拔萃的优秀球员永远是市场上的稀缺资源。俱乐部和球员自己都要重视其价值和作用。

我们要关注优秀球员的品牌价值、资产价值、球队核心价值和商品价值的管理。优秀球员必须在比赛中起到核心作用，在日常训练中起到表率作用，在球迷中起到正面偶像作用。优秀球员比一般球员更要严格要求自己。

球星是一个球队的灵魂，我们承认球星并重视球星的价值。我们要努力培养自己的球星，并努力吸收和团结国内外一切有价值的球员。

第六十五条　球员个性

整体化队伍建设和个性化球员培养要相结合。足球比赛进攻四原则为拉开、渗透、机动、即兴，其中即兴与个性密切相关。我们尊重并培养球员的个性。球员个性的发挥应以不损害团队的建设和球队的成绩为底线。

优秀球员在赛场上有一种表演意识，这种意识多是球员自由发挥、即兴表演，并非刻意包装设计，这和优秀球员的个性有关。球员首先是因为喜爱足球才来到这片绿茵场，这片绿茵场又成为球员成长的舞台。球员可能是为个人兴趣踢球、为挣钱吃饭踢球、为积累财富踢球、为赢得社会地位踢球，最高的境界可能是为实现自我踢球。追求的不断提升，健康的个性展现，是职业球员成长的必由之路。

足球是一种技术，也是一种艺术，需要规范性，更需要创造力。自然而然的表演意识是需要时间磨炼、需要文化底蕴的，球员在日常训练比赛中要注意养成，否则就可能成为毫无意义的胡乱表演。

第六十六条　职业素质

作为一个职业球员，要有真诚服务球迷的职业素质。职业素质包括：以专业为标准的职业知识，以实用为标准的职业技能，以诚信为标准的职业道德，以敬业为标准的职业态度，以得体为标准的职业形象。

第六十七条　球员动态化管理

位置靠竞争，竞争凭素质，收入看贡献。俱乐部用人和报酬的原则是成绩优先，兼顾公平，通过竞争机制保证优秀人才脱颖而出。

来自足校、外援、内援的源源不断的新队员，将为建设一支一流强队提供充足的新鲜血液和新生力量，保证运动员新老交替的有序进行和竞技水平的不断提高。

铁打的营盘流水的兵。文化建设和制度建设，是保证球员动态化有效管理的平台。

第六十八条　球员选拔

球员要有追求成绩和胜利的激情。

我们要广纳天下之英才，选择球员不受任何的地域和国籍限制。

上不上，看状态；要不要，看德才。我们要选拔那些职业素质高、责任结果好、认同俱乐部核心价值观的人做核心主力；对职业素质不高、责任结果不好的不使用，已经使用的要调整；对职业素质低、责任结果好的，要注意考察试用；要注意不使用职业素质高，但责任结果不好的人，他可能会造成一种虚假繁荣，但形不成一支有战斗力的团队。

我们重视球员的关键行为，但不以一时一事评判人，不因小过而不给人改进机会。

导致球队失利的球员或职员将有改正的机会，我们容忍失误，但不容忍犯同样的错误。

第六十九条　对球队重在融入

个人价值只有融入球队整体才能实现最大的发挥。既点亮自己，又照亮别人。你有多大的德才，俱乐部就为你准备多大的舞台。只要真正努力，个人的前途和事业就会有保障。

对球队负责，对俱乐部负责，也就是对自己的前途和利益负责。

俱乐部会为球员创造展现自己才能的平台，球员要靠自己的努力来争取机会。

第七十条　对上级（教练）重在服从

服从教练是球员的天职，服从上级是球队的必须，服从团队是足球的生命。

第七十一条　对队友重在合作

坦诚合作，相互信任。

胜则举杯相庆，危则拼死相救。有危险积极提醒，有困难鼓励帮助。补台不拆台，分工不分家，不让人作难。不把队友的荣誉拿过来贴在自己脸上，学会善意地赞美人。

没有人能随随便便成功。不比收入比贡献，不比位置比素质。

功不傲，过不诿。不埋怨指责。

第七十二条　对自己重在修养

对自己的身体健康负责，就是对球队和俱乐部的资产和利益负责。

找个榜样学人家，拿个镜子照自己。场场学点新东西，脚脚踢出真自己。三人行，必有我师；两人行，也有我师。

任何时候都要注意维护俱乐部利益和球队的形象。

不用权术算计人，要用人格感动人。

对自己错的，要坦诚承认。不拿别人的错误惩罚自己。

第七十三条　对球迷重在服务

球迷就是顾客！顾客就是上帝！

心里装着球迷，踢球就是服务。追求卓越，服务球迷。

球迷的多少和球迷满意度是考核球员业绩的重要指标。

第七十四条　对媒体重在形象

严守对外纪律，严守俱乐部秘密。

态度大方，不卑不亢，展现俱乐部良好形象。

第七十五条　对对手重在尊重

尊重对手就是尊重自己。

只有优秀的对手才能证明优秀的自己。

第七十六条　对胜负重在心态

胜则从经验中学习，败则从教训中学习。

胜不骄，败不馁。

胜负在天，比赛靠人，天助自助者。

第七十七条　球员共勉四条

牢记我是忠于职守的职业人；

牢记我是鲁能品牌的代言人；

牢记我是球迷朋友的知心人；

牢记我是不断进取的学习人。

第七十八条　球员誓词

我作为鲁能泰山光荣的一员，在此庄严宣誓：

我愿担负起这份责任。维护公司利益，维护球队声誉。严守比赛规则，严守训练纪律。尊重观众，尊重裁判，尊重对手，尊重教练。为胜利拼搏每一秒钟。

六、球迷工作方针

第七十九条　球迷价值

球迷是俱乐部最不可缺少的，但又是最容易被忽视的。正因为如此，我们要不断警示自己，要密切关注球迷，全心全意为球迷服务。

球迷是实现俱乐部价值最大化目标的核心要素。球迷多少和关注程度与俱乐部有形价值和无形价值增减有直接关系。

俱乐部与球迷是一种良性互动健康发展的伙伴关系。俱乐部投资者、管理者、教练、球员、球迷和媒体等所有足球人是一个利益共同体，命运共同体。

球迷既是俱乐部建立和生存的理由与基础，也是实现俱乐部企业价值和社会价值的重要途径。在企业价值方面，球迷是俱乐部经济的晴雨表。球迷直接决定着俱乐部的门票收益、广告价值以及商务开发。在社会价值方面，观众的参与率和支持率直接体现着俱乐部的影响力，在一定程度上代表着地方政府、新闻媒体以及社会各界的评判与态度。

第八十条　球迷工程

我们的球迷队伍和球迷市场还处于培育期。一流的俱乐部需要一流的球迷，我们要实施球迷工程，加强球队与球迷观众的沟通，培育球迷市场，与球迷共同成长。

俱乐部通过参加或举办各类社会活动和公益活动，主动引导球迷实现市场目标。树立俱乐部形象，提升品牌号召力，拉近俱乐部与球迷的距离，培养球迷的忠诚度，这是国际大牌体育组织、职业足球俱乐部的成功经验。

俱乐部实施球迷工程、设立球迷开放日、制定球员访问社区计划、发展俱乐部训练营、面向学校进行足球巡回表演、实施培养未来球迷计划等社会活动，吸引青少年聚集在俱乐部的周围，培养俱乐部的忠实球迷接班人。

俱乐部要组建强有力的球迷工作部，壮大山东球迷队伍，发展全国球迷网络，做好球迷沟通工作。

以职业联赛为核心，发挥好商业比赛、友谊赛、教学赛等各种形式比赛的作用，展现鲁能泰山足球的风貌和形象。

第八十一条　以需求引导足球

我们要以球迷观众的价值观牵引俱乐部的价值观。俱乐部运作要从球迷观众的需要出发，不一厢情愿，不凭感觉、拍脑袋，要通过制度化的问卷调查、调研统计和资料分析，了解大多数（或关键）足球人如何理解足球。我们要定期（年度）做球迷满意度调查，以便更好地满足球迷需求，提高球迷忠诚度。

第八十二条　两项球迷工作

俱乐部不是完全被动地适应球迷，我们必须要做的球迷工作是，第一，引导球迷来热爱鲁能泰山足球队；第二，吸引球迷，扩大球迷队伍。

无论看商业价值还是看社会价值，都应该是球迷越多越好，满意度越高越好，忠诚度越强越好。我们的工作要围绕提高球迷满意度和忠诚度展开。

我们的核心产品是高质量的比赛。比赛质量包括成绩优异和过程精彩，这是起决定性作用的。但光有好的产品还不够，还需要好的营销策划和球迷关系管理，关注球迷需求，考虑球迷支出，提供球迷便利，密切球迷沟通。以公平合理的消费价格、合乎情理的比赛成绩、娴熟高超的运动技能、紧张激烈的比赛对抗、娱乐化的赛场氛围、运动员的人格魅力等所产生的多样效果满足球迷观众的需求。只有了解球迷的关注点和兴奋点，才能有效地引导球迷来关注足球。

第八十三条　关注多样性

足球是一项仁者见仁、智者见智的运动，足球又是一项最能满足人们多样心理需求的运动。足球运动吸引了最为广泛的人群，聚集了形形色色的球迷，形成了五光十色的风景，创造了跌宕起伏的历史。

球迷多样性生成球迷观念多样性。每个群体甚至每个个人都有他理解足球的角度。我们要做的和应该做的，不是去研究到底应该如何认识足球，而是找到大多数（或关键）足球人的足球观，以便适应他们足球观制定相应的经营策略，顺应他们足球观的变化而改变经营策略。

球迷多样性造成球迷需求多样性。这不仅影响我们如何踢球，而且影响主场营造、广告宣传、球星包装、球迷产品的营销策划方案等。研究球迷的多样性，才能使我们目标顾客管理更有针对性和效率，才能满足球迷观众的多样需求，才能推动足球产业的兴盛，才能同时达到球迷价值最大化和俱乐部价值最大化。

第八十四条　职业体育的本质

我们要深刻理解职业体育和专业体育的异同，职业足球俱乐部和专业足球俱乐部的异同，真正做到以球迷观众需求为导向。

职业体育运动中，商业价值优先于体育价值，为球迷观众服务优先于获得奖牌名次。成功的职业比赛，应该是围绕球迷观众的感受来设计的，结果的悬念、过程的刺激，是满足球迷需求的必要因素，片面追求成绩和竞技性的比赛，可能成为毫无生气、让球迷失望的比赛。

第八十五条　由竞技到职业

现阶段的中国体育更倾向于专业体育而不是职业体育，但我们认为，体育职业化是社会发展的大方向和大趋势，是和人民物质文化生活需求相一致的。这也是我们坚定不移地搞好足球产业的信心所在。

体制和观念本身没有对错之分，但不管何种足球体制，何种足球观念，都需要符合职业足球运动发展的客观规律，符合社会发展的需要，才是有生命力的。职业足球必须为球迷服务，为社会服务。

第八十六条　球迷为本

没有对手无从比赛，没有球迷观众，就没有职业比赛的意义。比赛双方和球迷观众形成一个稳定的三角形。职业球赛是为球迷服务的，而不是简单的输赢胜负。在力争赢球的拼搏中，不忘记满足球迷观众需求的共同目的。

只有这样，才有可能在双方球队都不存在降级和夺冠的情况下，在大势已去和大局已定的情况下，依然打出一场漂亮的球赛。心里装着球迷观众，才能展现最基本的职业精神。

当赛场上的双方队员和看台上、媒体前的球迷观众融为一体，享受足球之时，就是中国的优秀足球文化真正形成之日。

七、大纲贯彻与修订

第八十七条　大纲的学习和贯彻

《鲁能足球文化大纲》是指导俱乐部各方面工作的重要路线方针，是管理者理解鲁能体育产业战略目标，管好下属和做好工作的方向性文件。各级管理者应认真学习，全面精读，掌握其思想方法，领会其精神实质，并在工作中切实认真地贯彻推行。

第八十八条　大纲的解释与修订

《鲁能足球文化大纲》将随着俱乐部的发展和环境变化做出必要的修订和完善。修改周期为五年。本文件的解释权和修订权属"鲁能足球文化建设委员会"，委员会将聘请国内外知名专家参与修订和完善。

参考文献

〔1〕〔美〕彼得斯、沃特曼:《追求卓越》,中信出版社 2009 年版。

〔2〕黄卫伟、吴春波等:《走出混沌》,人民邮电出版社 1998 年版。

〔3〕〔美〕杰克·韦尔奇、约翰·拜恩:《杰克·韦尔奇自传》,中信出版社 2004 年版。

〔4〕王祥伍、黄健江:《企业文化的逻辑》,电子工业书版社 2014 年版。

〔5〕杨杜、刘斌:《中国 500 强十年风云》,经济管理出版社 2011 年版。

〔6〕杨杜:《超一流企业卖文化》,北京大学音像出版社 2007 年版。

〔7〕杨杜:《成长的逻辑》,经济管理出版社 2014 年版。

〔8〕杨杜:《现代管理理论》,经济管理出版社 2013 年版。

〔9〕杨杜等:《鲁能足球文化概要》,山东大学出版社 2006 年版。

〔10〕〔美〕詹姆斯·C.柯林斯、杰里·I.波拉斯:《基业长青》,中信出版社 2002 年版。

后　记

改完书稿，恰逢中央政治局会议布局"五中全会"，会议讨论了三件事：一是"十三五规划"，二是《中国共产党廉洁自律准则》，三是《中国共产党纪律处分条例》，这三件事都是与文化建设密切相关的工作。政治组织的文化建设至关重要，以前有些忽视了，现在正抓紧强化。

会议提出的"以人民为中心"的发展思想，在企业就是"以客户为中心"。发展的根本力量是谁呢？华为明确提出的是"以奋斗者为本"。我们国家呢？是我们的先锋队吗？会议提出"人民是推动发展的根本力量"，这就是"依靠人民，为了人民"的思路了。

其实，同时讨论的另外两个文件已经指明了根本力量所在，那就是宣誓过且在行动上为党和人民的事业"奋斗终生"的党员干部。

两个文件提出了对这个根本力量的要求，上限是高标准的，底线是很严格的。

《中国共产党廉洁自律准则》是行为上限。"准则紧扣廉洁自律主题，重申党的理想信念宗旨、优良传统作风，坚持正面倡导、重在立德，为党员和党员领导干部树立了看得见、摸得着的高标准"。

《中国共产党纪律处分条例》是行为底线。"条例把党章对纪律的要求整合成政治纪律、组织纪律、廉洁纪律、群众纪律、工作纪律、生活纪律，开列负面清单，重在立规，划出了党组织和党员不可触碰的底线"。

先治标，后治本，"八项规定"从现象抓起，两个文件深入制度的本质，党组织管理的机制日渐完善和成熟，令人欣喜！有了"坚定正确的政治方向，艰苦朴素的工作作风，灵活机动的战略战术"，再加上"严明高效的准则条例"，给人信心！

有了目标，有了队伍，又有了规矩。未来走什么样的道路？会议提出坚持"以经济建设为中心"的发展道路，这给我们的企业家吃了定心丸！放弃你的短期行为吧！放弃你的机会主义吧！做好你的长期规划吧！努力建设一支有文化的干部员工队伍吧！未来一定是企业家阶层大展宏图的好时代！

尽管政治组织和企业组织的性质不同，但建设文化的基本形式和方法是一样的。这坚定了我们继续关注和研究企业文化的决心，并在未来把政府组织、社会组织和政治组织的文化建设纳入关注范围，力图寻找它们之间的共同性。

各位听众对我讲的企业文化课程反映不错，但愿各位读者也能喜欢这本书的内容！

感谢经济管理出版社给予的再次合作机会！特别要感谢张世贤社长和张永美编辑多年的关照！

做成点什么事情真不容易！写这本书写的头热、腰疼、眼干，但做成后确实有成就感。早就有写本企业文化类书籍的愿望，这个愿望就像行路时背着一个包袱，越背越沉，等终于走到目的地放下包袱时，才会感觉到由衷的轻松！这和母亲们十月怀胎，一朝分娩的感觉应该差不多吧！

感谢这个挑战和机会并存的时代！

感谢这个痛苦和快乐并存的时代！

感谢这个包袱和财富并存的时代！

杨杜

2015 年